教養としての世界宗教史

島田裕巳

宝島社新書

はじめに――いま、なぜ世界の宗教を理解する必要があるのか

昨今、宗教というものに改めて関心が集まっている。

とくに2022年は、宗教に関する重要な事件、出来事が頻発した。

ロシアのウクライナ侵攻は世界に衝撃を与えたが、その背景には、ロシア正教会とウクライナ正教会の対立がある。ロシアのプーチン大統領は、ロシア正教会の守護者を自任しており、そうしたロシア正教会が直面する危機感を共有している。

アメリカでは、最高裁判所の判決によって、各州が人工妊娠中絶を合法とする法律を廃止することが可能になった。人工妊娠中絶に対する反対は、プロテスタントの福音派のかねてからの主張で、だからこそ彼らは、自分たちの意向を実現してくれる共和党の大統領候補を支援してきた。彼らにとっては悲願が達成されたことになる。だが、これに危機感を募らせているアメリカ国民も少なくない。

日本では、安倍晋三元首相の狙撃事件をきっかけに、自民党と旧統一教会（現在の世界

平和統一家庭連合）との関係がさまざまに報じられ、この教団が行ってきた霊感商法や信者に対する高額献金などが問題視されるようになった。そこには、政治と宗教の関係はいかにあるべきかという極めて重要な問題がかかわっており、社会の注目度も高い。

あるいは、イスラム教シーア派の国家であるイランでは、ヒジャブ（スカーフ）を着用しなかったことで、警察に拘束され亡くなった女性が、暴行されたのではないかという疑惑が広がり、それに抗議するデモが続き、それによる犠牲者も多く出ている。イランでは、１９７９年にイスラム革命が起こり、現在の体制が生まれたが、それに対する不満が高まりを見せていることが背景にある。

いずれも事態は現在進行中であり、どういった形で収束するのか、予断を許さない状況にある。ほかにも宗教をめぐる出来事は世界各地で起こっている。世界中の誰もが、宗教の問題に改めて直面しなければならない状況が生まれているのである。こうした事態の持つ意味を考え、その先行きを予測するためには、それぞれの宗教についての基本的な知識が必要である。本書は、その機会を与えることを第一の目的としている。

世界には、数多くの国家があり、民族がある。そのなかで、宗教というものがない国家や民族は存在しない。宗教は人類の誕生とともに生まれ、人類が経てきたのと同じだけの歴史を重ねてきているのである。

ただし、ある民族においてだけ信仰されていた宗教には、固有の名称がなく、教義の体系化も進んでいない。それぞれの宗教を開いた開祖、教祖というものも特定されていない。

そうした「民族宗教」と呼ばれる段階の宗教が、はっきりとした形をもつようになり、固有の名前で呼ばれるようになるのは、民族の枠を超えて広がるようになっていったときだ。

その典型としてキリスト教を挙げることができる。キリスト教は、民族宗教としてのユダヤ教のなかで生まれた。やがてその開祖とされるようになるイエス・キリストもユダヤ人であった。

そのキリスト教をユダヤ人以外の民族に伝えることに貢献したのがパウロである。パウロもユダヤ人で、ユダヤ名はサウルであった。パウロは最初、キリスト教徒を迫害する側にあったが、ある日、すでに亡くなっていたイエスの声を聞き、回心をとげる。

パウロがキリスト教という新しい宗教を伝道する場となったのが、民族を超えてグローバルに展開していたローマ帝国の領内だった。パウロも殉教したとされ、その後もキリスト教徒に対する迫害が続くが、ついにはローマ帝国の国教として採用され、キリスト教は「世界宗教」への道を歩むことになる。ローマ帝国が異なる民族を統合する上で、絶対的な神を頂点に戴くキリスト教が大いに貢献したからである。

18世紀の後半から19世紀にかけて、欧米の先進国を中心に近代化という事態が起こったとき、将来は科学の時代となり、合理性を欠き迷信に近い宗教はやがて衰退していくものと予測された。

その予測は、たしかに的中し、先進国では宗教が社会的な影響力を失う「世俗化」という事態が進行してきた。その傾向はいまも続き、そうした地域においては、宗教を否定する、あるいはそれを信じない「無宗教」が増え、「宗教消滅」という事態さえ招きつつある。

しかし、だからといって宗教が地上から一掃されてしまったわけではない。宗教によって、あるいは地域によっては、かえって近年になると、宗教の勢いは増している。とくに新興国や産油国が力をつけ、経済発展をとげるようになると、宗教の著しい復興という事態が起こるようになった。

グローバル化や、それと並行する情報化が進展することで、近代化を推進する主体となってきた国民国家は衰退し、国家の庇護を受けられない人々を統合する受け皿として、宗教の果たす役割は、その重要性を増している。あるいは、従来の既成の宗教に代わって、新しい宗教が勢力を拡大するという現象も起きている。

たとえば、ブラジルは、南米におけるカトリックの牙城だったが、都市的で奇跡信仰を強調するプロテスタントの福音派が急速に伸びている。それは、中南米全体に及んでいる。日本ではふるわなくなった新宗教の生長の家も、ブラジルで250万人もの信者を獲得している。

宗教の復興という事態が起こったことで、それは世界に対してさまざまな影響を与えることになった。

そのもっとも顕著な出来事としては、2001年に起こったアメリカでの同時多発テロなどに代表されるイスラム教原理主義過激派による無差別テロがあげられる。その後、世界中でテロが頻発したが、自爆テロによる殉教という手段が用いられたことで、その被害は拡大した。一時に比べれば、こうしたテロは沈静化しているようにも見えるが、社会が危機を迎えているような地域では、依然としてテロの脅威は消えていない。

あるいは、聖書の記述を文字通りに信仰しようとするキリスト教原理主義は、とくにアメリカの中西部にその勢力を伸ばした。それは、共和党の保守的な政治基盤として1981年にレーガン政権を誕生させて以降、アメリカ政治に強い影響力を発揮するようになった。しかも、そうした形で当選した大統領は、原理主義者が主張する政策をとるようになっていく。それは、リベラルな勢力には脅威と受け取られる。

利子を否定するイスラム金融が、イスラム諸国で採用され、欧米の金融機関のなかにも、そのシステムを取り入れるところが出てきたのも、その背景に、イスラム法である「シャリーア」に忠実であろうとする原理主義的な動きの台頭があるからである。

中国でも、驚異的な経済成長が続くなかで、その恩恵に与《あず》かれない人間を救済する役割を果たすものとして、法輪功のような新宗教が瞬く間にその勢力を拡大した。

法輪功は、中国当局によって弾圧されたものの、非公認のキリスト教の地下教会などは信者を増やしている。また、一時その力を失っていた儒教や仏教が国民の関心をふたたび集めるようになり、伝統のある仏教寺院などは活況を呈するようになってきた。

宗教は、たんにその教えを伝え、儀礼を実践させるだけのものではない。それは、特定の宗教を信仰する人々のこころのなかにまで影響を与え、個人の物の見方、世界観を形作る役割を果たす。

「神の見えざる手」の働きを強調する市場原理主義の背後には、この世界を創造した唯一絶対の神への信仰がある。市場原理主義ということば自体、宗教的な原理主義の台頭を背景として生み出されてきたものである(この点については、拙著『金融恐慌とユダヤ・キリスト教』文春新書を参照)。

一方で、私たち日本人には、強大な力をもち、世界の動向に決定的な影響力を与える神への信仰は形成されていない。その点は、近代化が進み、西欧文明の影響を長年にわたって受けてきても変わらなかった。宗教によって形成された物の見方、世界観は、そう簡単には変化していかないのである。

グローバル化が進み、宗教の重要性が増してきた現代に生きる私たちは、宗教の存在を無視することはできない。また、宗教についてしっかりとした知識をもつことが必要になっている。

ところが、無宗教を標榜する日本人は、宗教について十分な知識をもちあわせていない。そのために、宗教をどうとらえるべきなのか、明確な認識ができていないのである。

実はそれは、日本人にかぎらず、世界中のどの国の人間にも当てはまることである。一つの宗教が社会全体を覆い尽くしているような国、地域では、自分たちの宗教については知っていても、他者の宗教についてはほとんど知らない。

だが、グローバル化は、自分とは異なる宗教をもつ他者が、日常的なかかわりをもたざるを得ない隣人となることを意味する。日本国内にも、しだいに日本人とは異なる信仰をもつ人々が生活するようになってきた。隣人を理解し、円滑な人間関係を確立するには、その宗教についても一定の知識と認識をもたなければならない。

本書の役割は、世界の宗教について、そのあり方を示し、基礎的な認識を確立する手立てを与えることにある。

人類の誕生とともに生まれた宗教は、その後、長い歴史を重ね、グローバルに展開することで、多様で複雑な形態をとるようになってきた。個別の宗教の歴史やその教義を理解するだけでも、膨大な情報が必要だし、時間もかかる。

だが、一般の人々にとって、本当に必要となる宗教についての基本的な認識は限られている。その宗教の本質的な特徴はどこにあり、それは他の宗教とどう違うのか。重要なのは、宗教全般に共通する普遍的な側面と、個々の宗教に固有な側面とを区別して理解することである。

個々の宗教について、その歴史や教義を学んでいくだけでは、そうした理解にはなかなか至れない。それも、宗教がグローバル化の産物で、異なる宗教との出会いや対立のなかで自己形成を遂げ、独自性を発揮していくものだからである。

その点で、世界の宗教をトータルに理解していく必要がある。最初に必要なのは、その全体像を知ることである。

ただ、ここで一つ、宗教について見ていく際に問題になる事柄を挙げておく必要がある。世界の人々は、それぞれが特定の信仰を持っている。先進国の、無宗教を標榜する人たちでも、その国の伝統や文化から強い影響を受けており、そこには宗教が深くかかわっている。世界観の根底に宗教観が存在するわけである。

信仰や世界観は、国によって、あるいは宗教によって大きく異なる。たとえば、日本人の宗教観と、アメリカ人の宗教観は異なる。お隣の国で、相互に影響しあってきても、韓国人の宗教観は、日本人の宗教観とは異なる。

したがって、世界の人々がすべて共有できるような宗教観を確立し、その上で、世界の宗教を見ていくことは不可能である。

だが、不可能だと言って諦めていては、先へ進むことができない。私たちに必要なのは、日本人の宗教観がいかなるものであるかを明らかにし、その上で、他国、他民族の宗教を見ていくことである。その際に、自分たちとは異なる信仰、世界観を簡単には評価せず、それぞれの宗教をあくまで客観的、中立的な立場で見ていかなければならない。それこそが、近代に確立された宗教学の方法論ということになる。宗教学的なものの見方は、グローバル化が進展すればするほど、重要性を増しているとも言えるのである。

目次

第3章　キリスト教はいかに生まれ、展開したか
——大迫害から世界宗教へ

第4章　イスラム教はいかに生まれ、展開したか
——血塗られたイメージの由来

制作スタッフ
編集 宮下雅子（宝島社）
大竹崇文
DTP 山本秀一＆深雪（G-clef）
表紙カバーデザイン bookwall

＊本書は2020年5月に小社より刊行した単行本『教養としての世界宗教史』に加筆・修正して、新書化したものです。

第1章

宗教はいつ
どのように
始まったのか

——宗教の起源

1 人はどのようにして「神」を感じたのか

人類はいつ頃地上に登場したのか？

宗教の起源はどこに求められるのだろうか。

その前に、人類の起源についても考えなければならない。

最初の人類が立ち上がり、直立二足歩行をするようになるのは、最近の発見では、いまからおよそ700万〜600万年前のことだと言われる。

いまのところ、最初の人類の化石は、2001年にアフリカ中央部のチャド共和国でフランスの研究チームの手によって発見されたものである。これは、「トゥーマイ猿人」と名づけられている。トゥーマイとは、その付近で使われているゴラン語で「生命の希望」を意味する。

この発見があるまで、最初の人類は500万年前に現れたと考えられていた。したがって、新たな発見によって、人類進化の歴史は100万年から200万年延長されたことになる。発見されたのはほぼ完全な頭部だった。脳の大きさは350ccと、人類と祖先を共通にするチンパンジーとほとんど変わらない。私たちの脳に比べると、3分の1にも満たない。頭の骨から推測される身長も105センチから120センチ程度で、かなり低い。

果たしてこのトゥーマイ猿人が直立二足歩行をしていたのかどうか、腰や足の骨が見つかっていないので、はっきりとしたことは言えない。それでも、チンパンジーにはない人類の特徴と考えられている犬歯の縮小は認められる。研究者のなかには、トゥーマイ猿人は「ただの猿だ」と主張している者もあり、科学的な論争に決着はついていない。

これは、日本で起こった「旧石器捏造事件」でも見られたことだが、考古学の研究者は、できるだけ古い時代のものを発見しようとして、功を焦る。たしかに、最古の人類の発見は、考古学上の重大なニュースだが、時代が古いものであればあるほど、その年代を立証する手掛かりは乏しくなる。

そうした問題もあり、人類がいつから直立二足歩行をするようになったかは、必ずしも明確にはなっておらず、いまから数百万年前としか言えない。それでも、直立二足歩行は、犬歯の縮小とともに、現在の人類がチンパンジーとの共通の祖先から分かれたことを示す指標になっている。

直立二足歩行により人類が誕生した

人類とチンパンジーなどの類人猿を比較した場合、大きな違いを示すのが首の骨の位置である。人類では頭骨のほぼ中央に首の骨が入っているのに対して、類人猿では頭骨の後方に斜めに入っている。その証拠に、首の骨が入る大後頭孔《だいこうとうこう》の位置が、類人猿では人類に比べてかなり後方になっている。

人類のほかにも、二足歩行をする動物はいる。ダチョウもそうだし、類人猿でも短時間なら二足歩行ができる。動物園のレッサーパンダが直立することで人気を集めたこともある。だが、直立して二足歩行できるのは、人類だけである。

したがって、数百万年前に人類が立って二足歩行を始めたというよりも、直立二足歩行をするようになって、初めて人類が誕生したとも言えるのだ。

人類は直立二足歩行を行うようになることで、類人猿を含めた他の動物とはまったく異なる道を歩むようになっていく。こちらは、いったいそれがいつからはじまったのか、推測すること自体が困難だが、言語を操れるのは人類だけである。チンパンジーには記号操作が可能で、その点で人類に近いコミュニケーション能力があるとされ、さまざまな実験が行われてきたが、言語を媒介にした意思の疎通は確認されていない。

ペットとして飼われている動物は、人のことばに反応しているようにも見える。だが、ただ吠えたり、鳴いたりするだけで、意味のあることばを返してくるわけではない。

人類だけが宗教を持ち、神を考えた

もう一つ、人類に特有なのが宗教の存在である。地球上にある民族や社会のなかで、宗教がまったく存在しないようなところは一箇所も発見されていない。ところが、動物には、宗教という現象はまったく見られない。神を信仰する動物はいないのだ。コンラート・ローレンツの動物行動学の研究では、動物が攻撃や威嚇などのためにパターン化された儀式的な行動をとることは示唆されているものの、信仰を伴う儀礼を司る動物はいない。

さまざまな宗教にある、世界の創造の過程を物語る「創造神話」においては、神は人類だけではなく、地上に存在するすべての動物を創造したとされるものの、その神を信仰の対象とするのは人類だけである。

直立二足歩行、言語、そして宗教。この三つの要素は、他の動物にはない、類人猿にさえ見られない人類固有の特徴である。そうである以上、この三つの要素の発達が密接な関連性をもつことが想像される。

すべては直立二足歩行という身体的な変化に起因している。人類が立ち上がり、二足歩行が可能になったことで、手が自由に使えるようになり、それが脳の発達を促した。脳の発達は言語能力を開化させる基盤になる。そして、直立したことで喉の構造が変化し、飲食物と呼吸とが同じ喉という器官を通るようになった。その結果、それを巧みに制御する必要が生まれ、それが言語を操る上で必要な複雑な音声の獲得に結びついたのである。

言語によって「見えないもの」を呼ぶことが可能に

言語は、自然界に存在するものを切り取り、カテゴリーに分け、名称によって区別する役割を果たす。猫と犬、チューリップと菊、鯛と赤貝とは、名称によって区別される。

その際に重要なことは、言語は、目に見えるものだけではなく、目に見えないものも指し示せるということである。それによって、過去について、あるいは未来について語ることもできるようになった。そして、地上には存在しない、あるいは現実に存在しない、神や霊のような存在を指し示すこともできるようになったのである。

その意味で、言語の誕生は、宗教を生む基盤となった。動物が宗教をもたないのも、言語を操ることができないからである。人類は言語能力を獲得することで、抽象的で観念的な世界を表現し、その実在を信じられるようになったのである。

M・エリアーデが指摘した「視野の拡大」

しかも、そこで重要になってくるのが、直立二足歩行によって、人類の視野が空間的に拡大されたという事実である。そのことを強調しているのが、ルーマニア生まれの宗教史家、ミルチア・エリアーデである。

現代における宗教研究のあり方について考える上で、エリアーデの存在は極めて重要である。エリアーデは、第一次ロシア革命が終わりを迎える頃となる1907年にルーマニアのブカレストに生まれた。ブカレスト大学に進学するが、その政治的な姿勢は共産主義を批判する右派的なものであった。

そのために、エリアーデは、共産主義の影響が強まった故国ルーマニアを離れ、亡命者としての生活を送るようになる。一時はパリで生活していたが、第二次世界大戦後はアメリカに渡り、シカゴ大学で教授を務めるようになる。エリアーデの存在があったために、シカゴ大学は宗教学、宗教史研究の牙城となり、その影響は全世界に及んだ。日本でも、エリアーデの本は数多く訳されている。

エリアーデが晩年に書き残した書物が『世界宗教史』(筑摩書房、後にちくま学芸文庫)である。筆者もその翻訳の作業にかかわったが、この本の原題は『宗教的な信仰と観念の歴史』というものであった。エリアーデは、世界の宗教の歴史を包括的に扱うことをめざして執筆を始めた。

だが、その計画があまりに壮大で、また自身の健康の問題もあり、すべての宗教の歴史を描き切るまでには至らなかった。『世界宗教史』の第4巻(文庫では第7巻と第8巻)は、エリアーデの弟子たちが分担して執筆した。

エリアーデは、『世界宗教史』の最初の節で、「ヒト化」の問題を扱っている。直立姿勢の重要性を強調し、「直立姿勢のおかげで、空間はヒト以前の存在には無縁な構造――『上』―『下』を貫く中心軸から水平にひろがる四方向――に組織された」と述べている。

人類に直立二足歩行が可能になったことで、人体の周囲の空間は、前後、左右、上下に広がるものとして組織化されるようになり、方向づけが可能になった。中心と周辺との区別は、宗教において根源的なものである。通常は、神殿の構造が示しているように、中心にあるものほど聖性が強い。逆に、社会からはみ出し、周辺に押し出されたものが、その異端的な特徴から強い聖性を帯びることもある。

二足歩行がもたらした「中心軸」という感覚

類人猿は、ときに二足歩行をする場合もあったが、通常は四足歩行で、その視線は低いところに据えられている。その視線からは、空間の広がりは限定的なものとしてしか意識されない。立ち上がり、背骨を真っ直ぐにしてすっくと大地の上に立つことによって、中心軸が定まり、周囲の空間は構造化されていく。人体の中心軸は、宇宙の中心にある天と地をつなぐ「宇宙軸（axis mundi）」に通じていく。

エリアーデは、こうした議論を出発点にして、『世界宗教史』のなかで、人類が宗教とどのようなかかわりをもっていったかを歴史的に追っていった。

ただし、宗教がいったいいつ始まったのか、その起源という点については、それを明確にする作業にいささか苦労しているように見える。

その証拠に、エリアーデは、先史時代の人類が宗教的であったのか、それとも非宗教的であったのかという異なる二つの主張について、「その仮説を支持する証拠を示さなければならないのは『非宗教性』論者のほうなのである」と述べ、最古の人類が何らかの宗教的な観念をもっていたことが前提であるという立場をとっていた。

宗教の始まりは資料からは特定できない

エリアーデが、非論理的な言い方をしているのも、最古の人類が宗教をもっていた具体的な証拠を見出すことが難しいからである。それはエリアーデ自身も認めていて、旧石器時代後期の「オーリニャック期（紀元前3万年頃）以前の『資料』の大半を占める道具類は、実用的価値以上のものをあらわしていない」と述べている。

この点は、宗教の起源について、あるいははるか古代の人類と宗教との関係を考える上で極めて重要である。一般には、時代を遡れば遡るほど、人類は呪術的な信仰によって支配されていたと考えられている。だが、それを明確に証明する資料を見出すことは難しい。旧石器時代の石器などは、エリアーデも指摘するように、実用的なものばかりなのである。

それは日本についてもあてはまる。縄文時代の土器や土偶には、特異な模様が施され、超自然的な存在を表現したもののようにも見える。

だが、土偶がどのような目的で使われたかはわかっていない。破損した状態で出土するものが多く、呪いのために意図的に破損されたのではないかとも推測されているが、その特異な形にどういった意味があるかは分かっていない。土偶の形には実にさまざまなバリエーションがあり、芸術的な表現を意図していた可能性も考えられる。

古墳時代の埴輪《はにわ》になると、古墳から発見されており、葬送儀礼との関係が考えられるが、埴輪になっているのは、人や馬、住居など、日常生活において存在するものばかりで、神などの超自然的な存在を表現したものは見出せない。

最初期の人類に宗教的感覚はなかった?

日本において、神秘的な力に対する信仰、呪術的な信仰が広まるのは、むしろ平安時代に入って密教の信仰が流行して以降のことだとも考えられる。密教は、仏教の歴史のなかでも後の時代に発達した。世界の他の宗教を見ても、神秘主義が発達するのは、かなり後の段階になってからである。

その点では、エリアーデの考えには反するが、最初期の人類は、現代人に比べて「非宗教的」だったのではないだろうか。少なくとも、始まりの時点においては、複雑で体系化された信仰を人類が持っていたとは考えられない。

エリアーデは、「宗教の《起源》の探求」(『宗教の歴史と意味』所収)という論文のなかで、19世紀の終わりから20世紀の初めにかけて、ヨーロッパの学界において、さまざまな分野の研究者が、事物の起源を探求することにとりつかれていたことを指摘し、そこに起源へのノスタルジーを見出そうとした。

そうした状況では、宗教の起源についての探求も熱心に行われたが、その際、最古の人類の宗教生活を明らかにするための資料として主に用いられたのは、アフリカやオセアニアの、当時の言い方では「未開人」社会における宗教のありようだった。そこには、未だに文明の恩恵に与《あずか》っていない人々は、原始古代の人類と同じ生活を続けているという前提があった。だが、その前提が果たして成り立つものなのかどうか、それはかなり怪しい。

当時、精神分析学の創始者であるフロイトは父殺しに宗教の起源を見出し、一方、『金枝篇《きんしへん》』を書いて人類学の確立に貢献したフレイザーは王殺しに宗教の原初的な形態を見出そうとした。もしそれが事実なら興味深いが、どちらも証明が不可能な仮説にしか過ぎなかった。

宗教は文明の発達とともに構造化・複雑化した

宗教が、あらゆる民族、あらゆる社会に見られる普遍的な現象であることは間違いないにしても、それは高度な文明の産物であるという側面がある。最古の人類が、何らかの信仰をもち、埋葬などの際に一定の儀礼を行っていた可能性は考えられるが、それが事実であるとしても、極めて素朴なものであったと考えられる。

むしろ、文明が発達し、広範囲に及ぶ社会や国家の集合体を統合することが必要になった段階で、複雑な構造をもち、超越的な存在の実在を強調する信仰が生み出されたものと考えた方が現実に即している。直立二足歩行による視野の拡大という出来事も、それだけでは高度な宗教を生み出す基盤とはならない。

人類は、宗教的な存在として出発したのではなく、むしろ非宗教的な存在として出発し、次第に宗教性を深めていった。そのように考えた方が、はるかに事実に近いように思われるのである。

2 集団生活の進化で人類は宗教に目覚めた？

人類の最初期の生活を描く「洞窟壁画」

いま述べたことは、人類の最初期の生活がいかなるものかを教えてくれる考古学的な資料である「洞窟壁画」について考察することで、さらに明確になってくる。

多くの人たちは、洞窟壁画ということばを聞いて、アルタミラやラスコーのことを思い浮かべるに違いない。

スペインの北部にあるアルタミラは、最初に発見された洞窟壁画である。そこに描かれたものは、もっとも古いものでいまから1万8000年前のものとされている。描かれた対象は、野牛（バイソン）、イノシシ、馬、トナカイなどの動物で、とくに巧みに描かれた立派な野牛の絵には威厳さえ備わっている。なお野牛は、その後、ヨーロッパからは消滅してしまった。

アルタミラの洞窟壁画を最初に発見したのは、9歳の少女だった。彼女の父親はソウトウラというその地域の領主で、同時にアマチュアの考古学者でもあった。1879年のこと、ソウトウラは娘のマリアを連れて、周辺地域の調査を行っていたが、その途中で、ある洞窟に行きあたった。

何年か前の大雨によって、その洞窟の入り口が開いていて、二人は中に入ることができた。父親が、洞窟の床に散らばっていた骨や鏃《やじり》を調べていたとき、娘の方はランプの光で照らされた洞窟の天井を見上げ、「見て、お父さん。牛よ」と叫んだ。これが、世紀の大発見に結びついたのだった。

ラスコーの洞窟壁画の場合にも、それを発見したのは子どもたちだった。ラスコーは、フランスの西南部にあたるドルドーニュ県のヴェゼール渓谷、モンティニャック村の近郊にある。1940年9月、近くで遊んでいたマルセル、ジャック、ジョルジュ、シモンという四人の子どもたちが、愛犬とともに洞窟探検をしていて壁画を発見したのだった。

壁画は、洞窟の側面や天井に描かれていた。絵の対象となったのは、馬、山羊、羊、野牛、鹿、カモシカなどの動物のほか、人間の姿や幾何学模様、刻線画で、人間の手形も500点発見されている。動物のなかでもっとも多く描かれているのが馬で、牛や鹿など角をもつ動物の場合には、実際のものより角が大きく描かれている。

これも、いまから1万5000年前の旧石器時代後期のもので、この洞窟は、壁画が上と左右にあって、装飾を施された礼拝堂のようになっているので、「先史時代のシスティーナ礼拝堂」とも呼ばれている。システィーナ礼拝堂は、カトリックの総本山、バチカン宮殿にある礼拝堂で、ミケランジェロなど著名な画家が内部装飾を施したことで知られる。

アルタミラの場合には、動物だけで人間の姿は描かれていないが、ラスコーでは、人間もそのなかに登場する。ただしそれは、野牛に襲われて地面に倒れている場面においてで、その姿はひどく弱々しい。それによって、逆に、野牛の強さ、あるいは獰猛さが強調されるようになっている。

この二つの壁画は、長く人類最初の宗教美術として考えられてきた。だが、最近、アルタミラやラスコーよりもはるかに古い時代の洞窟壁画が発見されている。

3万年前の人類を描いた壁画がフランスで見つかる

それがショーヴェ洞窟壁画で、フランス南部アルデシュ県のヴァロン・ポン・ダルクの近くにある洞窟で発見された。発見者は、洞窟の名前にもその名が冠せられているジャン・マリー・ショーヴェとその二人の友人で、彼女は洞窟学者である。

私たち日本人には、洞窟学などという学問はなじみがないが、英語ではspeleologyと言い、一つの学問として認められている。洞窟学は、洞窟のことについてさまざまな角度から総合的に研究する学問である。ショーヴェ洞窟壁画の発見は1994年12月18日のことだった。

この壁画は、3万年から3万2000年前のものとされ、アルタミラやラスコーよりもかなり古い。だが、対象として描かれた動物の種類は多様で、馬や牛、鹿のほかに、ライオン、豹《ひょう》、熊、フクロウ、犀《さい》、ハイエナなども描かれている。人間にかんしては、野牛の頭部と人間の女性の性器を組み合わせて描いたと思われるものがあるが、果たしてそれが本当にそうしたものを描いたのかどうか、断定はできない。

描かれた動物の多様性などから考えると、アルタミラやラスコーよりも、むしろ新しいものであるようにも思われるが、現代の考古学では一般的に用いられるようになった放射性炭素年代測定により、はるかにそれよりも古いものだという結果が出ている。ただし、それに異議を唱える学者もおり、年代にかんしては決着がついていない。

ショーヴェ洞窟壁画は旧石器時代後期のものだが、その時代、人々は採集と狩猟によって食物を得ていた。したがって、彼らにとって重要なタンパク源となる動物たちは、一番関心のある存在だったはずだ。だからこそ人々は、奥まった洞窟に、日頃自分たちの周囲に存在し、狩猟の対象となっている動物の姿を描いたものと考えられる。

その意味で、旧石器時代人の主たる関心の対象は理解できるものの、彼らがどのような精神生活を営んでいたのか、いかなる対象を信仰していたのかまでは分からない。そもそも、この段階では、人間の姿でさえほとんど描かれていない。描かれたとしても、それは、動物に襲われた弱々しい存在に過ぎない。まして、神や霊といった超自然的な存在は描かれていない。

サハラ砂漠で見つかった岩壁壁画

こちらは洞窟壁画ではなく岩壁壁画だが、人間の姿がはっきりと描かれているものがタッシリ・ナジェールの岩壁壁画である。ここまで見てきた三つの洞窟壁画がどれもヨーロッパのものだったのに対して、タッシリ・ナジェールは、アフリカ、サハラ砂漠のもっとも奥、アルジェリアとリビアの国境地帯にある。

現在、この地域は乾いた砂漠地帯で、岩盤がむき出しになっている。だが、タッシリ・ナジェールとは、現地のことばで、「川のある大地」を意味しており、岩壁壁画が描かれた時代には、満々と水をたたえた川が何本も流れていたらしい。実際、壁画のなかには、かなり大きな船を描いたものがある。

この壁画は、1909年にフランスのコルティエによって発見され、1933年にはM・ブルナンが、戦後の1956年にはアンリ・ロートが調査を行っている。

このタッシリ・ナジェールの岩壁壁画が描かれたのはおよそ8000年前からのことで、ヨーロッパの洞窟壁画よりも新しい。時代としては中石器時代、ないしは新石器時代に相当する。その地域には、紀元前7000年から前3500年くらいの時代間には、狩猟民が生活していた。そこに、紀元前5000年から前2000年の間に牛を飼う牛牧民が移り住んできた。

その後、乾燥化が進み、紀元前2000年から前300年頃には馬が、そして、紀元前300年から紀元400年頃にはラクダが登場する。タッシリ・ナジェールの岩壁壁画は、

8000年の歳月をかけて描き継がれてきたものである。

注目されるのは、ヨーロッパの洞窟壁画に比較して、対象となったものが多様化している点である。動物はより多くの種類が取り上げられているが、単体ではなく、群れとして描かれている。幾頭ものキリンが、それぞれ首を違う方向に回しながら歩んでいるような場面もあれば、水辺に集まってきた馬たちを描いたものもある。そのタッチは、はるかに洗練されていて、そこにはヨーロッパの洞窟壁画には示されなかった「動き」が表現されている。

集団生活のなかに祭儀を思わせる描写も

しかも、動物を狩る人間の姿や、家畜として牛などを飼う人間の集団の姿も描かれている。これも、ヨーロッパの洞窟壁画には見られなかったもので、タッシリ・ナジェールの人々の日常の暮らしがそのままそこに再現されているかのようである。

さらに、人間だけでも描かれ、その集団の様子も描かれている。日常的な風景もあるが、何人もの人々が、同じポーズで踊っているものもある。顔には彩色が施されており、踊り手たちは化粧をしている。化粧をして踊るということは、たんに楽しみとしてそれをしているとは考えにくい。おそらくそれは、何らかの祭儀の場面を描いたものと考えられる。

驚かされるのは、後背位での性交の場面を描いたものがあることだ。決して扇情的に描かれているわけではなく、その様子がそのままに示されているが、そこに何らかの宗教的な要素、たとえば、無事に子どもができることへの祈願の要素が含まれていることも考えられる。

あるいは、長く伸びたからだをした一人の人物が、別の人間のからだから何かを引き出そうとしている場面を描いたものもある。引き出されたものは、その人間の魂なのかもしれない。タッシリ・ナジェールの岩壁壁画には、原初的な信仰のあらわれとして解釈できるようなものが散見される。

ほかにも、巨大な人間の姿を描いた絵もある。それは、ただ普通の人間を大きく描いただけのものなのかもしれない。絵というものは、対象となったものを原寸大で描くとは限らない。大きくも描けば、小さくも描く。けれども、もしそれが通常のものを超える大きさでしか表現できないものを描き出そうとしたのであれば、神を描いたものであるとも考えられる。

壁画からは宗教的な「物語」は見えない

もちろん、文字資料が存在しないため、はっきりしたことは言えない。だが、タッシリ・ナジェールの岩壁壁画が、旧石器時代後期に属するヨーロッパの洞窟壁画とはレベルの違うものであることは間違いない。表現される世界は、はるかに豊穣である。そこには、たんに表現法の進化だけではなく、社会の変化、集団の進化を見ることもできる。その進化の過程で、信仰と呼べるものが生み出されたのかもしれないのだ。

もし岩壁に描かれた絵が、単体で存在するのではなく、日本の絵巻物のように、連続した場面を描き出してくれていたとしたら、信仰や宗教の形はより明確なものになっていたはずである。絵が連続して描かれることで、そこには「物語」が生まれる。踊りの場面がいくつも描かれるのなら、どういった所作がそこで展開されていたかを知ることができ、その踊りの目的も見えてきたことであろう。

魂がからだから引き出されてくる場面についてなら、その前後関係が分かることで、本当に魂なのかどうか、それが判明するに違いない。連続した絵なら、死者を葬る過程だって描かれるであろう。そうなれば、当時の葬法が明らかになり、それにともなう死後についての考え方も明らかになってきたはずなのである。

祭儀や儀礼というものは、神話とセットになっている。神話はシナリオであり、それを実践に移したものが祭儀であり、儀礼である。祭儀や儀礼の意味を知るには、その背後にある神話を知らなければならない。一枚の絵によって描き出すことができるのは、祭儀や儀礼の一場面であり、それだけでは神話まで表現することはできない。

一枚の絵に描かれた場面にしても、それが現在のものなのか、それとも過去を描いたものなのかも判然としない。あるいは、現実を描いたものなのか、理想を描いたものなのかも分からない。描かれた人間が生者なのか、それとも死者なのかも判断がつかないのだ。

動物の家畜化を経て宗教は生まれた?

タッシリ・ナジェールの岩壁壁画については、一つ重要なことがある。途中で牛牧民が登場し、家畜化が始まったことが示されている。それは、人間が、動物に対して優位な立場を確立したことを意味する。それまでは、強い野生の動物を恐れ、それと戦っていかなければならなかった。だからこそ、ラスコーの洞窟壁画では、動物に殺された姿でしか人間は描かれなかった。

だが、家畜化が始まったことで、家畜を管理する人間の姿が描かれるようになる。人間は、家畜よりも立場が上になった。そのとき、その関係性は、人と家畜から、人間を支配し、管理する神のような存在と人とのそれに移し変えられていったのではないだろうか。家畜化が「支配」という観念を生み、家畜を支配する人間も、その上位にある存在によって支配されているという理解の仕方がなされるようになったのではないだろうか。

そこで、宗教の発生という出来事が起こったのかもしれない。タッシリ・ナジェールの人々は、長い年月をかけて岩壁壁画を描き続けることで、そのなかに宗教の発生という、人類史における重大で決定的な事件を記録し、それを後世に伝えることになったのかもしれないのである。

自然を飼い馴らす過程で人類は「神」を見出した?

人間は、まず火を飼い馴らした。それぞれの民族の神話には、ギリシア神話のプロメテウスに代表されるように、火を飼い馴らす物語がある。次に人間は、野生の動物を家畜として飼い馴らした。さらに、野生の植物を農作物として飼い馴らすという段階が続く。農耕の発生である。

この飼い馴らしの過程のなかで、人は、支配という観念を知り、そこから神の存在を知り、宗教を生み出していった。ただ、自然の力の前になすすべなく生きているだけでは、宗教を生み出すことにはならない。自然を支配できるという感覚を得て初めて、自分たち人間もまた、何者かによって支配されているという宗教的な観念を抱くようになっていったのである。

家畜を飼う上で、人間は集団生活を営まなければならない。さらに農耕ということになれば、共同体を組織する必要も生まれてくる。共同体を結束させていく上で、祭儀を営むことは重要である。

宗教の起源が探求された時代、フランスの社会学者のエミール・デュルケムは、祭儀における「集合的沸騰」が、神という観念を生む基盤になったと論じた。その神こそが社会であり、共同体である。人類が共同体を営むようになったとき、宗教はより明確な姿をとるようになったのである。

あらゆる社会や民族に宗教が存在するのも、社会が発生し、民族集団が形成されることで、宗教の存在が不可欠になるからである。そして、社会や民族集団が歴史を重ね、複雑に組織化されていくことで、宗教も体系的で強固なものに変貌していく。その点で、人類は、最初から宗教的だったわけではなく、次第に宗教性を強めていったのである。

第2章

ユダヤ教はいかに生まれ、展開したか

――一神教の源流

1 一神教は本当に「神」をほかにもたないのか

一神教と多神教の比較は果たして有効か

日本では、一神教と多神教とが対立するものと考えられている。一神教では、もっぱら一つの神だけが信仰の対象になるために、他の神々が排除され、排他的な傾向が生まれる。それに対して、多神教では、多様な神々が信仰の対象となり、そこに優劣がつけられないために、異なる信仰に対しても寛容である。そのような理解のもとに、一神教の排他的なあり方が批判の対象になることが多い。

さらにそこには、砂漠の宗教と森の宗教の対立という風土論が重ね合わされる。一神教は、自然環境が厳しい砂漠で生まれたために、信仰に対して厳しく、豊かな自然に恵まれた森のなかで育まれた多神教とは性格が異なるというわけである。

こうした一神教と多神教との対比には、八百万《やおよろず》の神を信仰する点でまさに多神教に分類される日本の宗教を、その寛容性において高く評価しようとする価値判断が強く働いている。しかし、この対立、対比が果たして有効なものなのかどうか、そもそも事実に基づくものなのかどうかは再検討の必要がある。砂漠に生まれた一神教の典型がイスラム教だが、それは砂漠の中のオアシスにある都市に生まれた宗教である。むしろイスラム教は「商売人の宗教」としてとらえるべきだという見方もある（井筒俊彦『イスラーム文化』、岩波文庫）。

また、一神教のなかに多神教的な側面を見出すこともできる。キリスト教の基本的な教義は「三位一体」で、この教義においては、父と子と聖霊が一体であるとされる。だが、三つの異なる存在に聖性を認めるということで、その考え方に多神教的な側面を見出すことができる。

実際、キリスト教では、時代を経るにつれて、聖母マリアに対する信仰が高まっていく。それは、カトリックの信仰世界では、「マリア崇敬」と呼ばれ、神学的にもその意義が認められている。そして、カトリックの信者の間では、父なる神やイエス・キリスト以上に、マリアは信者たちの信仰を集めるようになってきた（なお、日本では聖母マリアという呼び方が定着しているが、カトリックの文化圏では、「処女マリア（Virgin Mary）」とされ、母としてはとらえられていない）。

さらにカトリックの信仰世界では、聖人、あるいは聖者に対する信仰も、しだいに盛んになった。これも、「聖人崇敬」と呼ばれ、崇拝ではないことが強調されている（ただこれも、日本での区別であり、英語では、三位一体やイエス・キリストに対するものも、マリアや聖人に対するものも、ともにdevotionsが用いられ、区別されてはいない）。

聖人とは、主にキリスト教の信仰を守って殉教した人間のことをさす。そうした聖人には、病気の治癒など奇跡を引き起こす力があるとされる。聖人に列せられれば、庶民の篤い信仰を集めることになる。ヨーロッパの教会は、バチカンのサンピエトロ大聖堂からしてそうだが、聖人の遺骨、「聖遺物」を祀るための施設である（サンピエトロは、イエスの弟子、聖ペトロのこと）。聖人崇敬は、病気治癒などの現世利益を求める点で、日本の神道における八百万の神に対する信仰にかなり似ている。

イスラム教においても、唯一絶対の神への信仰が強調される一方で、やはり聖人に対する信仰が盛んである。神の絶対性が強調されると、人間界との関係は希薄になり、日常的な悩みや苦しみからの救いを期待できなくなる。そこに、より身近な聖人の役割があり、一神教にも多神教的な側面が現れるのである。

一神教の「神」は多神教の「空」や「無」に対応する

多神教においては、神が数多く存在するということが、この世界の成り立ちを説明する原理として活用されるわけではない。

古事記や日本書紀に示される日本の古代神話においては、天地がどのように創造されたかは説明されず、神々が次々と生み出される過程だけが語られている。

そうした神道の信仰が存在するなかで、朝鮮半島や中国から伝えられた仏教においては、創造神話は存在せず、私たちの世界の究極的な原理として示されるのは、「空」や「無」といったとらえ方である。あらゆるものは固定的な実体をもたず、絶えず生成と消滅をくり返していく。にもかかわらず、それに執着するところに苦が生まれる。これが、仏教の基本的な認識であり、そこから苦を脱するための救済論が生み出されていった。

その点で、一神教における神に対比されるものは、むしろ空や無であると言える。仏教では、世界の成り立ちを説明する際に、空や無を前提とし、因果に基づいてさまざまな現象が生み出されると解釈する。あるものが果として存在するのは、それを生む原因となった因があるからで、その因と果のくり返しがすべてだというわけである。

ただ一つの神だけを信仰すべきだと説く一神教の立場からすれば、さまざまな神々を同時に信仰する多神教は、劣った存在を祀り上げる偶像崇拝として批判の対象になる。近代の始まりにおいて流行した進化論的な見方では、多神教から一神教への進化が想定されており、多神教はより原始的な信仰と見なされていた。

しかし、空や無というとらえ方は、絶対的な神の存在を否定し、世界の究極的な姿を虚無としてとらえる点で、根源的なニヒリズムとして受け取られる可能性がある。実際、近代のヨーロッパに仏教の存在が知られるようになった時代には、仏教は恐怖の対象となった(ロジェ＝ポル・ドロワ『虚無の信仰』島田裕巳・田桐正彦訳、トランスビュー)。

仏教徒の感覚からすれば、究極的に世界が空や無であったとしても、そこにニヒリズムを見出したりすることはないし、ましてそれを恐怖したりはしない。むしろ、神のような究極的な実体が存在しないからこそ、人間は自由であり、世界は多様な姿をとり、豊穣だととらえられるのである。

一神教と多神教という比較には意味がない

さまざまな点で、一神教と多神教を対比させてとらえるべきなのかどうかについては問題がある。純粋な一神教は存在しないし、多神教の世界にも、空や無のような究極的なあり方が想定される。

3世紀に活躍したギリシアの哲学者、プロティヌスは、究極の存在を「一者」ととらえ、万物はこの一者から流出したものであるととらえた。このとらえ方は、仏教における空と共通しているようにも見える（井筒俊彦『神秘哲学・ギリシアの部』岩波文庫）。空を説いた『般若心経』では、「色即是空、空即是色」とする箇所があるが、これは、色として表現された万物が空であり、空から万物が生み出されてくることを示している。

単純に一神教と多神教を対比できないとするならば、私たちは西洋の宗教と東洋の宗教との違いをどのようにとらえていけばいいのだろうか。それを示していくためには、一神教の源流に位置するユダヤ教について学んでいかなければならないのである。

2 ユダヤ教の聖典「トーラー」は何を語っているのか

一神教の源流はユダヤ教の「教え」から

世界の宗教について考える上で、ユダヤ教の重要性は、まず何よりもキリスト教、そしてイスラム教へとつながっていく一神教の源流にあたる点に求められる。

この三つの一神教は、詳しい内容については後に述べるが、箱舟で大洪水を生き残ったノアの息子セムに由来することから「セム的一神教」とも総称される。宗教学の世界では、ただ一つの神を信仰の対象とすることから「唯一神教」に分類されてきた。

ユダヤ教の聖典が「トーラー」で、これはユダヤ人の言語であるヘブライ語で「教え」を意味する。トーラーは、キリスト教の旧約聖書の最初の五つの文書にあたる「モーセ五書（創世記、出エジプト記、レビ記、民数記、申命記）」のことをさす。当然ながら旧約聖書に収められた各文書は、最初、ユダヤ教において聖典と定められたもので、後にキリスト教に取り入れられた。キリスト教の場合には、イエス・キリストの事績をつづった新約聖書がある。これは、キリスト教に独自なもので、ユダヤ教では聖典と認めていない。

トーラーがユダヤ教の聖典に定められるのは紀元前４００年頃のこととされる。ただし、そこに含まれる物語が成立したのは、それよりも古い。そこにはユダヤ教特有の宗教観が示されている。

トーラーは、いくつかの文書が元になっており、主なものは四つの種類に分けられる。一つは、神のことを「ヤーウェ」と称する文書で、それは「J（Jahvist）」と呼ばれる。もう一つが、神を「エロヒーム」と称するもので、それは「E（Elohist）」と呼ばれる文書である。ほかに申命記法を意味する「D（Deuteronomium）」、それに祭司法典である「P（Priester Kodex）」がある。

トーラー冒頭の「創世記」では、天地創造の物語が語られている。それは「初めに、神は天地を創造された」となっており、天地の創造の前に、その主体となった神が存在したことが前提とされている。天地を創造する以前の神が、いったい何をしていたのか、あるいは神そのものはどうやって生まれてきたのかについてはいっさい言及されていない。「創世記」の物語は、Jのなかに含まれるもので、それは紀元前9世紀前半に編纂されたと考えられている。この点から考えていくと、一神教の成立は、『トーラー』の源史料となったJやEが成立した紀元前9世紀前半から前8世紀の間の出来事だったと見ることができる。

トーラーによってユダヤ人は「神話」を共有する

「創世記」はもちろん、トーラー全体がユダヤ人の神話である。決して実際にユダヤ人が経てきた歴史を述べたものではない。その点で、「創世記」をどうとらえるかは大きな問題になってくるが、物語のなかでは、神のもつ絶大な力が強調されており、ユダヤの人々が自分たちの信仰する神をどのような存在としてとらえていたのかを知ることができる。

「創世記」における神は、その冒頭において、天地を創造した創造神の役割を担い、アダムとエバという最初の人間の創造にもかかわっている。創造神である以上、それ以外に神はない。その点で唯一絶対の存在であり、人間の運命を左右する力を有しているのである。

3 神と人間の関係はどのように描かれているか

理想的な信仰の人・アブラハム

神の絶対性を示し、人間がその神に対してどのようにふるまうべきかを示した物語が、「創世記」のなかのアブラハムについてのエピソードである。

アブラハムは、神に対する篤い信仰を持っていた。アブラハムには、サライという妻がいたものの、70歳を過ぎても子どもを授かることができなかった。

この老夫婦にようやくもたらされた子どもがイサクである。ところが、アブラハムの信仰する神は、夫婦に対して、やっと授かったイサクを犠牲に供するように求めてきた。アブラハムは、この神の命令に対して、いっさい疑いをもつことなく、迷わずそれを実行に移した。

アブラハムがイサクを屠《ほふ》ろうとした瞬間、それを見た神は、アブラハムを押しとどめる。神は、アブラハムがどれだけ自らに忠実な信仰をもっているかを試したのである。このエピソードがあるがゆえに、アブラハムは信仰の人として、ユダヤ教だけではなく、キリスト教でも、さらにはイスラム教でも高く評価され、信仰者の模範としてとらえられている。

もしアブラハムがこのとき、イサクを犠牲にすることを拒んだとしたら、神はどうしただろうか。

その点について、「創世記」には語られていないが、神は、信仰が深いと見込んでいたアブラハムが自らに逆らったことに深く失望し、イサクの命はもちろん、アブラハム自身の命まで奪ってしまったのではないだろうか。神が、自らの要求が拒まれたことをそのまま放置するとは思えない。それも、人間が自分の意志に逆らったことが分かると、神は相当に暴力的な手段に訴える話が、「創世記」のそれ以前の部分に出てくるからである。

それが、ノアの箱舟の物語である。

人類の先祖として裏切り者と殺人者が描かれる

「創世記」では、冒頭において、神による天地創造の物語が語られた後、アダムとエバの創造へと話が進んでいく。

ところが、この人類最初のカップルは、蛇に誘惑され、神の命令に背いて、食べてはならないとされた木の実を食べてしまう。これによって、二人は永遠の楽園であるエデンの園から追放され、死と労働とを運命づけられることになる。

しかも、アダムとエバが産んだ子のカインは、嫉妬にかられ弟のアベルを殺害してしまう。カインもまた、その父や母と同じように、住んでいた場所から追放されてしまう。

このカインの系譜が、現在の人類につながるものであるとすれば、人類は殺人者の血を受け継ぐ者であることになってしまう。ただし、「創世記」において、その点が強調されているわけではない。

ここで重要なことは、「創世記」には、まだ「原罪」の観念が示されていないことである。そもそもユダヤ教には、原罪というとらえ方は存在しない。原罪という観念を生んだのは、次の章で見るようにキリスト教である。

裏切りに次ぐ裏切りから神は人類の一掃を決意

アダムは、エバとは別の妻をめとり、二人の間にはセトが生まれる。そのセトの系譜の上にノアが位置づけられるわけで、ノアは、500歳になったときに、セム、ハム、ヤフェトという子どもをもうけたとされている。

「創世記」の始めの部分に登場する人類の始祖たちは、皆、800歳や900歳までの長寿を享受したとされている。そのため、地上には人間が増え始めたので、神は、人間の寿命を120歳に縮める。

ところが、ここでも人類は神の期待を大きく裏切る。「創世記」では、「主は、地上に人の悪が増し、常に悪いことばかりを心に思い計っているのを御覧になって、地上に人を造ったことを後悔し、心を痛められた」とある。

そして、神の決意が語られる。神は、「わたしは人を創造したが、これを地上からぬぐい去ろう。人だけでなく、家畜も這うものも空の鳥も。わたしはこれらを造ったことを後悔する」と述べた。ここには、神の深い絶望が示されている。

だが、そのなかにあって、ノアだけが「神に従う無垢な人であった」とされる。そこで神はノアに対して、巨大な箱舟を造り、その箱舟には、ノアとその妻子、そして嫁たちを乗せるように命じた。さらに神は、他の生き物たちをすべてつがいで箱舟に乗せるようにも命じた。

その後、神は40日40夜、地上に雨を降らせ、洪水を引き起こす。それによって、地上はすっかり水に覆われ、その結果、「地上で動いていた肉なるものはすべて、鳥も家畜も獣も地に群がり這うものも人も、ことごとく息絶えた」のだった。

「創世記」の物語においては、神に従うノアとその家族、そして選ばれた動物たちが大洪水を生き延びたことに焦点が絞られており、大洪水によって滅び去った者たちについては、その事実は、いま見たように簡単にしか述べられていない。

そのため、実際に神が行ったことが大量の殺戮であるにもかかわらず、凄惨なものだという印象を受けることはない。だが、神の振る舞いは殺された側からすれば非道なものである。

大洪水によって、人類が抹消される物語は、「洪水伝説」と呼ばれ、ユダヤ人以外の民族においても語り継がれている。そこには、有史以前に実際に起こった大洪水の記憶が刻みつけられているという解釈もある。

古代メソポタミア文献「ギルガメシュ叙事詩」との類似

『人類の宗教の歴史――9大潮流の誕生・本質・将来』(今枝由郎訳、トランスビュー)の著者であるフレデリック・ルノワールは、ノアの物語が、古いメソポタミアの物語とぴったりと符合していることを指摘している。とくにそれは、ギルガメシュ叙事詩の第11の歌と細部まで一致しているというのだ。

ギルガメシュ叙事詩の完本は、紀元前600年頃のニネヴェにあったアシュル・バニパル王の図書館で発見された。それは、紀元前1300年に遡る「超賢の詩」の翻刻であった。これとともに、ルノワールが、メソポタミアからの影響を指摘しているのが、バベルの塔の物語である。

洪水が収まった後、ノアの息子たちからは次々と子どもが生まれ、その子孫が各地の民族の元を造っていくことになる。ただ人類は、洪水以前と同じようなことをくり返してしまう。それが、天まで届くことを目的とした塔のある町の建設である。それは、人が神に近づこうとしてのことで、神にとっては不遜な振る舞いになる。

これを知った神は地上に降り、「彼らは一つの民で、皆一つの言葉を話しているから、このようなことをし始めるのだ」と考え、人々の使っていることばをばらばらにして、お互いに意思を通じることができなくしてしまう。それによって、町の建設は中止される。ルノワールは、バベルの塔が、メソポタミアの高層寺院、ジッグラトから発想を得ていることを指摘している。

こうした「創世記」に描かれた神と人との関係は複雑である。人間は神によって創造されたわけだが、くり返し創造主である神を裏切ってしまう。裏切られたとき、神は純粋な信仰をもつ人間だけを生き残らせ、後はすべてを殺戮の対象にしたり、ことばが通じないよう分断したりしてしまう。

神の期待にそった行動をとったのが、すでに述べたアブラハムである。だからこそ、アブラハムの献身的な振る舞いが強調される。神は、アブラハムのような信仰深き者が世界に満ちあふれることを希望している。しかしながら、ノアの箱舟やバベルの塔の物語は、そうした神の期待が容易には実現されないことを示している。

そうしたことを踏まえてのことであろう。神は、人間の生活を規制しようとして積極的に介入してくる。それが、「創世記」に続く「出エジプト記」において、神が、ユダヤ人の指導者であるモーセに対して、「十戒」を下す場面である。

4 神が与えた「十戒」には何が示されているのか

モーセの十戒と仏教の五戒、類似点と相違点

十戒は、「あなたには、わたしをおいてほかに神があってはならない」に始まり、「あなたはいかなる像も造ってはならない」「安息日を心に留め、これを聖別せよ」「あなたの父母を敬え」「殺してはならない」「姦淫してはならない」「盗んではならない」「隣人に関して偽証してはならない」「隣人の家を欲してはならない」と続いていく。

仏教にも「五戒」という基本的な戒律があり、それは、この十戒とかなり似ている。「殺してはならない」「姦淫してはならない」「盗んではならない」「隣人に関して偽証して

はならない」は、それぞれ五戒のなかの不殺生戒、不邪淫戒、不偸盗《ちゅうとう》戒、不妄語戒に相当する。五戒にあって十戒に含まれないのは、飲酒を戒めた不飲酒戒だけである。ユダヤ教に飲酒を禁じる教えはない。

その点からすると、五戒と十戒に共通する戒律は、人類に普遍的なものと考えられる。

だが、十戒の場合には、唯一の神を信仰の対象とすることが定められ、偶像を造ることが禁じられており、そこに一神教の特徴が見出される。仏教には、唯一絶対の創造神は存在しないし、偶像崇拝も禁じられていない。だからこそ、数多くの仏像が制作されてきた。

偶像崇拝の禁止にかんしては、「出エジプト記」において、神がそれを命じた理由が述べられている。それが、「上は天にあり、下は地にあり、また地の下の水の中にある、いかなるものの形も造ってはならない。あなたはそれらに向かってひれ伏したり、それらに仕えたりしてはならない。私は主、あなたの神。わたしは熱情の神である。私を否む者には、父祖の罪を子孫三代、四代までも問うが、わたしを愛し、わたしの戒めを守る者には、幾千代にも及ぶ慈しみを与える」の部分である。

神は、自分を拒む者と、自分の与えた戒律を守る者とを区別し、前者に対してはその罪を問うが、後者に対しては、永遠に愛することを約束している。これこそ、「創世記」において神が人に対してしたことである。

「熱情の神」と「嫉《ねた》む神」

一つ、その意味が分かりにくいのが、ここに出てくる「熱情の神」という表現である。たしかに、末代までも罪を問い、自分を愛してくれる者に対しては、永遠の愛を与えるというのは、神の熱情に基づくものなのかもしれない。だが、表現としてしっくりこない。

ここに紹介した訳文は、現在、一般的に用いられている新共同訳からのものだが、明治時代に翻訳された文語訳では、さきほど引用したところの後半の部分は、「汝の神は嫉む神なれば我を悪《にく》む者にむかひては父の罪を子にむくいて三四代におよぼし、我を愛しわが誡命を守る者には恩恵をほどこして千代にいたるなり」と訳されている。

このため、以前は、旧約聖書に登場する神エホバは、「嫉む神」と呼ばれることが多かった。そして、新約聖書の「愛の神」と対比されてきた。「ヨハネによる福音書」の第4章10節では、「私たちが神を愛したのではなく、神が私たちを愛し、私たちの罪のためになだめの供え物としての御子を遣わされました。ここに愛があるのです」と述べられている。

嫉むと言ったとき、それは、一般には他人との比較の上で起こることである。その点では、唯一絶対の存在であるところの神が嫉むということは、本来ならあり得ない。だからこそ、新共同訳では、嫉むではなく、熱情という訳語が用いられているのだろうが、そうなると意味は曖昧になる。少なくとも、嫉む神という表現が示している苛烈さは失われてしまう。大洪水を起こして、人類全体を一掃してしまった神に対しては、熱情の神よりも、嫉む神という表現の方がしっくりしている。

多神教の世界において、嫉む神が存在していたとしても、それは数多く存在する神々の中でのことで、絶対的な力をもっているわけではない。したがって、その嫉みから人類全体を一掃してしまうことなどあり得ない。

ところが、一神教の神は、人類全体の創造神である。人類を創造した神であるなら、逆に、人類全体を破滅させることもあり得る。少なくとも、その力を有していても不思議ではない。そのことを、ノアの箱舟の物語は語っている。そして、それに先立つアダムとエバ、カインとアベルの物語も、神に背いた者に対して、神が厳しい罰を下すことを示しているのである。

5 ユダヤ教の「終末論」はどのように語られ始めたのか

「人類と世界はやがて終わる」という世界観

嫉む神、人類を容赦なく一掃してしまう神というイメージは、旧約聖書全体に見られるもので、そこから生み出されたのが、「終末論」であった。

小口偉一・堀一郎監修の『宗教学辞典』(東京大学出版会)において、終末論は、「終末観」という項目の中で扱われている。

この項目の執筆者となった宇野光雄は、終末観を「個人的終末観」と「集合的終末観」に分けて論じており、前者は、個人の死の後に赴くとされる来世に関係するものとしてとらえられている。

ここで問題にする終末論は、そうした個人的終末観に関連するものではなく、後者の集合的終末観に関連するものである。宇野は、それについて、「個人的終末観を内にふくみつつさらにこれを超えて全人類と世界の終末の運命に関する観念で、世界の最終的破局と復興、全人類の復活、世界審判と罰、世界期間(千年説=ミレニアム)等々の観念が、これにふくまれる」としている。

宇野も述べているように、こうした終末についての考え方は、あらゆる民族において見られるものである。

ユダヤ教聖典「タナハ」全体の構成

ユダヤ教の聖典は、トーラーの他に、「預言者(ネイビーム)」と「諸書(カトビーム)」からなっており、この三つ全体で「タナハ」と呼ばれる。キリスト教は、このタナハをそっくりそのまま旧約聖書として取り入れた。

預言者は、前預言者と後預言者に分かれ、前者には「ヨシュア記」や「士師記」などが含まれ、後者には「イザヤ書」をはじめとして「エレミヤ書」「エゼキエル書」「十二小預言書」

などそれぞれの預言者の名を冠した文書が収められている。

こうした文書は、それぞれの預言者に対して神が下したことばを記したものである（日本では、予言者と預言者を区別し、前者を占いなどによって未来を予測する人間とし、後者を神のことばを預かった人間とする。だが、英語ではどちらもprophetであり、両者は区別されない）。

諸書は、「詩篇」「箴言《しんげん》」「ヨブ記」からなる真理、「雅歌」などからなる巻物、そして「ダニエル書」などのその他に分かれている。

古代イスラエルにおける預言者たちの役割

預言者が活動したのは、紀元前9世紀半ばからのこととされるが、『ユダヤ教の歴史』（山川出版社）において市川裕は、ユダヤ人の国家である古代イスラエルにおいては、王権や祭祀権からは独立する形で、「神と直接に交流する預言者という身分が強固な伝統を形成し」ていたとし、イスラエルの人々は、「預言者への信仰をとおして、王権を超えた神の法の存在を認め」ていたと述べている。

預言者は皆、イスラエルがたびたび強国の侵略を受け、征服されたのは、そこに生活する人々の間に神に対する背信行為があったからだと警告し、信仰を自覚して、改悛するように促したのである。

エリアーデは、ユダヤ教における終末論の始まりを、「ドゥテロ・イザイア」(第二イザヤ書)に求めている。

ただし、旧約聖書を開くと「イザヤ書」はあっても、「第二イザヤ書」など見つけることはできない。第二イザヤ書とは、「イザヤ書」の第40章から第55章までをさす。聖書学においては、旧約新約を問わず、それぞれの文書の成立年代を明らかにしようとする試みとして、「歴史的批評」、あるいは「高等批評」という方法が用いられてきたが、それによれば、「イザヤ書」は、三つの段階を経て編纂されたと考えられている。

最初の終末論を説いたのは「第二イザヤ書」の作者?

イザヤという預言者は、紀元前735年頃から活動を開始したとされているが、エリアーデは、「第二イザヤ書」が成立したのは、バビロン捕囚の時代の最後の時期で、無名の作者によって書かれたものだとしている。その上でエリアーデは、『世界宗教史』の第25章「ユダヤ教の試練――黙示からトーラーの称賛へ」(文庫版第4巻)において、この「第二イザヤ書」の作者こそが、「終末論を説いた最初の預言者」であると主張している。

そこに示された終末は、次のように5つの段階を経て進行していく。

(1)ヤハウェやキュロス王、またはイスラエルによるバビロニアの滅亡
(2)捕囚の解放、荒野彷徨《ほうこう》、エルサレム到着と各地に散らばっていた者たちの集合によるイスラエルの救済
(3)ヤハウェのシオンへの帰還
(4)共同体の再建と拡大、さらには国土のエデンの園への変換
(5)諸国のヤハウェへの改宗と、その神々の否定

これがユダヤ教における終末論になるが、そこでは、キリスト教の終末論においては決定的に重要とされるものが欠けている。

それが、救世主、救済の主体としてのメシアの存在である。

エリアーデは、その点を十分に意識しており、「第二イザヤ書」に登場する「ヤハウェの僕《しもべ》」のことに言及している。「第二イザヤ書」に含まれる第42章1節には、「見よ、わたし

の僕、私が支える者を。／わたしが選び、喜び迎える者を。／彼の上にわたしの霊は置かれ／彼は国々の裁きを導き出す」とある。

この僕は、あらゆる試練を受け入れ、イスラエルの民の罪を消し去るために犠牲となるとされているので、民族を救う「メシア」としてとらえることができる。エリアーデは、「試練をとおしての世界の救済という宣言は、キリスト教の出現を予告するものである」と述べている（これがキリスト教の出現を予告するものなのかどうかについては、次の章で改めて問題にする）。

さまざまなかたちで終末論を語る「黙示文学」が成立

「第二イザヤ書」の後に成立した、それぞれの預言者による文書のなかでも、こうした終末論がくり返し語られ、それは、「黙示文学」の成立に結びついていく。黙示文学とは、終末の秘密を象徴や幻（ビジョン）などによって表現したものである。旧約聖書における最初期の黙示文学は、「ダニエル書」と、初期のキリスト教では聖書に含まれていた「エノク書」の最古層であるとされている。

「ダニエル書」には、紀元前６０５年から前５６２年まで新バビロニア王国の王位に就いていたネブカドネザル王が登場し、その夢をダニエルという人物が解釈するという設定になっている。ダニエルはそこから、現在の腐敗した世界に終わりが近づいており、神はその後に永遠の国を打ち立てるであろうという予言を導き出してくる。

エリアーデは、この「ダニエル書」に代表されるユダヤ教の黙示文学の特徴は、世界史を構成する出来事が、宇宙のリズムに従って永遠にくり返されていくものではなく、「神の計画に従って展開する」ところにあるとしている。歴史は急速に終末へと向かっているが、それは、神によって定められたイスラエルの決定的な勝利が近づいていることを意味しているというのである。

「永遠に回帰する世界」から「終わりへと流れる世界」へ

エリアーデの初期の代表的な著作に、『永遠回帰の神話』(堀一郎訳、未來社)がある。永遠回帰というと、ニーチェのことが思い起こされるが、エリアーデは、古代の文明社会における世界観を問題にしており、それは、原初において存在したと想定された祖形への永遠なる回帰によって特徴づけられるというのである。

こうした観念を儀礼として表現したものが新年の儀礼であり、その際には、その民族や文明に伝わる、世界の創造についての物語である創造神話が語られたり、演じられたりする。

これに対して、ユダヤ・キリスト教は、歴史が、永遠回帰の循環から脱して、終末という方向に向かって直線的に流れていくという考え方を強調することによって、歴史観に革命的な変化をもたらした。それが、エリアーデが特に強調しているところである。

ただ、ユダヤ教の段階では、そうした歴史観の革命は、必ずしも十分な発展を示さなかった。それは、預言者たちが終末論を説いたのに対して、一方では、律法を重視する傾向が生み出されていったところに示されている。ここで言う律法とは、トーラーに示されたユダヤ法「ハラハー」のことである。

神を運んで旅をしたユダヤの民族

この点についてエリアーデは、紀元前2世紀の後半には、祖国を失ったユダヤ人は「ディアスポラ(離散)」となり、各地に散った結果、ユダヤ教は世界宗教になりつつあったものの、「律法への固着」ということが起こったために、その芽は摘まれてしまったと解釈している(ただし、第4章で見るように、イスラム教のことを考えれば、律法を徹底して遵守することが、世界宗教になることを妨げるとは言えない)。

トーラーでは、モーセに率いられたユダヤの民族は40年にわたって荒野をさ迷ったとされるが、その際には「会見の幕屋」と呼ばれる移動式の天幕が「神が臨在する場」となっていた。

会見の幕屋の中心には、十戒が刻まれた石板を入れた「契約の箱」が置かれ、そこはもっとも聖性が強いことから、「至聖所」と呼ばれた。ユダヤ教の神殿は、この会見の幕屋を発展させたもので、やはり至聖所を中心に犠牲を捧げる祭壇などが作られた。

至聖所の内部には、契約の箱以外には花や木々で装飾されるだけで、神の姿を象《かたど》ったような偶像はいっさい置かれない。契約の箱に納められた石板にしても、それ自体が神聖なものではない。

至聖所では死の穢れが忌避され、その中に入る祭司は極度の緊張を強いられたとされるが、それも、その中に神聖なものが存在するからではなく、神が臨在すると考えられていたからである。

6 ユダヤ教にとって律法はどれほど重要なのか

ユダヤ法を守ることが神への信仰の証

紀元前586年、新バビロニアの王ネブカドネザル2世によって、エルサレムが侵略され、神殿も破壊された。その上、ユダヤ人の支配者層は、バビロニアに連行された。これが、「バビロン捕囚」と呼ばれる出来事である。

この捕囚は50年間にわたって続くものの、アケメネス朝ペルシアによって新バビロニアが滅亡したことで、ユダヤ人たちは、エルサレムに帰還することができ、神殿の再建も許された。さらには、城壁を建設し、その内部でのエルサレムの自治も承認された。

ネブカドネザル２世によるエルサレムの破壊を描いた宗教画。スペイン・マドリッドのサンタンデール銀行所蔵。

それと前後して、律法に精通していたエズラという祭司が、バビロニアから、「モーセのトーラー」をもたらし、それを集会で読み聞かせた。すると、ユダヤの人々は、国を失い、神殿を破壊されたのは、自分たちが神に背いたためだと考え、悔い改めたとされる。これによって、神に対する契約の証として安息日と割礼を重視するようになった。

安息日は「シャバット」と呼ばれる。世界を創造した神が7日目に休んだことにちなみ、金曜日の日没前から土曜日の日没までいっさいの労働が禁じられる。

割礼は、ユダヤ教以外の宗教でも広く見られるが、ユダヤ教の場合には、生後8日目の男児に施される。「創世記」には、アブラハムが99歳で割礼を受けたという記述がある。

ここで言われるモーセのトーラーが、現在のトーラーのことを指し示しているのかどうかは必ずしも明確ではないが、それに近いものが朗読されたということだろう。これについては、諸書のその他に分類される「ネヘミヤ記」第8章1節に記事がある。

その後、ユダヤ人はいったんは祖国に戻り、第二神殿が再建されたものの、紀元70年には、ローマ帝国に対する独立戦争に敗れ、その第二神殿も破壊された。それ以降、ユダヤ人はしだいに各地に離散して暮らすようになり、そこに「ディアスポラ」という事態が訪れる。

法の遵守は民族アイデンティティを守るため

ユダヤ教に限らず、民族宗教においては、その宗教で信仰される神が祀られる場所が重要な役割を果たす。日本の神道も、民族宗教の一つとして、神社に神を祀ることをその本質にしている。

したがって、祖国の喪失は、民族宗教の根幹を揺るがす事態になるわけで、影響は深刻である。その際、ユダヤ教がそのアイデンティティを保持するために用いたのが、「神殿の宗教」から「法の宗教」への転換であった。

宗教について考える上で、「法」という考え方は極めて重要な意味をもつ。特にユダヤ教では、ハラハーと呼ばれるユダヤ法が決定的な重要性をもっている。それは、イスラム教において「シャリーア」と呼ばれるイスラム法が重視されるのと共通している。イスラム教は、この面でユダヤ教の特徴を受け継いだのである。

仏教においても、仏法というとらえ方は重視され、その法は「ダルマ」と呼ばれる。ダルマには同じ性格を保つという意味があり、世界を動かす法則や原理として考えられている。ただし、仏教徒の生活を規定し、規制する法律的な性格は乏しい。

一方、ハラハーやシャリーアの場合には、信者の生活のあり方を規定する法律的な側面の方が強い。ユダヤ教徒は、ハラハーに則ってその生活を成り立たせていかなければならないとされるし、イスラム教徒は、たえずシャリーアに照らし合わせながら自分たちの生活を律していかなければならない。

ただし、同じ一神教でも、キリスト教には、ハラハーやシャリーアに匹敵する特有の法がなく、そこに大きな差異がある（その意味と影響については、次の章で詳しく述べる）。

信仰には「気持ち」よりも「行動」が求められる

一神教と聞くと、一般的なイメージでは、この世界を創造した唯一絶対の神を信仰し、それに帰依することに本質があるように考えられるであろう。だが、ユダヤ教やイスラム教では、神そのものよりも、神によって定められた法の方が、信者の現実の生活においては重要である。

法に忠実に従い、それによって定められた事柄を実践していくことこそが信仰の証となる。私たち日本人は、こうした宗教における法の重要性を理解できていないが、ユダヤ教やイスラム教の信仰の本質を理解するには、それぞれの法について知る必要がある。

ハラハーは、ヘブライ語で「行く」や「歩む」を意味する動詞に由来し、ユダヤ人の歩むべき道を意味する。ハラハーの具体的な内容は、トーラー（モーセ五書）に示されているとされるが、細かな規定は、師から弟子へと口承で伝えられてきた「ミシュナ」に示されている。

ユダヤ人が世界各地に離散しても、民族集団としての統合をはかることができたのは、ミシュナの成立によってユダヤ法の体系が明確化されたからにほかならない。こうした体制は、「ラビ・ユダヤ教」と呼ばれる。ラビとはユダヤ教の指導者、学者のことである。

7 ユダヤ教はどのようにして現代まで生き残ったのか

キリスト教・イスラム教圏内で活動を許される

ユダヤ人が、独自の法にしたがってその生活を成り立たせるようになったということは、周囲の人間たちとは異なる世界を築き上げたことを意味する。

ディアスポラの状況におかれたユダヤ人は、キリスト教が広まった地域か、もしくはイスラム教が広まった地域の中で生活していた。

キリスト教世界では、異なる信仰を持つ異教徒、あるいは正統となる信仰から逸脱した異端は徹底的に弾圧された。ただ、ユダヤ教は、キリスト教を生む母体となった宗教であり、「特別の法規により統制下に置かれた」。

これに対して、イスラム教の世界には、「啓典の民」という考え方があり、ユダヤ教徒はキリスト教徒とともにそれに含まれたため、「庇護民として生命と財産を保護され」、宗教的自治が許された。

そして、東はアフガニスタンから、西はスペインの北端にまで広がったイスラム教世界において、ユダヤ人は、移動の自由を確保し、通商の民として活動できたのである。ユダヤ商人は、イスラム商人とともに、活発に貿易に従事した（市川裕『ユダヤ人とユダヤ教』岩波新書）。

また、キリスト教ヨーロッパでは、ユダヤ人は、「ケヒラー」と呼ばれる閉鎖的な自治共同体の中で生活するようになり、周囲から自分たちを切り離し、あくまでハラハーに忠実であろうとした。そして、「シナゴーグ」というユダヤ教徒専用の会堂を建てた。シナゴーグは長方形で、その一辺がエルサレムの方向を向き、内部には巻物になったトーラーを納める。それは、礼拝や集会、儀式の場である。

近代を経て信仰生活は内面化、アメリカへ広がる

近代に入ると、ヨーロッパでは、市民革命を経て国民国家が形成されるようになる。国民国家は、国家全体に共通した世俗的な法律によって成り立つ社会であり、そのなかでは、独自の法をもつような民族集団はその存続を許されない。

国民国家のなかで、ユダヤ人もケヒラーを出て、一国民としてハラハーではなく国家の法律に従わなければならなくなった。国家に忠誠を尽くすことが前提とされ、ユダヤ教は、民族集団の法的な規範としてではなく、内面的な信仰に基礎をおく「宗教」としてしか許容されなくなる。

そうした状況の下で、キリスト教に改宗するユダヤ人も数多く現れるが、ユダヤ人に対する差別が一掃されたわけではなく、最終的にはナチスによる大量虐殺、ショアーへと行き着く。

そうした状況が進むなかで、より自由な環境を求めて、アメリカへと移住するユダヤ人が増加し、アメリカの大都市にはユダヤ人街が形成されることになった。

ユダヤ人国家建設を目指す「シオニズム」が生まれる

また、もう一つ大きな流れとしては、ユダヤ人国家を建設しようとする「シオニズム」の運動が起こる。その運動の提唱者は、オーストリアに同化していたテーオドール・ヘルツルだが、きっかけとなったのは19世紀末に起こった「ドレフュス事件」だった。

これは、ユダヤ系のフランス人だったアルフレッド・ドレフュス大尉がスパイとして逮捕された冤罪事件である。この事件は、ユダヤ人がいくらヨーロッパの国家に同化しようとしても差別を免れないという現実を、事件を取材したヘルツルに突きつけた。それがシオニズムの運動に発展していくが、当初から現在のイスラエルがある場所にユダヤ人国家の建設が目指されたわけではなかった。また、シオニズムがユダヤ人全体の賛同を得たわけでもなかった。

だが、オスマン帝国の衰退とともにエルサレムに入植するユダヤ人が増え、ショアーを経て、第二次世界大戦後のイスラエルの建国に結びついていくこととなった。それは、アラブ諸国のイスラム教徒との対立を生むことになり、絶えず戦争やテロなどがくり返される原因ともなっていく。

シオニズムは、本来宗教的な運動というよりも政治的な運動としての性格が強いが、ユダヤ教における宗教思想としてとくに注目されるのが神秘主義の系譜である。

ユダヤ教神秘主義と三つの宗派

神秘主義は、どの宗教においても見られる普遍的な現象で、とくに制度化が進み、宗教組織から柔軟性が失われてくると、その反動として神秘主義的な方向性を志向する動きが生まれてくる。

ユダヤ教では、絶対的な神を直接的な形で体験しようとする神秘主義の傾向が最初から生まれるが、13世紀頃から起こる「カバラー」と18世紀初めからの「ハシディズム」が注目される。

ユダヤ教は大きく分けると伝統に徹底的に従う正統派、アメリカで生まれた保守派、ドイツで生まれ儀式の簡素化などを実践する改革派に分かれる。

正統派のユダヤ教においては、トーラーの律法としての側面が重視されることで、そこからは神話的な要素や象徴的な解釈が失われていくこととなった。それを回復させようとしたのが「カバラー」の運動であり、神の内的な構造を意味する「セフィーロート」を追求しようとした。井筒俊彦は、『意識と本質』(岩波書店)において、このセフィーロートを密教の曼荼羅やユング心理学の元型に通じる人間の深層意識の反映としてとらえている。

カバラーの運動が思想的、哲学的な傾向を強く帯びていたのに対して、正統派のなかの「ハシディズム」はむしろ民衆的な性格が強かった。その始祖とされるイスラエル・ベン・エリエゼルという人物は民間の信仰治療者であり、超自然的な力の実在を強調した。

ハシディズムの系譜のなかでは、やがて運動を指導するツァディーク（義人）の神格化が進められ、そうした人格を通して神との直接的な交流が回復されると考えられるようになる。

ユダヤ教は思想・学問・芸術の巨人たちを次々に生み出した

最後に一つ注目しておかなければならないのが、近代の西欧社会におけるユダヤ人の思想家、学者、芸術家の影響である。スピノザから始まって、マルクス、フロイト、ベルクソン、フッサール、マーラー、プルースト、アインシュタイン、カフカ、モディリアニ、シャガール、レヴィ＝ストロースなどの名前があげられるが、こうした人々を排除したとしたら、近代の文化史は成り立たない。

彼らの多くはユダヤ教の信仰を持ち続けたのではなく、キリスト教に改宗しているが、さまざまな形でユダヤ教の影響を受けている。一例をあげれば、マルクスの資本主義崩壊の予言は、すでに触れたユダヤ教の終末論をモデルにしている。ユダヤ教の影響と言ったときには、そうした側面をも考慮にいれなければならないのである。

ただ、その影響力の大きさに比較して、ユダヤ人の数は決して多くはない。しかも、ショアーによってユダヤ人の人口の約37パーセントが失われた。

2017年の時点で、ユダヤ人は世界全体でおよそ1451万人と見積もられているから、東京都の人口を超える程度である(東京都の人口は2019年10月現在、約1400万人)。そのうちユダヤ人が最も多く分布している地域は、ユダヤ人国家であるイスラエル(645万人)と、人種のるつぼとも言われるアメリカ(570万人)である。

第3章

キリスト教はいかに生まれ、展開したか

——大迫害から世界宗教へ

1 キリスト教の聖職者はなぜ独身でなければならないのか

聖職者の妻帯を禁じる宗教は少ない

前の章で見たように、ユダヤ教の聖典である「トーラー」は、キリスト教の立場からすれば、旧約聖書の最初の5章に相当する。これは、「モーセ五書」とも呼ばれる。

その点で、ユダヤ教とキリスト教は、聖典を共有しており、そこで説かれる教えについても、キリスト教がユダヤ教を踏襲している部分がある。「ユダヤ・キリスト教」といった言い方があるのも、これを反映している。

イスラム教についても、その聖典であるコーランのなかに、ユダヤ教のモーセやキリスト教のイエス・キリストが登場する(モーセはムーサー、イエスはイーサーと呼ばれる)。イスラム教が先行する二つの一神教から影響を受けていることは明らかである。

ところが、ある一点で、キリスト教はユダヤ教ともイスラム教とも異なっている。その相違点はキリスト教の性格、特殊性を考える上で決定的な意味をもつ。

それが、聖職者に独身が課されるかどうかという点である。

私たち日本人は、仏教と深いかかわりをもってきたために、聖職者である僧侶が独身を守るというあり方に慣れている。現在の僧侶は、多くが妻帯だが、明治時代以前は、僧侶は出家であり、妻帯しないのが原則になっていた。その証として、僧侶は得度し、多くは剃髪している。日本では、歴史を経るにつれて在家仏教の傾向が強くなり、浄土真宗がそうであるように、僧侶のなかにも妻帯し、家庭をもつ者が増えていく。だが、僧侶が独身を守るのは、ブッダ以来の伝統であり、それがインドから中国、そして日本へと伝えられた。

キリスト教のカトリックの場合、聖職者とされる神父や修道士、修道女は、生涯神に仕えるために誓いを立て、独身を守り、家庭を持つことはない。プロテスタントでは、こうした聖職者のあり方は否定され、牧師は俗人としての生活を送るが、東方教会(ロシア正教やギリシア正教など）にも独身を守り続ける司祭がいる。正教会の聖職者は「神品《しんぴん》」と呼ばれるが、神品のうち、輔祭《ほさい》・司祭は妻帯が可能だが、使徒の継承者とされる主教は妻帯を許されない。

世界の宗教で、聖職者に独身が課される制度が存在するのはキリスト教と仏教だけで、他の宗教には存在しない。キリスト教と密接に関係するユダヤ教でもイスラム教でも、聖職者は俗人で、宗教上の理由から独身を守り続ける者はいない。この点が、キリスト教の特殊性を形成する際、決定的な意味を持っている。ただ、日本人は、仏教に慣れ親しんでいるために、キリスト教のあり方が、他の宗教と異なるということには気づかないのだ。

原罪の観念が聖職者に妻帯を禁じた

キリスト教が聖職者に独身を求めるのは、原罪の観念があるからである。

それは、第２章でも触れた旧約聖書の「創世記」にある人類創造の物語に基づいている。神によって創造された最初の人類であるアダムとエバは、エデンの園と呼ばれる楽園に住んでいた。ただし、神からは、その中心に生えている善悪を知る木に生《な》った木の実だけは食べてはならないと命じられていた。

ところが、エバの前に蛇が現れ、彼女にその木の実を食べるよう誘惑する。エバはその誘惑に負け、木の実を食べてしまう。さらには、アダムを誘う。木の実を食べた二人は、自分たちが裸であることに初めて気づき、それを恥ずかしいと感じるようになる。

それによって、神は二人が自らが下した掟を破ったことを知り、彼らを楽園から追放する。エデンの園から追放されたアダムとエバは、額に汗して労働することを課せられるとともに、死を運命づけられることになる。

約束を破ることが重大な結果を引き起こすという展開は、どの国、どの民族の神話にも見られる。たとえば、日本の神話で、伊邪那岐命《いざなぎのみこと》は、黄泉《よみ》の国に行った妻、伊邪那美命《いざなみのみこと》から、自分の姿を見てはならないと命じられながら、それを破ってしまう。

その点で、神話としては珍しいものではないとも言えるが、重要なのは、キリスト教は、この話から原罪の観念を引き出してきたことである。ユダヤ教も、この物語を共有しているわけだが、原罪の観念を生み出すことはなかった。

そして、キリスト教においては、サタンに誘惑されたアダムとエバは、木の実を食べることで性の快楽を知ったものと考えられるようになる。聖職者に独身が課せられるようになるのも、原罪というキリスト教独特の観念が生み出されたからである。

明確にもたらされた聖と俗の分離

聖職者に独身が課される制度が確立されたことは大きな意味を持った。というのも、それによって、性の快楽を一切追求しない神聖な世界と、性の快楽を求めることが許される世俗の世界が根本的に対立するものとしてとらえられるようになったからである。

これは、宗教の定義の問題とも関係する。

宗教の定義については、昔からさまざまな形で試みられてきた。そこには、定義を試みる人間の宗教観がどうしても反映されるので、多様なものになってきているが、フランスの社会学者エミール・デュルケムの定義は、高く評価されてきた。

デュルケムの定義の特徴は、宗教の本質が聖と俗の分離にあることを明確にしたところにある。そこには、キリスト教において、神聖な世界と世俗の世界が根本的に異なるものとしてとらえられたことが影響している。これは、仏教にもあてはまるため、日本でもデュルケムの定義が用いられることが少なくない(ちなみに、辞書の代表『広辞苑』の宗教の項目は、デュルケムの定義を下敷きにしている)。

新約聖書の巻頭に収められた「マタイによる福音書」には、「カエサルのものはカエサルに、神のものは神に」という表現がある。これは、ローマ皇帝によって支配された世俗の世界と、神によって支配された神聖な世界を厳格に区別しようとするキリスト教の認識を示したものである。

こうした聖と俗とを根本的に区別する発想は、ユダヤ教にはなかったものである。また、イスラム教にもないものである。

前の章で述べたように、ユダヤ教ではハラハーというユダヤ法が、ユダヤ教徒の生活を律する役割を果たしている。イスラム教では、イスラム法であるシャリーアが同じ役割を果たしている。

ところがキリスト教には、聖なる世界と俗なる世界をともに律する法は存在しない。それも聖なる世界と俗なる世界が根本的に異なったものとして理解されているからだ。

二つの世界の分離を、聖職者の独身というあり方が象徴している。神父や修道士になる際には、「終生誓願」を立てることになるが、これによって、キリスト教の聖職者は世俗の世界を離れ、神聖な世界の一員となっていくのである。

キリスト教は、ユダヤ教のなかから生まれてきた宗教である。イエス・キリストはユダヤ人であり、その使徒たちも、皆ユダヤ人である(イエスも、彼を裏切ったユダもともにユダヤ人であったことは忘れてはならない)。したがって、当初のキリスト教には、ユダヤ教の改革運動としての性格があり、必ずしも宗教として独立しようとしていたわけではなかった。

キリスト教が、ユダヤ教の枠を脱するのは、イエスの死後に、イエスを救世主として信仰するようになるパウロが、その信仰をユダヤ人以外の人間たちに伝えるようになってからである。パウロ自身はユダヤ人だが、その布教活動を通して、キリスト教はローマ帝国に広まっていく。それによって、キリスト教は、民族宗教の枠を脱して世界宗教へと発展していくことになる。

世俗法との役割分担で世界宗教へ

ローマ帝国では、すでに紀元前5世紀中ごろから、「ローマ法」が成立し、世俗社会を律する法律として機能していた。そのために、キリスト教という宗教が広まっていく段階では、世俗の世界をも包含するような宗教法の確立を必要とはしなかった。

逆に言えば、ローマ帝国が求めたのは、聖なる世界と俗なる世界とを分離した上で、聖なる世界のみを律する宗教であったと言える。その条件に、キリスト教は合致したのである。

スペイン・バルセロナのサグラダ・ファミリア。キリスト教は、聖なる世界のみを律する立場をとることで、世俗の権力と共存し、世界宗教としての展開を実現した。

もし仮に、世俗の世界にも適用されるキリスト法といったものが確立されていたとしたら、ローマ法に抵触する部分が出てきて、両者は衝突するに至ったであろう。

またその点は、キリスト教に、国境を越えて広がる余地を与えた。キリスト教は、あくまで宗教として、あるいは信仰として民族や国家の枠を超えて広がった。そして、民族や国家を支配する世俗の権力とも並立し、共存することが可能だった。そこが、ユダヤ教やイスラム教とは異なるのである。

2 福音書とパウロの書簡に秘められた謎

イエスの生涯を物語る福音書

キリスト教は、英語ではChristianityと表記される。ラテン語では、Religio Christianaである。その意味は、ナザレのイエスを救い主として信仰の対象にするということにある。

イエスは、一般にはキリスト教という宗教を開いた教祖、開祖として位置づけられている。日本の仏教宗派の宗祖のなかには、たとえば日蓮のように、新たに宗派を開いたと宣言する者もいたが、イエスは、キリスト教の開教を宣言することはなかった。むしろ、亡くなった後に、イエスを救世主として信仰する人間たちが生まれ、それによってキリスト教が誕生したことになる。イエスがどういった生涯を歩み、どういった教えを説いたかは、新約聖書の最初の部分を構成している「福音書」のなかで語られている。

福音書には、「マタイによる福音書」「マルコによる福音書」「ルカによる福音書」「ヨハネによる福音書」の4つがあり、それぞれ内容は異なっている。このうち、マルコ、マタイ、ルカについては、内容に重複した部分があることから、「共観福音書」と呼ばれている。

イエスを語る確実な史料はほかに存在しない

収められた順番とは異なり、最初に作られたのがマルコによる福音書である。マタイとルカは、マルコと「Q資料」と呼ばれる別な資料をもとに作り上げられたとされている。Q資料は、学問的に想定されたもので、実際には発見されていない。Qは、ドイツ語のQuelle（源泉、原典）に由来する。

ヨハネによる福音書は最後に作られたもので、神学的な性格が色濃く、共観福音書とは区別されている。ただし、福音書以外に、イエスの生涯がいかなるものであったかを語る歴史的な史料は存在しない。ユダヤ人の歴史家であるフラウィウス・ヨセフスの『ユダヤ古代誌』には、イエスについて書かれた部分があるが、ヨセフスはイエスの死後に生まれており、同時代の史料とは言えない。イエスについて書かれた部分については、後世の加筆であるという説も存在する。

しかも、最初にできたマルコでさえ、イエスの死後30年以上が経過した紀元65年から70年頃に成立したものと考えられており、歴史的な事実を反映しているかどうかは疑わしい。

各地の信徒に向けて書かれたパウロによる書簡

ここで問題にしなければならないのは、新約聖書に収められたパウロの書簡である。すでに述べたように、パウロは、キリスト教をユダヤ人以外の「異教徒」に広める上で大きな功績を残しているが、書簡のなかで、共観福音書で語られているようなイエスの言動についてはほとんど触れていない。

ただ一つの例外が、十字架に架けられる前のイエスが、「最後の晩餐」の場面で述べたことばである。パウロの「コリントの信徒への手紙1」には、次のようにある。


わたしがあなたがたに伝えたことは、わたし自身、主から受けたものです。すなわち、主イエスは、引き渡される夜、パンを取り、感謝の祈りをささげてそれを裂き、「これは、あなたがたのためのわたしの体である。わたしの記念としてこのように行いなさい」と言われました。また、食事の後で、杯も同じようにして、「この杯は、わたしの血によって立てられる新しい契約である。飲む度に、わたしの記念としてこのように行いなさい」と言われました。だから、あなたがたは、このパンを食べこの杯を飲むごとに、主が来られるときまで、主の死を告げ知らせるのです（第11章23〜26節）。

これに近い内容は、マタイによる福音書にもある。それは、次のようなものである。

一同が食事をしているとき、イエスはパンを取り、賛美の祈りを唱えて、それを裂き、弟子たちに与えながら言われた。「取って食べなさい。これはわたしの体である。」また、杯を取り、感謝の祈りを唱え、彼らに渡して言われた。「皆、この杯から飲みなさい。これは、罪が赦されるように、多くの人のために流されるわたしの血、契約の血である。言っておくが、わたしの父の国であなたがたと共に新たに飲むその日まで、今後ぶどうの実から作ったものを飲むことは決してあるまい。」一同は賛美の歌をうたってから、オリーブ山へ出かけた（第26章26〜30節）。

レオナルド・ダ・ヴィンチ「最後の晩餐」。サンタ・マリア・デッレ・グラツィエ修道院（ミラノ）の食堂に描かれた。420×910cm。

これ以外に、パウロはイエスの言ったことに触れていない。「あなたの隣人をあなた自身のように愛せよ」という隣人愛の教えについては触れられているが、これは旧約聖書でも述べられており、必ずしもイエスに特有の教えだとは言えない。パウロが書簡のなかでくり返し述べているのは、十字架にかけられて殺されたイエスが三日目に復活したということである。

パウロの書簡を読んだかぎりでは、イエスが何をして、何を説いたのか、それは意外なほど明確にはならないのである。

なぜパウロは、イエスの言動について述べていないのか。この時期、共観福音書は成立していない。したがって、パウロが、イエスの言動については共観福音書の記述に任せたということはあり得ない。むしろ、いま見たように、福音書がパウロの書簡をもとにイエスについて記述している可能性が考えられる。

イエスの言動は実は謎のまま

パウロがイエスの言動についてほとんど語っていない点が、問題にされることは少ない。私は、トム・ハーパーの『キリスト神話——偶像はいかにして作られたか』（バジリコ）を翻訳する過程で、この本から教えられた。これは、驚くべきことである。

なぜそれに気づかないのか。それは、新約聖書の構成が巧みにできているからである。新約聖書に収められた文書は、執筆された年代順ではなく、物事が起こったとされる順番に収録されている。

最初に共観福音書とヨハネの福音書が収められ、次に、イエスの弟子である使徒たちの行状を記した「使徒言行録」がくる。そのなかには、パウロの行状についても述べられている。その次にパウロによる書簡が収められ、他の使徒たちによる書簡があって、最後に「ヨハネの黙示録」が収められている。

では、実際の成立順はどうなっているのだろうか。

共観福音書は、マルコによるものがもっとも古く紀元70年代とされ、マタイとルカによるものは80年代に完成したと考えられている。ヨハネは90年頃ではないかとされている。使徒言行録は、ルカによる福音書と同じ人物が書いたのではないかとされ、その成立は90年代である。

パウロの書簡が書かれ、そして福音書が書かれた

それに対して、パウロの書簡は、紀元50年から56年の間に書かれたと考えられている。「公同書簡」と呼ばれるパウロ以外による書簡は、70年から150年くらいの成立で、ヨハネの黙示録は96年頃とされている。

つまり、一番早いのはパウロの書簡で、その次にそれぞれの福音書が編纂され、それと並行してパウロ以外の書簡が書かれるようになる。そして、その間に、ヨハネによる福音書、使徒言行録、そして黙示録が作られたことになる。

イエスが十字架にかけられて殺されたのは、紀元28年頃のことで、パウロがキリスト教をローマ帝国内で布教しているなかで殉教したのは60年代後半だとされている。福音書も使徒言行録も、そこに描かれた人物が亡くなってからかなりの歳月が経ってから作られて

いる。

「復活信仰」が残された教徒の柱になる

こうしたことを踏まえると、歴史的な事実は次のようだったのではないかと考えられる。イエスが十字架にかけられて殺された後、三日目にイエスが復活したという信仰が生まれた。それによって、ユダヤ人の間に、イエスを信仰の対象とする集団が生まれた。これが、キリスト教の原型である。

パウロは、最初、キリスト教徒を迫害する側にあったが、回心をとげ、キリスト教徒の中に加わった。ただし、当時のキリスト教徒の集団の中では、復活信仰以外に、イエスがどのような生涯を送り、どのような教えを説いたかは、まだ語り継がれてはいなかった。そのため、パウロの書簡の中で、イエスの言動についてはほとんど触れていないのである。パウロが伝えたのは、イエスの復活が、最後の審判の後に起こる人類全体の復活を予言するものであるという信仰だけだった。

そうした信仰が共有されていくなかで、イエスの生涯を美化しようとする動きが生まれ、神聖な存在としてのイエスにふさわしい言動についての伝承が生まれた。最初それは、信者たちの間で、口承で伝えられていただけだが、やがて福音書にまとめられるようになる。共観福音書が三つも存在するのも、いくつもの伝承があったからにほかならない。

パウロに訪れた不思議な回心体験

それは紀元34年頃のこととされるから、イエス・キリストが亡くなってからまだ間もない時期のことである。

サウロという人物がいた。彼は、もともとはユダヤ人のテント職人だったが、ユダヤ教の指導者であるラビについて学び、その観点から、当時新興の宗教としてその勢力を拡大しようとしていたキリスト教に反対し、それを迫害する側にまわっていた。サウロは、イエスの弟子たちを殺そうとまで考えていた。

ところが、サウロが、エルサレムから現在のシリア南部にあるダマスコ（ダマスカス）へと向かっていたとき、突然、天からの光に照らされるという体験をする。

サウロが地に倒れると、「サウル、サウル、なぜ、わたしを迫害するのか」という声が聞こえてきた。サウロが、「主よ、あなたはどなたですか」と聞き返すと、その声は「わたしは、あなたが迫害しているイエスである。起きて町に入れ。そうすれば、あなたのなすべきことが知らされる」と告げた。

サウロはその声にしたがって立ち上がったものの、目を開けても見えなかった。彼は同行していた人々に連れられてダマスコへ向かったものの、三日間目が見えず、食べることも飲むこともかなわなかった。ダマスコで、サウロはイエスの弟子の一人から洗礼を施される。

サウロに何が起きたのか?

サウロ(サウル)とはパウロのことである。サウロはユダヤ名で、ギリシア語ではパウロになる。このパウロの回心という出来事は、キリスト教の迫害者が信者に変わったという点で、初期のキリスト教の歴史において極めて重要な出来事であった。

ただし、パウロ自身は、新約聖書に収められた書簡の中で、この出来事については必ずしも詳しく述べていない。もっとも詳細なのが「ガラテア人への手紙」である。

そこでも、「神の御子を私が異邦人たちのうちに告げ知らせるために、御子を私のうちに啓示した」と述べられているだけである。「御子を私のうちに啓示した」の部分が回心のことをさしていると解釈できるが、具体的なことは語られていない。この節の最初に取り上げたパウロの回心の物語は、使徒言行録で述べられたものである。

その点で、パウロの鮮烈な回心の体験は、使徒言行録の作者の創作である可能性が高い。

それは、伝説や神話であって、必ずしも歴史上の事実とは言えない。

だが、キリスト教の信者は、新約聖書に書かれた事柄を疑ったりはしない。そのため、パウロの回心体験は、キリスト教徒にとってモデルの役割を果たすようになる。

それまで、イエスのことを救世主として考えていなかった人間が、いかにその事実を受け入れるか。パウロの体験は、その道筋を示したものとなっていくのである。

3 世界の終末はどのようにイメージされているのか

イエス再臨前に訪れる世界崩壊を語る「ヨハネの黙示録」

新約聖書は、イエス・キリストが十字架に架けられて殺され、復活したことは、将来において救世主として再臨する予言であると解釈している。そして、前の章でも触れたように、救世主、メシアの出現は、旧約聖書において予言されていたということが強調されている。

共観福音書は、イエスがいかに救世主としてふさわしい存在であるのかを物語ることを目的として作り上げられている。ただ、イエスが再臨し、「千年王国」が出現する前の段階では、世界に壊滅的な危機が訪れるとされた。その過程を描き出しているのが、新約聖書の最後に収められた「ヨハネの黙示録」である。

この文書にはヨハネの名が冠せられており、それは伝統的にキリストの弟子の一人、使徒ヨハネのことであると考えられてきた。ヨハネと言うと、イエスに対して洗礼を施したとされる洗礼者ヨハネも存在するので、弟子の方は使徒ヨハネと呼ばれる。

使徒ヨハネは、「ヨハネによる福音書」や三通の「ヨハネの手紙」、そして、「ヨハネの黙示録」の作者であるとされてきた。ただ、現代の聖書学では、そうしたとらえ方はされていない。新約聖書の場合、それぞれの文書の作者が誰なのかを特定することは難しいとされている。

「ヨハネの黙示録」の作者は、自らが見たとすることをつづっているが、それは、すべて実際に目で見た出来事ではなく、幻であり、宗教的なビジョンである。ビジョンであるがゆえに、象徴的な表現が随所に使われており、それをどのように解釈するかは、それぞれの解釈者に任された形になっている。

たとえば、第6章には、子羊が七つの封印を開く話が出てくる。最初の部分を引用すれば、次のようになる。

また、わたしが見ていると、子羊が七つの封印の一つを開いた。すると、四つの生き物の一つが、雷のような声で「出てこい」と言うのを、わたしは聞いた。そして見ていると、見よ、白い馬が現れ、乗っている者は、弓を持っていた。彼は冠を与えられ、勝利の上に更に勝利を得ようと出て行った。

続けて、第二の封印が開かれると、赤い馬が現れ、第三、第四と、黒い馬と青白い馬が現れる。そして、第五の封印が開かれると、殉教者とおぼしき存在が現れ、第六の封印が開かれると、大地震が起こり、太陽は暗くなって、月は血のようになり、天の星が地上に落ちる。そして、第七の封印が開かれると、半時間ほど沈黙に包まれるが、すぐに七人の天使が現れ、それぞれがラッパを吹くことになる。

天使が現れ、ラッパを吹くとなると、それは幸運の訪れを示したものであるかのように思えるかもしれないが、「ヨハネの黙示録」では、まったく違い、それは大量殺戮の合図となっている。第一の天使がラッパを吹くと、血のまじった雹《ひょう》と火が地上に降り注ぎ、地上の三分の一が焼け、木々も三分の一が焼けてしまうのだ。

そして、第六の天使がラッパを吹くと、四人の天使が解き放たれるのだが、それは人間の三分の一を殺すためだった。第七の天使がラッパを吹くと、メシアが登場し、この世界がそのメシアによって統治されるようになったことが告げられる。ところが、そこで殺戮を伴う凄惨な出来事に終止符が打たれたわけではない。

「ヨハネの黙示録」は、延々と神の怒りによって世界が破壊されていく様子をつづっていく。罪を犯した者は、ことごとく凄惨な死を遂げていくのである。

遂にイエスが現れ正しい者を天国へ導く

最終的な救済が約束されるのは、最後の第22章になってからである。そこでイエスの再臨ということが告げられる。イエスは、「見よ、わたしはすぐに来る。わたしは、報いを携えて来て、それぞれの行いに応じて報いる。わたしはアルファであり、オメガである。最初の者にして、最後の者。初めであり、終わりである」と宣言する。

マルコによる福音書では、三日目に復活した「主イエスは、弟子たちに話した後、天に上げられ、神の右の座に着かれた」と述べられている。この記述と、ヨハネの黙示録に述べられた再臨とが組み合わされることで、神による最後の審判の後に、イエスが再臨し、正しい者をすべて天国へ導いていくという「再臨信仰」が確立されていくことになる。これこそが、キリスト教の教義の核心に位置づけられたのである。

前の章でも見たように、この世を創造した神は絶対の力を持つ存在ではあるが、その神によって創造された人間は、一部の者を除き、神に背いて堕落していく。そのとき、神は鉄槌を下し、背いた人間を地上から一掃してしまう。

「篤い信仰があれば神は最後の審判で救ってくれる」

神が、アブラハムやノアのように信仰篤き者を選び、その命を救ったとしても、その後に続く人間たちはやはり神に背き、堕落していく。そこに何らかの歯止めが設けられなければ、それは永遠にくり返されていくことになる。

最後の審判とキリストの再臨という考え方は、そこに決定的な歯止めを設けることになった。それは、ただ一度起こる出来事であり、初期のキリスト教徒は、そのときがすぐにでも迫っていると信じた。彼らは、神による殺戮を怖れつつ、それができる神であるからこそ、究極の救いをもたらしてくれると強く信じたのである。

それは、キリスト教を、その母体となったユダヤ教とは異なる宗教に仕立て上げていく決定的な要因となった。世界宗教としてのキリスト教が成立する上において、再臨信仰の確立は不可欠であった。

　初期の時代のキリスト教徒が、信仰ゆえの殉教を怖れなかったのも、たとえ殉教しても、さらに言えば、殉教するほどに篤い信仰を持てば、必ずや最後の審判のときに救われると確信できたからである。それはまた、キリスト教をユダヤ人社会を超えて、ユダヤ人からすれば異教徒に伝えていく上での原動力にもなった。

　だが、すぐにでも迫っているとキリスト教徒が信じた最後の審判は訪れず、キリストの再臨もいっこうに実現されなかった。そこで、キリスト教は根本的な矛盾を背負うことになり、それまでとは異なる方向に向かっていくのだが、終末論がキリスト教の世界から一掃されてしまったわけではない。

　社会に危機が迫っていると認識されたとき、終末論はくり返し甦り、キリストの再臨が叫ばれてきた。それは、現代においても変わらないのである。

4 ローマ帝国でキリスト教はどう変化していったのか

聖書の一節より回心した最初の教父アウグスティヌス

初期のキリスト教は、パウロなどの力によってローマ帝国に浸透していく。だが、迫害を受け、数多くの殉教者が生まれた。それでも、キリスト教徒の数は増え続け、ついには、皇帝であったコンスタンティヌス1世がキリスト教に改宗する。キリスト教は公認され、ローマ帝国の国教ともなっていく。

初期のキリスト教では、再臨信仰が中心であり、社会秩序の全面的な破壊である最後の審判がすぐにでも起こると信じられていた。しかし、キリストの再臨という事態はなかなか訪れず、逆に、キリスト教はローマ帝国の国教となることで、社会秩序を守る役割を担うことになっていく。それは、キリスト教を大きく変質させていくことになる。

その際に、極めて重要な役割を果たしたのが、キリスト教会の最初の教父とされるアウグスティヌスだ。教父とは、キリスト教の指導者のことである。とくに、アウグスティヌスは、その回心体験を通して、その後のキリスト教のあり方に多大な影響を与えることになる。アウグスティヌス自身、自らの回心体験を、『告白』という書物に書き残している。

アウグスティヌスの母はキリスト教徒だったが、父はそうではなかった。アウグスティヌス自身は修辞学を学んだが、その時期には、9年間にわたってマニ教を信奉していた。マニ教はサーサーン朝ペルシアに現れたマニによって創始された宗教で、中国にまで広がっていくが、善悪二元論を特徴としていた(マニ教については、第5章で詳しく述べる)。マニ教を信仰していた時代、アウグスティヌスは演劇に熱中し、放縦な生活を送っていた。彼には身分の低い内縁の妻がいて、そのあいだに息子が一人いた。

ところが、しだいにマニ教に対して疑いを抱くようになり、修辞学の教師として送られたミラノで、キリスト教の司教、アンブロシウスの説教を聞いてキリスト教に魅力を感じるようになっていく。母親の影響も大きかった。

386年の夏に、アウグスティヌスは決定的な体験をする。アウグスティヌスが愛欲の問題で悩み苦しんでいると、隣の家から子どもの声で「取って読め、取って読め」と何度もくり返されるのが聞こえてきた。彼はそれを、聖書を開いて、最初に目に留まった箇所を読めという神からのメッセージとして受け取る。パウロの書物が置かれている場所に戻ると、最初に目にふれた箇所を読んだ。

するとそこには、「酒宴と酩酊、淫乱と好色、争いとねたみを捨て、主イエス・キリストを身にまといなさい。欲望を満足させようとして、肉に心を用いてはなりません」と書かれていた。このことばは、放縦な生活に浸っていたアウグスティヌスにとって、自分のことを言い当てたものと受け取られたのである。

彼は、『告白』の中で、この体験について、「わたしはそれから先は読もうとはせず、また読むにはおよばなかった。この節を読み終わると、たちまち平安の光ともいうべきものがわたしの心の中に満ち溢れて、疑惑の闇はすっかり消え失せたからである」と、その感動について熱く語っている。

パウロの書簡に書かれていたことが、アウグスティヌスの生き方を変えることに結びついた。アウグスティヌスは、パウロに導かれる形で回心体験をした。パウロもまた、その具体的な体験は必ずしも明らかではないわけだが、キリスト教に改宗する体験を経ているのである。

原罪を強調し、性欲＝罪という価値観の礎に

アウグスティヌスの回心体験の重要性は、一つには、キリスト教に改宗することが、淫蕩な生活から離れることを意味するようになったことにある。そして、アウグスティヌスは、原罪ということを強調するようになる。

アウグスティヌス以前から原罪を強調するキリスト教の指導者はいた。たとえば、2世紀の教父であるエイレナイオスは、すべての人類の祖であるアダムを通して、人類全体が罪を犯したととらえた。

アウグスティヌスは、そうした考えを踏まえ、さらに自らが放蕩の生活を否定することによって、原罪を強調するようになる。アウグスティヌスは、禁断の木の実を食べたアダムとエバが恥じて、陰部を隠したのは、二人が性行為を行ったからだととらえ、その罪は両親による遺伝を通して伝えられる原罪であるとした。アウグスティヌスは、『告白』の中で、人間が「原罪のくびきにつながれている」という言い方をしている。このアウグスティヌ

スの解釈によって、キリスト教では原罪の観念が強調されるようになり、人間は生まれながらにして罪人であると考えられるようになる。そして、エバを誘惑したのは、創世記においてただのヘビとされていたのが、ヘビは実は悪魔だとされるようになっていく。

これによって、キリスト教では、原罪に結びつく性的な欲望の充足は否定的な価値しか与えられないようになる。イエスが結婚もしないまま殺されたこともあり、本章の最初に述べたように、聖職者には生涯独身が課せられることとなった。

一般の信者の場合には、生涯独身であることは要求されなかったものの、性的な快楽や世俗的な欲望の追求は罪深い行いとして否定的な価値しか与えられなくなる。

そうした罪は、最後の審判の際に贖《あがな》われることになるはずだが、それは一向に訪れない。そこで、一般の信者が罪を犯した場合には、教会で「告解（懺悔《ざんげ》）」することを求められるようになる。

善悪二元論を否定したアウグスティヌス

もう一つ、アウグスティヌスの回心体験には、重要な意味があった。それは、この体験が、アウグスティヌスがそれまで信じてきたマニ教を否定する意味を持ったということである。

マニ教の教義の基本には善悪二元論がある。この考え方によれば、この世界には、最初から善なるものと悪なるものが別々に生み出されていたことになる。それ以降、世界は、善と悪との対立を軸にして展開していく。善なるものは悪を倒そうとするものの、それが実現されるという保証はない。それが二元論の特徴であり、マニ教はその部分を特に強調した。

それに対して、キリスト教は一元論の立場をとる。神は絶対的な善であり、この世を創造した唯一の存在である。その世界には、最初、悪は存在しなかった。そして、悪が生まれてくれば、神は、ノアの箱舟の物語が示しているように、悪を一掃してしまうのだ。

しかし、そうした一元論を強調すると、悪は絶えず生み出されてくるため、神が創造した善なる世界に、なぜ悪が存在するのかという難問に直面しなければならない。むしろ、マニ教のような善悪二元論の方が、悪の発生を説明しやすい。だが、それでは、キリスト教の信仰はその価値を否定されてしまうことになる。悪が最初から存在し続けるということは、神の絶対性を脅かすことになってしまうのだ。

世界の悪をいかに説明するか？

キリスト教では、悪の世界を司る悪魔は、もともとは天使であり、その天使が堕落して堕天使となったことで悪なる存在になったという解釈をとった。堕落した存在が、その事実を受け入れ、善に立ち戻るならば、世界は救われる。キリスト教は、悪に対する善の最終的な勝利を約束するものなのである。

アウグスティヌスの回心体験は、たんに彼がキリスト教の信仰を得たということにとどまらず、一元論のキリスト教が、善悪二元論のマニ教に勝利したことを告げるものであった。回心を通して、自らが罪深い存在であることを自覚し、すべてを神に委ねることで、欲望にまみれた生活から解き放たれ、悪に陥ることを免れることができるのである。

キリスト教に改宗したアウグスティヌスは、『マニ教反駁書』といった書物を書くことで、自らが捨てたマニ教を徹底的に批判した。それは、アウグスティヌス個人にとって意味のある行為だったが、キリスト教とマニ教との根本的な違いを明らかにすることで、キリスト教の信仰の価値を高めていく役割を担った。

罪を告白する「告解」がキリスト教徒の義務となる

こうしたアウグスティヌスの回心体験も影響し、キリスト教会においては、すでに述べたように、罪を告白して神からの赦しを得る告解の制度が確立されていく。それは、教会が与える「七つの秘蹟」の一つに位置づけられ、信者の義務となっていく。

アメリカの宗教心理学者であるエドウィン・スターバックは、1899年に刊行された『宗教心理学』という書物の中で、プロテスタントの青年たちが回心を体験するのは、思春期に到達し、性的な欲望を自覚するようになるからだということを調査に基づいて立証した。キリスト教徒になるということは、結局のところ、性に対する欲望を罪としてとらえるようになったアウグスティヌスがたどった道を歩んでいくことを意味するのである。

すでに述べたように、キリスト教の歴史における決定的な出来事は、イエスの死とその後の復活である。それは、遠からず訪れる最後の審判を経ての人類全体の救済を約束する出来事としての意味をもった。イエスは、救い主であるメシアとしてとらえられたが、それはキリスト教に独自の信仰となった。この考え方は、ユダヤ教にはないキリスト教独特のもので、それが信仰として確立されたことで、キリスト教が誕生したとも言える。イエスの復活と全人類の救済とを信仰する者がキリスト教徒となったのである。

しかし、この出来事は、個々の信者にとって、外側で起こることであり、自分の内面とは関係しない。イエスの生涯においても、パウロやアウグスティヌスの体験に匹敵するような回心は起こっていない。

たしかにイエスには、荒野に40日いた間に、悪魔によって試される体験があった。イエスは、その誘惑を退けることに成功する。その意味では、これはイエスにとって回心体験だったことになる。

だが、その際の悪魔は、イエスの外側にある存在で、内面的な部分にはかかわってこないものであった。イエスは、この体験を通して自らの罪深さを自覚したわけでもない。それに比較して、パウロや、とくにアウグスティヌスの体験は、個人のこころの奥の部分、性の領域にまで深く根差している。

アウグスティヌスは、自らの回心体験を通して、キリスト教徒のあるべき姿を示した。いくら教義によって説明されても、実感をもって受け取れない。だが、モデルとなるような体験を示されれば、人は自分の前に道が開かれていることを感じるのである。

5 教会制度はどのように生まれ発達したのか

キリスト教を組織化した教会制度の確立

キリスト教が世界宗教へ発展していく上において、教会制度ができあがったことが大きな意味を持った。それが強固で機能的な組織を生むことにつながった。

初期のキリスト教の信仰においては、最後の審判がすぐにでも訪れることを前提にしていたため、教会のような組織を作り上げることには関心は向けられなかった。パウロの書簡でも、教会を建てることが勧められているわけではない。また、福音書にまとめられたイエスのことばの中にも、教会について言及したものはない。

しかし、すぐにでも訪れるはずの最後の審判の時がいっこうに訪れず、キリスト教がローマ帝国の中にその勢力を拡大していくと、信者たちが拠り所にできる組織が求められるようになる。それが教会の建設へと結びついていった。

どの宗教においても礼拝のための施設が作られていく。仏教なら寺院があり、神道なら神社がある。ユダヤ教の宗教施設はシナゴーグで、それがイスラム教になるとモスクと呼ばれる。それぞれの宗教施設においては、その宗教に独自の儀式が営まれ、それを通して信者は神や仏に祈りを捧げる。

キリスト教の教会では、そこを主宰する聖職者として神父が常駐するようになる。神父は、すでに述べたように、生涯独身を守り、神に仕える。その聖職者の頂点に君臨するようになるのが「教皇(ローマ教皇)」である。初代の教皇は、イエスの弟子の間でリーダー格だったペトロであったとされる。

パウロの書簡の一つ「コリントの信徒への手紙1」では、ペトロは宣教活動を行う際に妻を連れていたと記されている。福音書でも、ペトロは結婚していたとされる。こうした記述からすると、当初の段階では、まだ聖職者は独身であることを求められていなかったことになる。

ただし、パウロは、同じ「コリントの信徒への手紙1」の中で、「未婚者とやもめに言いますが、皆わたしのように独りでいるのがよいでしょう」(第7章8節)と独身を勧めていた。制度的には、12世紀の第二ラテラノ公会議で独身制が確立される。

また、「使徒言行録」の中で、ペトロは、「イエス・キリストがいやしてくださる」(第9章34節)と言って、病気治しも行っている。これは、ペトロにイエスと同じ力が宿っていたことを意味する。

教皇は「ペトロの代理人」から「キリストの代理人」へ

最初、教皇はこのペトロの代理人を任じていたが、次第に「キリストの代理人」という称号が使われるようになっていく。キリストは、三位一体の教義においては父なる神と同格とされているわけだから、教皇は地上における神の代理人であるということになる。

これによって教皇は神聖な存在に祀り上げられていく。今日でも広く使われている教皇の俗称に「パーパ(Pāpa)」があるが、これはギリシア語の父親ということばに由来する。教皇は、カトリック教会全体の父親的な存在、つまりは父なる神に最も近い存在としてとらえられたわけである。

バチカン市国のサンピエトロ大聖堂。「サンピエトロ」は「聖ペトロ」の意。世界中からキリスト教徒が訪れている。

この教皇を頂点にして、キリスト教会には中央集権的な組織が形成され、それが今日まで受け継がれている。

教皇や教会の権力は、キリスト教が広まった地域全体に及んでいった。キリスト教会は世界組織になっていくが、かつては、それに匹敵する組織は他に存在しなかった。

キリスト教会は、今日のグローバル企業の先駆的な形態だったのである。

6 カトリック教会の「七つの秘蹟」とは何か

七つの秘蹟は人生の節目ごとの通過儀礼

キリスト教会は、神の恵みの具体的なあらわれとして、「七つの秘蹟」を定める。それは、一挙に成立したものではなく、徐々に作り上げられたものだが、ここでは、現在のカトリック教会で定められた秘蹟の内容を説明する。それは、洗礼、堅信、聖体、ゆるし、病者の塗油、叙階、結婚の七つからなっている。

洗礼は、イエスに先立ってあらわれたとされる洗礼者ヨハネが行っていた行為に遡る。福音書では、イエス自身もヨハネから洗礼を施されたとしている。洗礼を受けることによって、教会のメンバーとして認められることになる。カトリックでは、生まれたばかりの段階での「幼児洗礼」が基本で、その際には、聖人に由来する洗礼名を授けられる。

堅信は、幼児洗礼を受けた者が成長し、自分の中にはっきりとした信仰が芽生えてきた段階で授かるものである。それによってミサ（聖餐）において「聖体」を口にする資格を与えられる。

ミサは、教会におけるもっとも重要な儀式である。これは、イエスが最後の晩餐の際に、パンを取って、「これはわたしの体である」と言い、杯を取って、「わたしの血」であると言って、弟子たちに与えたことに由来する。この儀式を通して、信者はイエスと一体化することになる。

聖体とは、無発酵パンである「ホスチア」のことをさす。これがイエスの体にあたる。一方、イエスの血にあたるぶどう酒も聖体に含まれることがある。ミサを司る司祭には、パンとぶどう酒を「聖変化」させる力があると信じられている。

ゆるしは、これまでふれてきた告解、あるいは懺悔、告白とも呼ばれる。教会には「告解室」と呼ばれる小部屋が用意され、信者はそこで神父に対して洗礼の後に犯した罪を懺悔し、それによって罪を許されることになる。

病者の塗油は、後に述べる第2バチカン公会議以前は「終油の秘蹟」と呼ばれていた。その時代には、死にゆく者に対して罪からの許しを与えるものだったが、現在では、死の床にある者だけではなく、病に陥った者全体を対象とするようになっている。

叙階は、聖職者を任命するための儀式を意味する。したがって、聖職者にはならない一般の信徒には関係しない。その代わりに、一般の信徒の場合には、結婚が秘蹟になる。男女が結ばれ、家庭を営む行為は神聖なものととらえられている。

この七つの秘蹟が重要な意味を持ってくるのは、それが信者個人の通過儀礼と重なり合ってくるからである。生まれたときには洗礼を受け、成長して物心がつけば堅信を受ける。それによって教会の正式なメンバーとなる。さらには、日常生活のなかで犯した罪や病については、教会を通してゆるしを得なければならない。結婚もまた神聖な出来事で、教会が介在する。そして、死を前にしては、最終的なゆるしを得なければならない。

こうして人生において経験する重要な出来事に教会が関与するようになり、信者が教会に強く結びつけられていくシステムが確立されることとなった。

公会議によって「正統」と「異端」を明確に区別

さらに教会の重要性は、「公会議」の存在に示されている。

公会議は、世界中に広がったキリスト教の教会組織の代表者である司教や主教が集まって開かれる会議のことである。それぞれの会議は、それが開かれた場所の名前によって呼ばれる。最初の公会議は325年の「第1ニカイア公会議」で、これは小アジアにあったニカイア（現在のトルコのイズニク）で開かれた。

公会議が重要なのは、その場において、教義が決定されるからである。第1ニカイア公会議では、三位一体の教義を否定するアリウス派の思想が問題にされ、それが否定されることになった。これによって、教会が認める教えである「正統」と、教会が認めない「異端」とが明確に区別されることになった。

この正統と異端との区別はキリスト教会に独特のものと言える。どの宗教でも、教義があって、正しい教義と間違った教義とを区別しようとする。だが、公会議を開いて、正統な教義を組織として決定し、異端については、それを徹底して排斥しようとする宗教は、キリスト教以外には存在しないのである。

7 聖人への信仰はどのように位置づけられるのか

「聖人」になるには厳しい要件がある

キリスト教のカトリックにおいては、聖人、あるいは聖者に対する信仰が存在している。公には、神以外の対象を信仰してはならないとされているので、すでに述べたように今日のカトリック教会では、信仰ではなく、「崇敬」ということばが用いられる。

聖人崇敬は、殉教した人間を対象とするものである。2月14日は、「バレンタイン・デー」として日本でも親しまれているが、そこで言われるバレンタインとは、ローマ帝国による迫害によって3世紀に殉教した聖人、ヴァレンティヌスに由来する。

聖人は、キリスト教の中で、東方教会、カトリック、聖公会において認められるもので、プロテスタントはほとんどがそれを認めていない。カトリックの場合には、聖人として認定するための制度が確立されており、殉教したこととともに、死後に奇跡を起こしたことも聖人として認定される要件になっている。そこで言われる奇跡とは、遺体が腐敗しないとか、祈った人間の病が癒やされたことなどをさす。

第2章でも触れたが、神の絶対性を強調する立場からすれば、聖人崇敬は、多神教、あるいは偶像崇拝へと堕落していく可能性のある危険な信仰である。たしかに、多くの聖人が崇拝の対象となっている状況を見ると、日本で八百万の神々が信仰の対象になっていることと変わらないように思えてくる。

聖人崇敬は「聖遺物崇敬」を通して行われた

聖人崇敬は、中世において、キリスト教がヨーロッパに浸透していく上で重要な役割を果たした。ヨーロッパでは、キリスト教が広まる以前に、ゲルマンやケルトの民族信仰が広まっており、そこには多神教の世界が展開されていた。多神教徒が一神教を信仰するようになるにあたって、聖人崇敬は、それを媒介する役割を果たしたのである。

その際に注目されるのは、聖人崇敬が、「聖遺物崇敬」という形態をとったことである。聖遺物とは、聖人の遺骸、遺骨、遺品のことをさしている。そして、聖遺物には病気治癒など奇跡を起こす力があると信じられた。

アウグスティヌスについては、すでに触れたが、最初彼は、聖人崇敬に対して批判的で、聖人が引き起こしたとされる奇跡についての話は信用できないと考えていた。聖遺物が売買されることについても批判的だった。

ところが、キリスト教における最初の殉教者である聖ステパノの聖遺物が、アウグスティヌスのいたヒッポに移され、数々の奇跡的な病気治癒を起こすと、彼は聖遺物に対する見方を根本から改め、主著となった『神の国』などの書物では、聖遺物の引き起こした奇跡を記録し、その信仰を正当化した。これは、聖人崇敬、聖遺物崇敬にお墨付きを与えることになった。

6世紀になると、聖遺物崇敬はかなりの広がりをみせ、東ローマ帝国では、教会を困惑させるまでに至る。4、5世紀のシリアでは、一般の教会堂とは別に、殉教者の教会堂が建てられ、「マルティリウム」と呼ばれた。マルティリウムには、聖遺物が安置され、聖人に捧げられた祭壇では、殉教者を讃える捧げものや祈り、讃歌の詠唱などが行われた。

盛んな聖遺物崇敬を教会側が取り込む

こうした信仰が盛んになるということは、教会の権威を脅かす危険性があったため、教会の側は、それを取り込んでいく方向に転じていく。5、6世紀には通常の教会堂でも聖遺物を手に入れ、教会堂の内部にマルティリウムを小祭壇として建立するようになる。

その結果、4世紀末から6世紀にかけて、聖遺物崇敬は西ローマ帝国全域に広がり、都市郊外の墓地にあった殉教者の墓は荘厳な建築物に建て替えられ、キリスト教徒の宗教生活の中心となっていった。そうした墓の前では、さまざまな儀式が営まれ、墓は行進や巡礼の目的地となっていったのである。

この時代には、夢を見るという行為や、何らかのビジョンを得るということが重視されており、そうしたものを用いて聖遺物が発見されることは、「インヴェンティオ」と呼ばれた。このインヴェンティオによる聖遺物の発見は、宗教的な熱狂を生み出すことに結びつくが、聖遺物は無限に分割されて、ヨーロッパ全体に広まっていく（聖遺物崇敬については、エリアーデ『世界宗教史』文庫版第5巻を参照）。

カトリックにおける三大巡礼地と言えば、バチカンのあるイタリアのローマと、マリアが出現したフランスのルルド、そして、イベリア半島北西部ガリシアにあるサンティアゴ・

デ・コンポステーラだが、コンポステーラへの巡礼は、聖遺物を祀る各地の教会堂をめぐる形で行われる。

キリスト教会は、聖遺物が売買されることを禁止しようとした。しかし、現実には売買はくり返され、略奪も行われた。6世紀の末、ベルギーのコルビオンの修道僧たちは、修道院を開いた聖ロメールの聖遺骨がフランスのシャルトルにあってさまざまな奇跡を起こしているということを聞きつけると、修道院長であったレグノベールを先頭にシャルトルに押しかけ、聖ロメールの聖遺骨を奪い取ってきた。しかも、彼らは、自分たちは「聖なる励まし(インスピラティオ)」を受けたとして、略奪という行為を正当化したのだった(渡邊昌美『巡礼の道』中公新書)。

そこには、現代の私たちが抱くキリスト教のイメージとは異なる信仰世界がくり広げられていたわけだが、こうした聖遺物崇敬は、次に述べる十字軍ともかかわっていく。十字軍は、キリスト教会が、聖地エルサレムをイスラム教徒の手から奪還するために遠征軍を派遣したものである。

8 十字軍はどのように始まりどのように終焉したか

三つの宗教の聖地・エルサレム

エルサレムほど複雑な聖地はない。一般に、宗教の聖地と言ったとき、それはある特定の宗教の聖地のことをさしている。

ところが、エルサレムの場合、そこは、ユダヤ教、キリスト教、そしてイスラム教の共通の聖地になっている。それも、この三つの宗教が、それぞれに性格は異なっているものの、近接した地域から生み出され、相互に深い結びつきをもっているからである。

ユダヤ教徒にとってエルサレムは、紀元前10世紀から紀元前6世紀にかけて存在したユダヤ人の王国、ユダヤ王国の首都で、かつてはユダヤ教の信仰世界の中心に位置するエルサレム神殿が建っていた場所である。ところが、その神殿は、紀元70年にローマ帝国によって破壊され、神殿の壁だけが残された。それこそが、現在もユダヤ教徒がその前に立って祈りを捧げる「嘆きの壁」である。

キリスト教徒にとってのエルサレムは、イエス・キリストがその活動を展開し、十字架にかけられて殺され、復活をとげた場所である。イエスが葬られたとされる場所には、聖墳墓教会が建てられ、いまでも多くの巡礼者を集めている。

イスラム教徒にとってのエルサレムは、預言者ムハンマドが一夜にして昇天した場所である。この場合の昇天は、ムハンマドの死を意味しない。ムハンマドは、エルサレムの神殿の上にある石から馬で天に昇り、神の前に至ったとされている。そこには、後に岩のドームが建設されるが、イスラム教が誕生した当初の段階で、礼拝の対象となっていたのはメッカの方角ではなくエルサレムの方角であった。

三つの宗教が友好的な関係を保っているなら、聖地を共有していたとしても問題は起こらない。しかしエルサレムは、異なる時代において、異民族、あるいは王国によって支配されてきた。ユダヤ王国が滅んでからは、ローマ帝国によって支配されるが、ローマ帝国はキリスト教を国教とした。ところがイスラム教が勃興すると、エルサレムはイスラム勢力によって支配され、11世紀以降は、トルコ人のセルジューク朝によって支配された。

現在のエルサレムは、ユダヤ人の国家であるイスラエルの東部に位置する形になっており、イスラエルはそこを首都としているが、パレスチナとの関係もあり、国際的には承認されていない（2017年に、アメリカのトランプ大統領がエルサレムをイスラエルの首都として認めるという出来事が起こった）。イスラエルの周囲には、イスラム教を信仰する国々が存在しており、両者は、4回も戦火を交えるなど、イスラエルの建国以来長く対立関係に置かれてきた。

それは、ユダヤ教とイスラム教の対立ということになるが、キリスト教の場合には、中世においてエルサレムがイスラム教の勢力によって支配されていた時代に、「十字軍」を派遣し、その奪還をはかろうとした。

十字軍で絡まり合うさまざまな動機

キリスト教は、当初、エルサレム周辺に誕生した宗教であるにもかかわらず、むしろ、ローマ帝国全域に広がっていく。ペトロが葬られた場所がバチカンとしてキリスト教会の中心になっていくにつれて、エルサレムはその重要性を失い、やがてイスラム教徒によって支配されることとなった。

そうした状況のなかで、1095年、ローマ教皇のウルバヌス2世（在位1088〜99）の手により、フランス中南部のオーヴェルニュにあるクレルモンにおける教会会議において、十字軍が召集されることとなった。ただし、当初の段階で、十字軍ということばは使われておらず、その試みはただ「旅」、ないしは「巡礼」と呼ばれていた。

ウルバヌス2世が、十字軍を召集した時点で、具体的にどういったことを言ったのかははっきりしていないが、トルコ人の侵攻によって苦難に直面している東方のキリスト教徒を救援する必要があり、その戦いは神によって導かれた聖なる戦いであると述べたものと考えられる。

松本宣郎編『キリスト教の歴史1』（山川出版社）の第3章「西ヨーロッパ世界の成立とキリスト教」の部分を担当した印出忠夫は、十字軍と聖遺物崇敬との関係について言及している。当時、聖遺物の移転や贈与によって、それを安置する教会がヨーロッパ全体に建設され、そうした場所をめぐる巡礼路の整備が進んだが、ローマ教皇は、その頂点にローマを位置づけようと考えた。そのため、ウルバヌス2世は、フランス国内を巡歴し、訪れた教会や祭壇、墓地を自らの手で聖別していった。その過程で、多くの聖遺物があると見込まれるエルサレムのことが教皇の念頭に浮かんだのではないかというのである。

印出は、このウルバヌス2世の十字軍召集の宣言が、大きな反響をもたらし、その際に、エルサレムという場所のもつ力が重要な役割を果たしたと指摘している。

「まず、全キリスト教徒に共有された、イエスをはじめとする聖書の登場人物の記憶にあふれた都エルサレムのもつ『巡礼地』としての圧倒的な魅力がある。そのイメージは天国（天のエルサレム）と二重写しにされ、ここでの落命を本望と感じる者もあったし、地上のユートピアを夢見て入植を志す者、はては聖遺物を持ち帰って一儲けを企む者も存在した」というのである。

さらに、クレルモン教会会議の決議録においては、「誰であれ名誉や金銭の入手のためではなく、ただ信心のみのために神の教会を解放せんとエルサレムへ出発した者には、その旅すべては贖罪のためとみなされるべし」とあった。これは、ウルバヌス2世が、十字軍の参加者に対して「贖宥《しょくゆう》」が与えられることを約束したものと考えられる。贖宥は、教会が信者の罪を許したり、軽減したりする行為で、後に宗教改革が起こったときには、ルターによって厳しく批判された。

つまり、十字軍の目的は聖地エルサレムの奪還というところにおかれたが、その参加者にとっては、罪の赦しを期待できる宗教的な行為にほかならなかった。それは、聖遺物の祀られた教会などを巡礼する行為の延長線上に位置するものであり、だからこそ、巡礼と呼ばれたりもしたのである。

「一旗揚げたい」連中もこぞって参加

ただし、信仰だけが十字軍に参加する動機となったわけではない。印出も指摘しているように、そこには金儲けといった世俗的な動機もかかわっていた。実際、第1回の十字軍に参加した諸侯のなかには、王家に連なってはいても、正統的な継承者ではなく、地位が不安定な者が少なからず含まれていた。彼らが、十字軍に参加し、エルサレムの奪還を果たすことで一旗揚げようと考えたとしても不思議ではない。そもそも、十字軍に参加すれば、エルサレムまでの長期の遠征が必要であり、それには費用がかかったし、戦闘になれば、命を落とす危険性もあった。

第1回の十字軍は、1096年8月末以降に出発し、陸路をたどってエルサレムに向かう。翌年の4月、ボスポラス海峡をわたって小アジアに入ったところで、トルコ人が支配していた都市を攻撃するが、いずれも激戦となった。十字軍がエルサレムの奪還に成功したのは、召集から3年が経った1099年7月のことだった。

エルサレムが奪還されることで、そこにはエルサレム王国が樹立される。だが、十字軍に参加した諸侯の間で対立が起こり、さらには、イスラム教徒による反抗もあったため、周辺の都市が奪還されたり、援軍として送られた第2回の十字軍が撤退を余儀なくされ、次第に劣勢に追い込まれていく。

そして、1187年には、イスラム教の側にサラーフッディーン（サラディン）という英雄があらわれ、エルサレムはイスラム教徒の手によって奪還されてしまった。

聖地エルサレム奪還は失敗に終わる

その後、幾度か十字軍は召集され、再度のエルサレム奪還にむけて送り出されるが、成功したのは第6回の十字軍だけで、そのときも、再占領していた期間はわずか15年ほどに過ぎなかった。聖地エルサレムを奪還するという野望は、結局は果たされなかった。

ただ、聖遺物にかんしては、十字軍は一定の成果をあげた。たとえば、第1回十字軍は、エルサレムの北にある重要な都市、アンティオキアを攻撃するが、その際に、そこにあった聖ペトロ教会の地下から「聖槍」が発見される。これは、イエスが十字架にかけられたとき、そのからだを突き刺した槍のことである。

1000年も前の槍が残っているとはとても考えられないが、十字軍に参加した人間たちは、それがイエスを突き刺した槍だと信じた。そして、サラーフッディーンによってエルサレムがふたたび奪還されようとしていた1187年には、十字軍の兵士たちは大量に買い付けた聖遺物を、大きな箱に収めて、地元に送ったのである。

結局のところ、十字軍の試みが失敗に終わり、派遣の試みがくり返されても、はかばかしい成果をあげられなくなると、当初の熱狂は薄れていった。フランスからエルサレムまでは相当に距離がある。しかも、エルサレムは、イスラム教が広まった地域の中にあるわけで、たとえそこを一時的に奪還したとしても、すぐに孤立し、反撃を受けざるを得なかった。その点で十字軍は、最初から無謀な試みだったのである。

9 異端はどのようにして生まれてくるのか

十字軍に攻撃されたカタリ派という異端

十字軍の場合、基本的には、異教徒であるイスラム教徒から聖地エルサレムを奪還することが目的とされた。だが、その試みがくり返されていくなかで、異教徒ではなく異端を征伐するために召集された十字軍も生まれた。

その代表が、「アルビジョア十字軍」である。これは、第4回の十字軍を召集したインノケンティウス3世（在位1198～1216年）の時代に組織されたもので、南フランスにおいてその勢力を拡大していたアルビ派、あるいはカタリ派といった異端を撲滅することを目的としていた。

その背景には、キリスト教会が公会議をくり返し開くことで、正統な教義が定められ、それに反する教えが異端とされたことがあった。異端は弾圧の対象になったものの、そうした教えを信奉する人間たちは後を絶たなかった。とくに、12世紀以降、異端が頻発するようになる。だからこそ、インノケンティウス3世は、アルビジョア十字軍を派遣することを宣布したわけである。

1229年には、トゥールーズ教会会議において、かの悪名高い「異端審問」という特設法廷が設置された。1233年には、グレゴリウス9世が、異端者の認定と処罰の権限を地域の司教の手から奪い、ローマ教皇に直属する異端審問官にそれを委託する制度を設けた。

異端審問が全盛を極めた後の時代には、「魔女狩り」も行われるようになる。魔女狩りは、15世紀から18世紀まで続き、ヨーロッパでは4万人から6万人が処刑されたとされる。また、異端審問が盛んに行われた時代には、ユダヤ人もその対象となり、ユダヤ人狩りも行われた。

こうした異端審問や魔女狩りは、暗黒時代としての中世のイメージを強化するものであるが、異端として弾圧の対象となった勢力の信奉する教義も極端なもので、そこに弾圧を生む素地があったとも言える。その点を見逃してはならない。

ここでは、異端をカタリ派を中心に見ていくことにするが、カタリ派についての詳細な研究が、渡邊昌美『異端カタリ派の研究――中世南フランスの歴史と信仰』(岩波書店)である。そこでは、南フランスに広がったカタリ派が、いったいいかなる教義を信奉し、特異な組織を発展させていったか、その全体像が示されている。

旧約聖書の神を悪神としたカタリ派

渡邊は、カタリ派の基本的な教義は二元論にあるとしている。二元論においては、善なる神と同時に悪神の存在が前提とされる。善なる神の方は、不変不朽、不可視の霊性を属性とし、その領域は霊界であるということになる。

一方、悪神は悪魔でもあり、それはつねに変転をくり返していく物質の世界、形而上の世界の存在であり、現実世界をその領域としている。興味深いのは、旧約の神は、現実世界を生んだ存在であるがゆえに悪神とされている点で、一般のカトリック教会では聖典として認める旧約聖書はもっぱら排撃の対象となるのだった。

一方、善なる神が創造した霊は、肉体という獄舎に捕らえられており、現世に繋がれている。イエス・キリストは、人間が善なる神によって創造された点で、聖なる起源を持っているということを証し、さらには救済を啓示するために来臨した天使であるが、福音書に記されたイエスの降誕、奇蹟、受難といった事柄は、あくまで幻であるとする。なぜなら天使が物質にかかわることはないからである。

そこから、カトリック教会で信奉される贖罪の教理や、さらには三位一体論が否定される。三位一体論は、キリスト教界全体で承認された基本的な教義であるにもかかわらず、カタリ派はそれを否定してしまったのだった。

救われるために肉欲と肉食を徹底的に排除

では、キリスト教界の基本的な教義を次々と否定していって、どうしたら人間は救われるのだろうか。

救済のためには、キリストが樹立した教会、カタリ派の教団に加わって、厳しい戒律を守る必要があるとされる。その際に決定的に重要なことは、悪神が創造した物質の世界とできるだけ没交渉で生きることである。とくに肉欲と肉食は徹底的な憎悪の対象となった。

ローマ教会は悪神が創造したものであるがゆえに、教会における秘蹟、職階、諸制度、十字架、会堂、聖遺物、墓地などは全面的に否定された。社会生活についても、権力、家族、所有、生産などのいっさいには価値が認められなかった。もっとも極端なところでは、自殺が「耐忍礼」という形で制度化されるまでに至るのである。ただこれは、「完徳者」と呼ばれるカタリ派の聖職者に勧められたことで、「帰依者」と呼ばれる一般の信者は対象外だった。

現在のキリスト教徒が、こうしたカタリ派の教義に接するならば、果たしてこれはキリスト教なのかと疑問を感じるに違いない。実際、後世においては、カタリ派の思想は悲観主義、あるいは虚無思想としてとらえられ、キリスト教とは無関係の教説とされ、そこに仏教思想の影響があるという説まで生まれた。

カタリ派の源流となるものは、バルカン半島に生まれたボゴミリ派であるとされる。バルカン半島は、ヨーロッパ南東部にあり、現在の国名では、ギリシャ、アルバニア、ブルガリア、マケドニア、セルビア、モンテネグロ、クロアチア、ボスニア・ヘルツェゴビナ、及びトルコのヨーロッパ部分などが含まれる。ボゴミリ派は、そのうちブルガリア王国に発生し、周辺地域に拡大したとされる。

カタリ派の源流・ボゴミリ派の信仰生活とは

渡邊は、このボゴミリ派について「中世東欧の二元論異端の中でも最大のもの」と評しているが、形而下の世界、物質の世界を悪に属するととらえ、「悪神をもって可視の世界の創造者となす」(テオフィラクトス)、「実に、彼らの唱えるところは何であるか。天空も大地も、そして目に見えるこの全世界も、神の創ったものではない」「悪魔をもって人間およびあらゆる聖なる被造物の創造者となす」(ともにコスマス)という考え方に立っていた。

さらに、旧約聖書を排撃し、最後の審判の前にあらわれるアンチ・キリストの前触れである洗礼者ヨハネを悪しき者と位置づけた。また、カトリックの世界では、イエス・キリスト以上に崇敬を集めるようになる聖母マリアの実在を否定した上で、崇敬の対象とはしなかった。

キリストの降誕、受難、復活も現実のことではないと否定され、当然のことながら、教会の制度、そこでの儀礼、あるいは聖遺物などの信仰は全面的に否定された。

労働についても、この世のものとして価値が否定され、さらには世俗権力も否定された。その代わりに禁欲の戒律が徹底して重視されたが、なかでも生殖や肉そのものが悪として不浄視され、憎悪の対象になった。
まさに、ボゴミリ派は、カタリ派の源流だったのである。

なぜカタリ派は支持を集めたのか

カタリ派が南フランスにおいてその勢力を拡大していくのは、12世紀後半から13世紀にかけてのことだった。ここで注目しなければならないのは、この時代において、従来の修道会とは異なる「托鉢《たくはつ》修道会」が創立された点である。

托鉢修道会としては、ドミニコ会やフランシスコ会があるが、ともに清貧ということを重んじた。托鉢修道会と呼ばれたのは、日々の食事を肉体労働や托鉢から得てきたからで、その際に金銭をもらうことはなかった。

彼らは、貧しい者のなかに混じって生活し、その救済にあたった。それは、体制化したキリスト教会に対する批判としての意味をもっており、そこには教会の腐敗堕落といったことが関係していた。

托鉢修道会において、清貧が追求され、禁欲が実践されたことは、カタリ派やボゴミリ派に通じていくものであった。托鉢修道会は、異端による既存の教会の体制に対する批判に一定の意味があるととらえ、それを自殺の奨励といった極端な方向に向かわせないための試みでもあったととらえられるのである。

本質的なことは、カタリ派の中心的な思想が、世界を善と悪に二分する善悪二元論にあったことである。

アウグスティヌスのところで述べたように、一元論の立場をとるキリスト教は、善悪二元論を克服していかなければならなかった。ところが、いくら神の絶対性を強調しても、この世に悪が生み出されるという矛盾を解消することができない。そのなかで、善悪二元論に傾いていく人間たちが絶えず生み出されていった。そして、善悪二元論を信奉する者たちは異端とされ、その源流となるマニ教の信者とも同一視されたのである。

10 金融の始まりはどこにあるのか

一神教世界では「利子をとらない」が普通

すでに見たように、キリスト教の教えが確立されていくなかで、原罪という観念が生まれたことは極めて重要である。人間は罪深い存在とされ、だからこそ教会による救済を必要とするとされるようになる。それは、キリスト教の信者を教会に結びつけるとともに、贖罪への渇望を生んだ。聖遺物崇敬の高まりや十字軍の派遣には、それが関係する。異端もまた、贖罪を極端な形態にまで進めたものとして見ることができる。

こうしたことが、中世においては金融と深くかかわることになる。東洋の宗教には見られないことだが、ユダヤ教から始まる一神教の系譜においては、利子を禁止する考え方が強かった。それは、一神教の源流であるユダヤ教が利子を禁じていたからである。

旧約聖書においては、「異邦人には利子を付けて貸し付けてもよいが、あなたの兄弟に貸すときには利子を取ってはならない」(「申命記　第23章20」)とか、「その人に金や食糧を貸す場合、利子や利息を取ってはならない」(「レビ記　第25章37」)と規定されていた。

これは、一神教にだけ見られるものではなく、多神教で知られた古代のギリシアでも同様の考え方があった。古代ギリシアの哲学者であるアリストテレスは、「政治学」という著作において、貨幣を貸して利子を取る行為について、それはもっとも自然に反することであるとして厳しく禁じた。

共同体や部族の仲間の間で利子をとるようになると、経済的な格差が拡大し、その秩序を保つことが難しいと考えられたからである。だからこそ、旧約聖書では、異なる信仰をもつ異教徒からは利子をとることが認められていた。

この伝統は、ユダヤ教からキリスト教にも受け継がれた。たとえば、中世最大の神学者とされるトマス・アクィナスは、その主著『神学大全』の中で、ラテン語で利子を意味する「ウスラ」を禁じていた。このように利息(利子)が禁じられていた以上、キリスト教世界には高利貸など存在しないはずである。

高利貸は常に罪悪感を抱いていた

ところが、現実はそうではなかった。経済が発展していくなかで、利息を支払ってでも金を借り、それを運用して儲けようとする人間が現れるようになるからである。

だからこそ、キリスト教からすれば異教徒であるユダヤ人が高利貸になり、キリスト教徒に金を貸すようになった。そうした状況は、シェイクスピアの「ヴェニスの商人」に描かれている。

しかし、さらに経済が拡大していけば、ユダヤ人だけではなく、キリスト教徒のなかにも高利貸が現れるようになる。それでも、高利貸は賤しい職業と見なされ、死後には地獄に落とされると考えられていた。高利貸の側も、自分たちが罪深い行為を犯していることを自覚しており、それに脅えていた。

社会史のジャック・ル・ゴッフの小著『中世の高利貸――金も命も』（法政大学出版局）では、当時の高利貸の抱いた罪意識について触れられている。

たとえば、ある裕福な高利貸は、普段、神を怖れることもなかったが、ある夜、妻のかたわらで寝ていた際、突如として身震いしながら起き上がり、いぶかる妻に対して、「たったいま最後の審判に連れてゆかれ、数えきれぬ罪状で訴追されたのだが、わたしはうろたえて口も利けず、告解を願いでることもできなかった。ついに至高の裁きの手がわたしを悪魔に引きわたす判決を下された。今日にも悪魔どもがわたしを拉致しにやってくるはずだ」と答え、近くにあった質草の上着をはおると出ていってしまった。その高利貸は教会に逃げ込んだが、放心状態で、結局は船に乗せられて悪魔に連れ去られてしまったというのだ。

この話は、いかに当時の高利貸が自分たちの仕事を罪深いものであるととらえ、どこかで改心し、死ぬまでにはとった利息分を返しておかなければならないと考えていたことが示されている。本人が返そうとしなければ、家族が説得した。教会もまた、高利貸に対して、「金か命か、どちらかを選べ」と迫ったのである。

利子の禁止はイスラム教にも受け継がれていく。しかも、現代でもこの考え方は生きていて、それが利子をとらない「イスラム金融」を生むことにつながった。それについて、詳しくは次の章で述べることになる。

11 宗教改革はどのように勢力を伸ばしたのか

世界展開とともに弱体化した中世の教会勢力

キリスト教会は、ここまで見てきたような歴史を経て、ヨーロッパ全体に広がり、その教えは浸透していった。さらに大航海時代に入ると、アジア、アフリカ、アメリカの各大陸にも広まり、強大な勢力を誇るようになっていく。

しかし、中世的な教会権力は、衰退の方向に向かい、西ヨーロッパで近代的な国民国家が台頭していくなかで、教会の革新運動が起こる。それが「宗教改革」となってプロテスタントの諸宗派を生むことになる。プロテスタントが誕生したことで、それまでローマ教会と呼ばれていた勢力はカトリック教会と呼ばれるようになる。

プロテスタントにおいては、教会権力に代わって聖書中心主義の立場がとられ、それまでラテン語でしか読めなかった聖書の各国語訳が誕生する。カトリックとの決定的な違いは、聖職者の存在を否定したことで、俗世を捨てて出家し、神のみに仕える司祭や修道士は、プロテスタントには存在しなくなった。プロテスタントの宗教的な指導者である牧師は妻帯するようになる。またその結果、聖職者の頂点に位置するローマ教皇のような存在もプロテスタントには生まれなかった。

これによって、聖なる世界と俗なる世界が決定的に対立する構造が崩され、二つの世界は融合することになった。それは、聖なる世界を司る教会権力の弱体化に結びついた。それはある意味、ユダヤ教のあり方に回帰する方向性であり、キリスト教が誕生した後に生まれたイスラム教とも共通した構造をとることを意味した。

カトリックとプロテスタントの中間的な形態を示すのがイギリス国教会である。イギリス国教会では、ローマ教皇の支配からは離れ、聖職者の妻帯を認めたものの、カトリックに類似した聖餐式（ミサ）は受け継がれている。

カトリックや東方教会が聖職者と在家の平信徒から構成されるのに対し、プロテスタントでは牧師も在家であり、平信徒と身分上決定的な差異はない。七つの秘蹟の考え方もとられない。幼児洗礼は行われず、信仰の自覚をもった段階で洗礼を受けることになる。

プロテスタントの活動をどのように評価すべきか

プロテスタントはさまざまな宗派に分裂していくが、国や地域、人種、階層などによってどんな信者が集まるかが決まることが多い。教義は宗派によって異なるが、新たに登場した新宗教的な宗派を除くと、カトリックのように教義が厳格に定められることはない。

ここで一つ指摘しておかなければならないのは、宗教改革についての評価である。

宗教改革によってプロテスタントが誕生したわけだから、プロテスタントの各教会は、宗教改革が起こったことで時代にかなった新しい信仰の形態が生まれたと、それを高く評価する。ところが、カトリックの側からすれば、プロテスタントの誕生は分派活動であり、それまでの信仰を否定するわけだから、宗教改革を評価することなどあり得ない。その点が意識されることは少ないが、宗教改革を善としてとらえる見方は、プロテスタントの考え方に基づいており、必ずしも普遍的なものではないのである。

12 マリアとはどのような存在か

イエスに代わり崇敬を集めるように

宗教学者のミルチア・エリアーデは、さまざまな宗教において主宰神が後退し、背景に退いていく現象があることを指摘している。それに代わって、別の神が信仰の対象になっていくというのである。

ユダヤ教においては、この世界を創造した神は絶対の存在とされたが、キリスト教においては、三位一体の教義が確立され、父なる神よりもイエス・キリストが前面に出てきた。

実際、キリスト教美術の世界では、父なる神の姿が描かれることは稀《まれ》である。バチカンのシスティーナ礼拝堂に描かれたミケランジェロの『天地創造』では、父なる神の姿も描かれてはいるが、主役はやはりイエスである。

しかし、イエスもやがて後景に退いていくことになる。中心となる神として描かれると、その権威は強化されるが、その分、一般の民衆にとっては遠い存在、自分たちとはかかわりのない存在に思えてくる。すると今度は、新しい信仰の対象が求められるのである。

その役割を担うようになったのがマリアである。第2章でも見たように、日本では聖母マリアと呼ばれることが一般的だが、それは日本のキリスト教社会に特有の呼び方である。ここでは基本的にマリアと呼ぶことにする。

マリアが聖霊によって身ごもったことは、福音書に出てくる。ただし、マリアが登場するのは、その場面だけで、他のところには登場しない。復活したイエスがマリアの前に現れたとされているが、そのときのマリアは、イエスの母マリアではなく、マグダラのマリアであったり、ヤコブの母マリアであったりする。

つまり、福音書において、マリアはイエスを生んだということ以外、何の役割も果たしていないのだ。

マリア崇敬の始まりは東方正教会から

最初にマリア崇敬が成立するのは、ローマ教会と分かれた東方正教会においてだった。神の母を意味する「テオトコス」という概念が確立され、教会にはマリアと幼子イエスを描いたモザイク画が飾られるようになる。そこから、東方正教会に特徴的な「イコン」が作られるようになり、イコンにもマリアの姿が描かれるようになる。

ヨーロッパの西側でも、15世紀には大きなマントを着て、幼子イエスを抱いた「慈悲のマドンナ」の絵が広まる。あるいは、16世紀のメキシコでは、一人のインディオの前にマリアが現れるという出来事が起こり、褐色の肌をした「グアダルーペのマリア」としてメキシコの人々の信仰を集めていく。

ただし、西ヨーロッパでマリアの信仰が広まるのは、かなり遅く、19世紀に入ってからのことである。

最初は1830年のことで、パリにあった愛徳姉妹会という修道会の修道女だったカトリーヌ・ラブレの前にマリアが出現した。ラブレは、出現したマリアから、メダルを作るように命じられ、それを鋳造して配布する。これはパリでコレラが流行していた時期だったことから、メダルは民衆に歓迎された。

これよりもさらに有名なマリア出現となったのが、1858年にフランスのピレネー山麓にあるルルドという町で起こった出来事である。14歳の少女、ベルナデット・スビルーの前にマリアが現れた。

しかも、マリアは彼女の前に度々現れ、その噂は周囲にも広まったため、多くの人々がマリアが出現した洞窟に集まるようになった。

そんななかで、ベルナデットがマリアから命じられて土を掘ると、水がわき出すという出来事も起こった。これが、やがて聖地となるルルドを象徴する泉となっていく。

決定的な出来事は、16回目の出現のときに起こる。ベルナデットは、地域の司祭から洞窟に現れた女性の名前を聞くように言われ、それを実行すると、「私は無原罪の御宿りです」という答えが返ってきた。

この無原罪の御宿りというのは、カトリックの教義の一つで、マリアは原罪の穢れなしに受胎したというものである。ローマ教皇のピウス9世が、回勅によってこの教義を公認したのは、ルルドにマリアが出現するわずか4年前、1854年のことだった。

その回勅では、「人類の救い主イエス・キリストの功績を考慮して、処女マリアは全能の神の特別な恩恵と特典によって、その懐胎の最初の瞬間において、原罪のすべての穢れから前もって保護されていた」と述べられていた。原罪は、人類全体に及ぶものだから、いかにマリアが特別な存在として認められたかがわかる。

マリアは「優しさ」を担当し地位を高める

その後も、各地でマリアの出現という出来事が続く。ルルドは、聖地として信者を集めるようになり、とくにその泉には病を直す力があると信じられるようになる。いまやルルドは、カトリックの重要な聖地の一つである。

一方、神学の面でも、マリアの地位は高まっていく。１９５０年には、教皇であるピウス12世によって、今度は「被昇天」の教義が公認される。これは、マリアは死後に復活し、イエスの計らいによって肉体と霊魂を伴って天に召されたというものである。

父なる神は、旧約聖書にあるように、相当に厳しい存在である。福音書に描かれたイエスも、口では律法が重要だと言いながら、本当にはそれを守っていない人間たちに対して、かなり厳しい姿勢で臨んでいる。

それに対して、マリアの場合には、厳しさとは無縁である。そもそも、福音書にはマリアのことはほとんど述べられていないわけで、その分、後世にはマリアの優しさを自由に強調することができた。

受胎告知をモチーフにした絵画では、思いもしなかった妊娠に複雑な表情をしているものが多いのだが、幼子イエスとともに描かれた聖母子像では、すべてを慈しむ母のイメージが強調されている。日本人のキリスト教徒が、マリアを聖母と呼びたくなった気持ちも分かる。

マリアは、三位一体の教義のなかに組み込まれたわけではない。しかし、その地位は時代とともに上昇し、今日では、一般信者にとっては、一番の信仰対象になっている。

こうした状況をキリスト教の外側から見てみると、多神教にも見えるはずである。事実、イスラム教徒のなかには、キリスト教徒は、父なる神と母なる神、そして子からなる神を信仰する多神教徒だという見方をする人もいるのである。

13 キリスト教は地域ごとにどのような変容を見せたか

ホタテ貝を身につけて行うサンティアゴ巡礼

カトリックの三大巡礼地ということになると、バチカンのあるローマ、マリアが出現したルルド、そして、スペインの西北部のガリシア州の州都にあるサンティアゴ・デ・コンポステーラである。そこには大聖堂が建っており、イエスの使徒の一人であったヤコブの聖遺物が祀られている。サンティアゴとは、スペイン語で聖ヤコブを意味する。

使徒言行録では、ヤコブはヘロデ王によって殺害されたとされている。ところが、9世紀になると、その遺骸がエルサレムからは遠く離れたサンティアゴ・デ・コンポステーラで発見されるという出来事が起こる。その時代には、スペインのあるイベリア半島でキリスト教徒とイスラム教徒が戦っていたので、聖ヤコブはスペインの守護聖人に祀り上げられた。そして、サンティアゴ・デ・コンポステーラは、カトリックの巡礼地になっていく。

この地への巡礼は、徒歩が慣習になっている。「サンティアゴの道」と呼ばれる巡礼路があって、それはフランスから始まっている。フランス国内の巡礼路は4本あり、ピレネー山脈を越えてスペインに入ると1本になる。ホタテ貝のことをフランス語では「聖ヤコブの貝(coquille Saint-Jacques)」と呼ぶが、巡礼者は、ホタテ貝を身につけていく。

土着信仰との融合：イースターとクリスマス

一方で、キリスト教がヨーロッパに浸透していくなかで、土着の信仰を取り入れていくようになる。その代表的な例となるのがクリスマスとイースターである。

クリスマスはイエス・キリストが誕生した日とされ、イースターは十字架にかけられて殺されたイエスが3日目に復活したことを祝う日であるとされている。イースターは、日本語では「復活祭」と呼ばれる。クリスマスについて重要なことは、福音書においては、イエスがいつ生まれたのか、その日付が特定されていないことである。どんな季節に生まれたのかも分からない。つまり、イエスの誕生日ははっきりしないのである。そのため、いまのように12月25日に定まる前の段階では、1月6日に祝われたり、3月21日に祝われたりしていた。いまでも正教会の一部では、1月7日をクリスマスとしている。

日付が12月25日に定まった経緯には諸説ある。一説では、キリスト教がローマ帝国に展開した時代に、別の有力な宗教として「ミトラ教（またはミスラス教）」があり、冬至の日に主神である太陽神の復活を祝っていたことがキリスト教のクリスマスに結びついたとされている。あるいは、ローマ人は農耕の神にサトゥルヌス神を祀っており、やはり冬至の時期にその祭が行われていたことも、クリスマスの起源に結びついたとされている。

キリスト教はその後ヨーロッパに広まっていくが、土着のケルト人やゲルマン人も、やはり冬至の祭を行っていた。それによって、イエスは12月25日に生まれたという信仰が受容されていくことになったのである。つまり、クリスマスの基盤となったのは、冬至の時期に行われていた、キリスト教からすれば「異教」の祭だった。そのために、17世紀の初頭にアメリカに移住したピューリタンたちは、聖書に忠実であろうとし、クリスマスを不純な信仰としてとらえ、祝おうとはしなかった。その伝統は19世紀まで続く。クリスマスはもともと季節の祭であって、新しい年の訪れを祝うための行事だったわけである。日本的な（あるいはアジア的な）感覚で言えば、正月のようなものである。

イースターの場合にも、事情はクリスマスと似ている。そもそもイースターは日にちがはっきりと定まっていない。「春分の日の後の最初の満月の次の日曜日」とされていて、年によって3月の下旬になることもあれば、4月下旬になることもある。

最初、イースターはユダヤ教でもっとも重要な「過越《すぎこし》の祭」の日に祝われていた。最後の晩餐は過越の祭のときに行われている。ところが、キリスト教徒はユダヤ教との違いを明確にするために、イースターを過越の祭の日から離そうとした。その結果、いまのような決め方になった。ただし、過越の祭も年によって変わり、3月から4月に行われるので、イースターはやはりその影響を受け続けているとも言える。

イースターに土着の信仰が流れ込んでいるのは、日付よりもむしろ、使われるものに示されている。イースター・エッグやイースター・バニーというものがあるが、それはゲルマン人の習俗に由来する。卵は、殻を破って雛が生まれることから、復活のシンボルになった。ウサギは月にいるとされ、月の満ち欠けが死と復活を象徴することから、イエスの復活を祝うイースターのシンボルとして取り入れられたのである。

14 正教会はどのように生まれ東方へ伝播したか

ローマ帝国の東西分裂に伴い、東で発展した正教会

ここまでは、キリスト教のなかでも、カトリックとプロテスタントについて述べてきたが、もう一つ大きな流れが東方正教会である。

正教会が生まれたのは、古代のローマ帝国が東西に分裂したからである。３９５年にテオドシウス１世が亡くなると、長男のアルカディウスが東方の領土を、次男のホノリウスが西方の領土を支配するようになり、それ以降一人の皇帝がローマ帝国全体を統治することはなくなった。そして、キリスト教会も、次第に異なる発展の仕方をしていき、西のカ

トリック教会と東の正教会が別の流れを形作っていったのである。

ローマ帝国においてキリスト教が勢力を拡大していくなかで、ローマ、コンスタンティノープル、アレクサンドリア、エルサレム、アンティオキアの五つの場所に「総主教座」がおかれた。なかでもペトロやパウロが殉教したローマがもっとも権威があると見なされた。ただ、東のローマ帝国としてビザンツ帝国が成立し、コンスタンティノープルが帝都になると、コンスタンティノープル主教座がローマに継ぐ地位を確立するようになる。

五つの総主教座のうち、ローマだけが西の領域にあり、あとの四つは東の領域にあった。ところが、アレクサンドリア、エルサレム、アンティオキアは、7世紀以降イスラム帝国の支配下におかれ、それで衰えていく。その結果、ローマとコンスタンティノープルが並び立ち、相争うことにもなった。

偶像崇拝をめぐって東西教会で対立

そうしたなか、東西の教会の考え方の相違を際立たせたのは、「イコノクラスム（聖画像破壊）」をめぐってだった。

偶像崇拝の禁止は、モーセの十戒に示されており、一神教の伝統である。ユダヤ教でも、その影響を強く受けたイスラム教でも、禁止はかなり厳格に守られてきたが、キリスト教ではそれが次第に緩和され、キリスト教美術が花開くことになる。

ところが、ビザンツ帝国の皇帝であったレオーン（レオ）3世は、726年にイコンの崇敬を禁じる勅令を出した。なぜ皇帝がこの勅令を出したのか、はっきりとした理由は不明なのだが、これには反発の声が大きかった。ローマ教会もイコンをゲルマン人への布教に活用していたので反対し、コンスタンティノープルに送っていた税の支払いを停止してしまった。これで、東西の教会の対立が激化する。その後、1054年には、ローマ教皇とコンスタンティノープル総主教が相互に破門し、カトリック教会と東方正教会との分裂が決定的な形をとることになった。

ビザンツ帝国のビザンツとは、コンスタンティノープルの古い呼び名で、現在ではイスタンブールと呼ばれる。ここはエーゲ海と黒海とを結ぶ海上交通の要衝で、地理的にかなり重要である。しかも、両岸にコンスタンティノープルの街が広がったボスポラス海峡はアジアとヨーロッパを結ぶ役割を果たしている。

コンスタンティノープルという地名は、ミラノ勅令を発して、キリスト教の信仰を認め、さらには第1回ニカイア公会議を主催したコンスタンティヌス1世に由来する。コンスタンティヌス1世は、東の首都をコンスタンティノープルに建設し、これによって、ローマ帝国の中心はローマからコンスタンティノープルに移っていった。

コンスタンティノープルの大きな特徴としては、城壁の存在があげられる。ビザンツ帝国は、一時、西ローマ帝国の領土まで版図を広げていったものの、次第にその規模は縮小され、最後の段階では、コンスタンティノープルとその周辺にあるいくつかの土地だけが残されているというありさまだった。それでも城壁が無事なかぎり、ビザンツ帝国は存続した。

しかも、帝国が滅びても、その時代に発展した正教会は、その後も各地に残った。

主教は世俗の者から選ばれた

ビザンツ帝国において発展した正教会は、カトリック教会とはかなり異なる形態をとるようになる。

もとはあくまで一つだった。カトリック教会には公会議という、教義を定め、正統と異端を区別する機会があるが、これも第7回までは正教会の側も認めている。正教会では、公会議とは言わず、「全地公会議」と呼ぶ。第7回の全地公会議は第2ニカイア公会議で、

787年に開かれている。この会議では、聖像破壊運動を推し進めた人間が排斥された。

次のカトリック側の公会議は、869年から翌870年にかけての第4コンスタンティノープルで、この公会議で問題になったのは、主教を誰が選ぶかということだった。正教会では、主教は世俗の信者によって選ばれることになっていて、世俗の長である皇帝が主教の長である総主教を指名した。また、長く世俗の人間が主教に選ばれることも続いた。これは、カトリックにおいて司教が必ず聖職者のなかから選ばれるのと異なっている。

このことは、皇帝と正教会の政治的な関係にも大きく影響した。廣岡正久は『キリスト教の歴史3　東方正教会・東方諸教会』(山川出版社)において、ビザンツ帝国の皇帝は教会を政治目的に利用しようとしたし、教会の側も皇帝の意向に対してしばしば譲歩の姿勢を示したことを指摘している。

しかも、ビザンツ帝国の皇帝を宇宙の支配者である神に模して地上世界の支配者とする政治的な神学まで生み出された。皇帝は神によって選ばれた者で、「帝国行政の全権限、全軍の指揮権、最高裁判権と立法権を掌握」するだけではなく、「自ら教会とその正統信仰の守護者をもって任じた」というのだ。

なおかつ、皇帝は聖堂の専用の入口から入り、そこで行われる奉神礼(カトリックの典礼)

で特別な位置を占め、聖堂内部で普通は聖職者だけが入ることのできる至聖所で、主教とともに聖体を拝領した。

では、ビザンツ帝国が滅びた後、正教会の信仰の中心はどこに移ったのだろうか。その有力な後継者がロシアであった。

ロシアへ伝播、苦難の時代を経て事実上の国教へ

ロシアに正教会の信仰が伝えられるのは、現在ではウクライナの首都になっているキーウ（キエフ）を中心としたキーウ大公国を通してだった。そのときの大公はウラジミール1世で、彼は各地に使者を派遣して、さまざまな宗教を視察させ、それによって最も典礼が荘厳だった正教会を選択した。988年のことである。

その後、13世紀にキーウはモンゴル帝国の一つ、キプチャク・ハーン国による支配を受ける。それは2世紀続き、「タタールの軛《くびき》」と呼ばれた。それを解放したのが、1462年にモスクワ大公となったイヴァン3世だった。

タタールの軛が続く間、ロシアの中心はキーウからモスクワへ移っていった。モンゴル帝国は特定の宗教を強制しなかったため、正教会の信仰はロシア全体に広まった。

ロシアがタタールの軛から脱することに成功する前の1453年にビザンツ帝国は滅亡している。イヴァン3世は、ビザンツ帝国の最後の皇帝となったコンスタンティヌス11世の姪と結婚する。これによって、ビザンツ帝国の皇帝一族とモスクワ大公の一族とのあいだに姻戚関係が生まれ、ビザンツ帝国の後継者はモスクワ大公であると考えられるようになる。

コンスタンティノープルは、「第2のローマ」と呼ばれていたが、これによって、モスクワが「第3のローマ」であると主張されるようになる。それは、1589年にモスクワ教会が、コンスタンティノープルなどの総主教座教会と並ぶ地位を獲得したことで強化された。

ただ、1613年にロマノフ朝、ないしはミハイル・ロマノフ朝が成立し、後年ピョートル1世が皇帝に即位すると、正教会を統制する方向にむかっていく。皇帝は、1721年にモスクワ総主教庁を廃止し、代わりに教会監督機関、シノドを設けた。そのメンバーとなる聖職者は皇帝によって任命され、メンバーになる際には、「私は、全ロシアの皇帝、わが恵み深い君主がシノド会議の至高の裁定者であることを承認いたします」と宣誓しなければならなかった。カトリック教会は、世俗の帝国や王権と拮抗し、ときにはその上に立つことになったが、正教会は、世俗権力の下におかれることになったのである。

その後、ロシアは領土を拡大し、帝国としての実質を備えていく。一方でロシア正教会は膨大な教会領を有しており、ロシア帝国が西欧化をめざすようになると、両者の間に軋《あつ》轢《れき》が生まれた。それでも、結局のところ正教会はロシア帝国に服従する道を選ばざるを得なくなっていく。

ロシア正教会が最大の危機を迎えるのは、ロシアに共産主義の政権が誕生し、ソビエト連邦が誕生してからである。共産主義政権は、宗教の価値を否定する立場をとり、教会に対する激しい迫害を行った。その犠牲になった聖職者も少なくない。

ただし、1970年代になると、ソビエト政権下でも、ロシア正教会の復興が進む。ソビエト連邦解体後の1997年に制定された宗教法では、ロシア正教会は特別視され、事実上の国教の地位を確立した。こうしたロシアの政権とロシア正教会との関係は、プーチン政権下で一層強化された。

ロシア正教会とウクライナ正教会の対立

2014年にウクライナで親ロシア派の政権が打倒されると、ロシアはウクライナ南部のクリミアに軍事侵攻し、そこを併合してしまう。これを受けて、ロシア正教会の傘下にあったウクライナ正教会は独立をめざすこととなった。

2018年10月、コンスタンティノープル総主教庁は、トルコのイスタンブールで主教会議を開き、総主教のバルトロメオス1世がウクライナ正教会のロシア正教会からの独立を承認した。これを受けて、同年12月、ウクライナ正教会は、首都キエフで主教会議を開き、国内で分裂していたウクライナ独立正教会を統合する形でロシア正教会からの独立を決定した。

これに対して、ロシア正教会は強く反発し、コンスタンティノープル総主教庁との関係を断絶し、ウクライナ正教会の独立も認めなかった。その結果、ウクライナ国内には、モスクワ総主教庁との関係を維持する、独立したのとは別のウクライナ正教会が存続することになった。

さらに、ウクライナの宗教事情を複雑にしているのが、ウクライナ東方カトリック教会の存在である。

ウクライナ東方カトリック教会という名称からは、東方正教会なのかカトリック教会なのかが判然としないが、キリスト教のなかには、「東方典礼カトリック教会」というものが存在する。

これは、正教会が広がった地域に設けられた教会で、現在ではそうした地域からの移民によってアメリカや西ヨーロッパにも広がっている。要は、典礼は正教会のやり方で行い、教義・神学はカトリック教会に従い、ローマ教皇の権威を認めるというものである。ウクライナ東方カトリック教会は、こうした東方典礼カトリック教会の一つである。

そのあり方からして、ウクライナ東方カトリック教会は、ロシアとではなく、西ヨーロッパとの結びつきが強い。したがって、ロシア側からすれば、ウクライナ東方カトリック教会が存在していることは、ウクライナのなかに西ヨーロッパの影響が強く及んでいるように受け取られるのである。

こうしたことが、ロシアのウクライナ侵攻の背景にある。ウクライナ正教会の独立やウクライナ東方カトリック教会の存在は、ロシアにとっては、自分たちの国家の統合を脅かすものであり、それは容認できない。侵攻には、そうした宗教をめぐる状況を変えようという意図が含まれているのである。

15 キリスト教の未来はどのようになりうるか

新天地を求めてアメリカに渡る分離派の人々

イギリスでは、ヘンリー8世の離婚問題を契機にして、カトリック教会からの分離、独立が行われた。1534年には、イギリスの国王を「国教会の地上における唯一最高の首長」と位置づける「国王至上法」が成立し、「イギリス国教会」が誕生する。

ところが、国教会は、政治と宗教とが一体化しているという点で、体制的で保守的な制度であるため、これに反発し、より自由な形で信仰活動を実践しようとする人たちが生まれた。彼らは国教会から離脱したことで、「分離派」と呼ばれた。

分離派の人々は、当初、ロンドンの周辺で活動していたが、オランダへ移住する。ただ、オランダは安住の地にはならず、新天地を求めて、アメリカのニュー・イングランドにわたることになる。これが、「ピルグリム・ファーザーズ」である。

彼らは信仰心が強く、入植したマサチューセッツにおいて、カトリック教会のような権威構造を否定した宗教活動を実践した。賛美歌を歌う際に楽器を用いず、日曜日には礼拝と聖書の講義に多くの時間を割いた。

しかし、アメリカにわたってきた人々が、皆信仰に篤かったわけではない。また、フロンティアを求めて西へ西へと向かっていくなかで、開拓が優先され、信仰は置き去りにされた。そうした状況のなかで、「大覚醒」と呼ばれる信仰復興運動が起こる。

野外礼拝を行う「大覚醒」運動

大覚醒の波は、最初ニューイングランドで18世紀の前半から半ばにかけて起こった。そして、中西部から南部へと広がっていき、南部には18世紀の半ばと世紀末の2度にわたって押し寄せた。

大覚醒の舞台になったのが、「野外礼拝（キャンプ・ミーティング）」である。これは、農閑期の夏に開かれることが多く、巡回伝道師がまわってきて、屋外で集会を開くことになる。開催の知らせを聞いて、周辺の土地からは数百人、あるいは数千人の人たちが集まってきた。集会は数日にわたって続いた。

野外礼拝では、巡回伝道師による説教と礼拝とがくり返された。伝道師はいかに自分たちが罪深いかを強調し、罪を悔い改める必要があることを情熱的に語った。それによって聴衆は興奮状態に陥り、叫び声を上げたり、錯乱状態になっていたりした。

これによって、アメリカの中西部から南東部にかけて、キリスト教の信仰に熱心な人たちが住む「バイブル・ベルト」が形成されることになる。

「あくまで聖書に忠実」福音派の台頭

これは、最近のことになるが、1970年代から80年代になると、そうした地域において、聖書に忠実であろうとして、学校で進化論を教えたり、人工妊娠中絶に反対する「福音派」と呼ばれる勢力が台頭するようになった。アメリカでも、都市部では、リベラルなキリスト教徒が増え、世俗化も進んでいくことになったが、福音派は、厳格な教えを信奉することで、「キリスト教原理主義」の立場を明確にするようになる。福音派は、共和党の大統領候補の有力な基盤となり、政治的な影響力を保持するようになっていく。

福音派が台頭しているのは、アメリカだけではない。第二次世界大戦後に、経済発展が進み、都市化が進むなかで、福音派の信仰は各国で広がりを見せていった。その代表となるのが韓国で、現在では、国民全体の30パーセント以上がキリスト教徒になっている。

そのなかには、福音派が多く、大覚醒に通じる回心体験を重視するとともに、病気直しなどの現世利益を強調した。韓国では、シャーマニズムの伝統があり、福音派にもそれが取り入れられた。したがって、韓国の福音派は、日本の新宗教に近い。近年の中国でも、福音派の信仰が広がりを見せていると言われる。

さらに、これまではカトリックの信仰が強かった中南米諸国においても、カトリックの信仰を捨てて、プロテスタントの福音派に改宗する動きが生まれている。その勢いは相当のもので、バチカンはそれに強い危機意識を持っている。

衰退していくヨーロッパのキリスト教信仰

ヨーロッパでは、福音派が台頭するような状況は生まれていない。逆に、キリスト教の信仰は大幅に退潮し、衰退という現象が起こっている。日曜日に教会のミサに参列する人数が激減し、年寄りばかりになっている。教会を離脱する人間も多く、立ち行かなくなった教会が、売却されるといった出来事も珍しくなくなっている。

代わりに、移民が増え、次の章で述べるイスラム教が広がりを見せている。そのため、「ヨーロッパのイスラム化」ということが話題になっていたりする。キリスト教徒の数は世界全体で約23億人と言われる。これは、宗教のなかでもっとも信者数が多いのがキリスト教であることを意味する。ただ、キリスト教が衰退し、イスラム教が増えていく状況が続けば、今世紀が終わる頃には、イスラム教がキリスト教を凌駕するようになるのではないかとも言われている。

キリスト教は、福音派の台頭はあるにしても、全体として危機に直面していると言える。本章の冒頭で、キリスト教が聖職者に独身を課すことに触れたが、最近では、聖職者による性的虐待ということが大きな問題になっている。その点でも、現代のキリスト教は曲がり角にさしかかっているとも言えるのである。

第4章

イスラム教はいかに生まれ、展開したか

——血塗られたイメージの由来

1 イスラム教とユダヤ教、キリスト教との関係とは

後発の一神教としてアラビア半島に生まれる

イスラム教は、およそ18億人の信者を抱え、今日ではキリスト教についで世界第2位の宗教となっている。

イスラム教は、キリスト教やその母体となったユダヤ教に比べて後発の宗教である。イスラム教が誕生したのは7世紀初めのことである。イスラム教が誕生した当時のアラビア半島では、すでにユダヤ教やキリスト教が広まっていた。

したがって、イスラム教の聖典であるコーランには、モーセやイエス・キリストが登場

する。モーセは「ムーサー」と呼ばれ、イエスは「イーサー」と呼ばれる。イーサーは、「マルヤム」によって処女懐胎されたと述べられているが、マルヤムとはイエスの母、マリアのことである。

イスラム教は後発の一神教として、ユダヤ教やキリスト教の影響を色濃く受けている。それがもっとも明確に表れているのが、信仰の対象となる神のとらえ方である。それは、イスラム教について考える上で極めて重要な意味をもっている。

イスラム教で信仰の対象となるのは、「アッラー」という神である。だがこれは、正確なとらえ方ではない。というのも、アッラーとは神のことをさすアラビア語の普通名詞で、特定の神をさす固有名詞ではないからである。「アッラーの神」という言い方をしたとすれば、「神の神」となり、意味をなさなくなってしまうのだ。

ユダヤ教の神＝キリスト教の神＝イスラム教の神

コーランの中で、アッラーは、敬虔な「イブラーヒーム」が信仰した神であるとされている。イブラーヒームとは、ユダヤ教ではトーラー、キリスト教では旧約聖書の「創世記」に登場し、ユダヤ人やアラブ人の祖とされているアブラハムのことである。

アブラハムは、ようやく授かった子どもを犠牲にしろという神の命令に躊躇なく従い、神に忠実であることを示した。これは、イスラム教徒にとって信仰上の模範となる行動である。イスラム教はこのアブラハムの信仰を受け継いでいるととらえられる。

つまり、イスラム教は、7世紀に新たに誕生したわけではなく、その歴史ははるかに古いというわけである。

アッラーがアブラハムの信仰した神であるとすれば、その神は、ユダヤ教徒が信仰するヤーウェ、ないしはエロヒームと同じである。

キリスト教は、ユダヤ教から発しているので、キリスト教徒の信仰する主、父なる神はユダヤ教の神と変わらない。

そうなると、ユダヤ教、キリスト教、そしてイスラム教で信仰されている神は、唯一神である点で共通しているだけではなく、実は同じ神であるということになる。

ユダヤ教徒・キリスト教徒は「啓典の民」として保護された

ただし、この解釈は、あくまでイスラム教の側からのもので、ユダヤ教やキリスト教の側からのものではない。したがって、ユダヤ教徒やキリスト教徒には、自分たちが信仰する神がアッラーと同じであるという認識はないはずだ。

イスラム教では、先に生まれた二つの宗教を自分たちと兄弟の宗教として考えており、その信者を「啓典の民」としてとらえてきた。イスラム教の支配する地域に居住するユダヤ教徒やキリスト教徒は、「ジズヤ」と呼ばれる人頭税を負担する限り、その信仰を保ったまま保護されたのである。

ユダヤ教からキリスト教、そしてイスラム教へと至る三つの宗教は、「セム的（系）一神教」とも呼ばれ、共通性を持っている。しかも、三つの宗教では別々の神が信仰されているわけではない。あくまで同じ一つの神が信仰の対象となっている。三つの宗教の間では、歴史上さまざまな形で抗争や対立がくり返されてきたが、それも三つの宗教が根本的な基盤を共通にしているからである。

2 どうしてイスラム教には危険なイメージがあるのか

現代にも生きる「剣かコーランか」

イスラム教について考える際に、どうしても注目しなければならないのが、その暴力との関係である。近年では、アメリカでの同時多発テロや、いわゆる「イスラム国（ＩＳ）」の問題もあり、イスラム教は危険な宗教ではないかと世界的に考えられている。

ただしこれは、いまになって初めて浮上したことではなく、昔からイスラム教につきまとっていた。

以前は、「剣かコーランか」ということが言われていた。イスラム教は、それを受け入れる者は許すが、拒否する者に対しては、剣による殺戮も辞さないというのである。イスラム国については、まさにこのことばが当てはまる。その点で、「剣かコーランか」は、決して死語にはなっていないのだ。

ただ、イスラム教のキャッチフレーズを、「剣かコーランか」としてとらえることについては、専門家からはそれを誤りとする見解も出されてきた。

好戦的なイメージはキリスト教社会の偏見という指摘も

戦前のイスラム教研究者に大川周明という人物がいた。大川は、東京帝国大学でインド哲学を専攻し、卒業後はインドの独立運動に加わった。さらには、三月事件、十月事件、血盟団事件、五・一五事件などの国内のクーデターやテロにも関与した。そのため、敗戦後には、民間人で唯一A級戦犯として起訴されている。さまざまな点で興味深い人物だが、東京裁判では精神に異常をきたしていると判断され、精神病院の松沢病院に入院させられた。その結果、有罪判決を受けることはなく、処刑は免れている。東京裁判の法廷で、前に坐っていた東條英機の頭を叩いたことはよく知られている。

ただし大川は、松沢病院に入院中にコーラン全文の翻訳を行っている。この点では、果たして本当に精神に異常をきたしていたのかどうか、疑わしくもなってくるが、大川は戦時中の1942年には『回教概論』(中公文庫)という本も書いていた。回教とはイスラム教のことである。

『回教概論』の中で、大川は、「剣かコーランか」という見方を、次のように西欧社会の偏見としてとらえている。

「キリスト教徒の歴史家が、疾風迅雷の勢を以て行はれしアラビア人の西アジア征服と、その住民の改宗とに驚魂駭魄《がいはく》して、回教の弘布は専ら『剣か古蘭か』と呼号せる戦士によって成されたるものと誤り伝えて以来、マホメットの宗教は主として劔戟《けんげき》の力によって弘められたるものの如く考えられている。但し広く世間に流布せらるる此の思想は、明白に誤謬である。(中略)回教の迅速なる弘布の最大の原因は、その信仰の純一、教義の簡潔、伝道者の熱心、及び当時に於ける東方諸国の政治的乃至宗教的混沌であった」

大川は、「剣かコーランか」というイスラム教に対するイメージが、キリスト教社会の偏見に基づくものであることを、すでに戦時中に指摘していたのである。

税を納めれば改宗の必要はない

現代でも、自身がイスラム教徒であるイスラム教研究者の中田考は、大川と同様に、「剣かコーランか」のイメージが誤ったものであることを指摘している。

「剣かコーランか」ということばからは、イスラム教徒は好戦的で乱暴であり、彼らは異教徒に対して暴力をもって改宗を迫るかのようなイメージが作られている。だが、中田は、正確には、「剣か税かコーランか」であるとする。つまり、税金さえ納めればイスラム教に改宗する必要はなく、異教徒でも永住権が保証され、それは子々孫々まで及ぶというのである。これは、すでに述べた啓典の民のことをさしている。中田は、それが「学界では常識です」と述べている(中田考『イスラーム――生と死と聖戦』集英社新書)。

だが、長い間、イスラム教に対して与えられてきたイメージがそう簡単に消えてしまうことはない。かえって最近の出来事は、「剣かコーランか」が、たんにキリスト教徒の偏見によるものではなく、イスラム教という宗教に固有のものであるという見方を強化することにも結びついている。この点をどう考えるか。イスラム教を理解する上で、避けては通れない問題である。

3 開祖ムハンマドとはどのような人物か

ムハンマドこそが「最後の預言者」

共通の根から発しているユダヤ教、キリスト教、イスラム教の相違点を考える上で、是非とも注目しなければならないのが、三つの宗教における「預言者」についてのとらえ方である。セム的一神教においては、神のメッセージを人間に伝える預言者の存在が重視されてきた。

ユダヤ教においては、さまざまな預言者が出現し、人間に対して警告を与えた。それは、旧約聖書の各文書に記されている。ユダヤ教からすれば、キリスト教の開祖、イエス・キリストもあまた存在する預言者の一人にほかならない。

ところが、キリスト教では、イエスを預言者としてはとらえず、人と神との両方の性格をもつ特別な存在とする。そのため、キリスト教の中心的な教義である三位一体の一位格を構成する。その点では、キリスト教とユダヤ教とは根本的に相いれないのである。

一方、イスラム教においては、イエスは、ユダヤ教と同様に、預言者の一人と位置づけられ、特別に神聖な存在とは考えられていない。その上で、過去の預言者は、モーセやイエスを含め、神のメッセージを正しく伝えることができなかったとし、ムハンマドこそが唯一それを正しく理解した預言者であるとする。ムハンマドが「最後の預言者」と呼ばれるのも、それを通して神のメッセージは正しく人類に伝えられたとされるからである。

ムハンマドは、伝説上の存在であるモーセや、同時代の記録がないイエスに比べれば、活動した時代ははるかに新しい。570年頃に生まれたとされており、それは日本の飛鳥時代に相当する。ムハンマドは、聖徳太子と同時代人である。

だが、ムハンマドがどんな生涯を送ったのか、正確なところは必ずしも明らかになっていない。しかも、ここが注目すべき点なのだが、イエスについての福音書やブッダについての仏伝のように、聖典としても位置づけられるムハンマドの伝記は存在しないのである。

悩める商人に啓示が下される

ムハンマドは商人であったとされ、それを反映し、コーランには、人と神との関係の持ち方が商売上の契約にたとえて表現されている箇所がある。たとえば、「アッラーよりも自分の約定をより良く果たす者が誰かあろうか。それゆえ、おまえたちが彼と売買した商売を喜べ」（第9章111節）とある。ムハンマドの妻やその家族も商人だったとされている。このことは、後にイスラム教の信仰が商人によって広められることにも結びついていく。

商人として活動していたムハンマドは、中年期に入り、大いなる悩みを抱えるようになったとされる。ただ、その悩みが具体的にどのようなものであったのかは明らかにされておらず、イスラム教徒の間で推定もされていない。仏教では、ブッダの抱えた悩みが悟りに結びついたとされ、その悩みが「四苦」として重視されているのとは対照的である。それも、重要なのは神のメッセージであり、人間であるムハンマドの生涯は本質的には重要ではないからである。

悩みを抱えたムハンマドは、メッカの近くにあるヒラー山の洞窟に籠もり、瞑想の日々を送った。そして、610年頃、瞑想中のムハンマドの前に天使ジブリール（英語ではガブリエル）が現れ、神のメッセージを次々と伝えるようになる。やがてムハンマドは、そのメッセージを周囲の人々に対しても説くようになり、預言者として活動を始める。その最初の信者となったのは、妻のハディージャであった。

神のメッセージ集「コーラン」とは

神のメッセージを集めたものがコーランである。神の啓示は大きく分けて、「メッカ啓示」と「メディナ啓示」とに分けられる。この区別は、ムハンマドが最初メッカにいたものの、周囲から迫害を受け、メディナへ移住したことで生まれた。イスラム教では、ムハンマドが移住したことを、「ヒジュラ」と呼ぶ。日本語では、「聖遷」と訳される。

しかし、たんに神からの啓示を受けた場所が異なるだけではなく、内容の面でも二つは異なっている。メッカ啓示には、終末論的な色彩が濃厚で、世の終わりに対する警告が多く含まれる。それに対して、メディナ啓示では、周囲にムハンマドを信奉する信徒集団が形成されたこともあり、信徒への具体的な指示が多く含まれるようになった。

メッカ啓示の代表的な例としては、「またアッラーこそ風を送り給うた御方で、それは雲をかき立てる。そして、われらは、死んだ（植物が枯れた）土地にそれを追い立て、それ（雲からの降雨）によって大地をその死の後に（植物を生やせ）生き返らせた。復活もこのようである」（第35章9節）があげられる。

これがメディナ啓示だと、「アッラーの諸モスクは、アッラーと最後の日を信じ、礼拝を遵守し、浄財を払い、アッラーの他に懼《おそ》れない者だけが差配するのである」（第9章18節）となっている。

これはイスラム教に限らず開祖が存在する創唱宗教一般に当てはまることだが、教団が形成されたばかりの初期の段階では、既存の社会を強く批判し、終末論的な教えが集中的に説かれる。

したがって、その分、社会との軋轢も大きく、対立を生んだり、迫害を受けることが少なくない。だが、しだいに教団がその勢力を拡大し、社会に定着するようになると、教えの内容も変化していき、終末論的な傾向は薄れていく。イスラム教では、メッカ啓示とメディナ啓示の違いにそれが現れている。

コーランの中に、終末論的なメッセージと信仰生活を進める上での具体的な指示の双方が含まれているということは、イスラム教が「二重性」を持っていることを意味する。社会に危機的な事態が生まれ、信仰者が迫害されるような時代には、メッカ啓示が脚光を浴び、運動は終末論的な色彩を帯びていく。それが、現代における「イスラム教原理主義過激派」の淵源にもなるわけだが、平和な時代においては、メディナ啓示の方がはるかに重要性を帯びていく。

後者の性格がより色濃いのが、イスラム教の聖典としてコーランに継ぐ地位を与えられている「ハディース」である。ハディースは、ムハンマドの言行録で、ムハンマドがどういった行動をとり、それについてどう発言したかを記録したものである。ハディースに記されたような姿勢をとることが、イスラム教の信徒「ムスリム」全体に求められてきた。

ムハンマドについての証言集「ハディース」

ハディースは、かなりの量にのぼり、そこにはムハンマドの周囲にいた人間たちの証言が数多く集められている。そこでの中心的なテーマになっているのが、彼がいかにして神を祀ったかということで、さまざまなケースにわたって具体的な方法が記されている。

なかでも、もっとも詳細に述べられているのが、ムハンマドが神を祀る上でいかに身を浄めたかについてである。たとえば、「浄めの書」64では、「スライマーン・ブン・ヤサールが在るときアーイシャに預言者の衣についた精液について尋ねると、彼女はいつもそれを洗っており、彼が礼拝に出るとき、衣には洗った水の跡がありありと残っていた、と答えた」とある。アーイシャはムハンマドの三番目の妻である。「月経の書」では、月経期間中の女性がどのようにふるまえばよいかが事細かに記されている。性交の跡や月経は、礼拝を行う上で浄めの対象となっているのである。

そうした記述を読み進めていくと、イスラム教の本質というものが、実は日本の神道のそれに近いのではないかという印象を受ける。神道でも、穢れを浄めることが決定的な重要性を帯びている。モスクには、神社の手水舎のように、礼拝に来た者が自らの身体を清めるための水場が用意されている。

神のメッセージであるコーランとムハンマドの言行録であるハディースは、ムスリムが日々の暮らしでどういった生き方をしていくべきかを示す基本的な指針である。そこには宗教的な行為だけではなく、法的な規制やエチケットなども含まれる。それこそがムスリムを律するイスラム法、「シャリーア」である。シャリーアに則った生活を送ることが、ムスリムとしてのあるべき生き方である。これはユダヤ教の法、ハラハーと共通する。

4 いかなる根拠で他宗教に刃を向けるのか

コーランの第9章が推奨する多神教の排除

イスラム教が危険な宗教であるかを考える上で、注目しなければならないのが、コーランの第9章である。第9章は「悔悟」と題されている。コーランは全体で114章からなっており、それぞれの章にはタイトルがつけられている。収録された順番は長い章からで、終わりの章になっていくと、かなり短い。

第9章5節には、「多神教徒たちを見出し次第殺し、捕らえ、包囲し、あらゆる道で彼らを待ちうけよ」とある。多神教徒とは、イスラム教徒や啓典の民であるユダヤ教徒、キリスト教徒以外をさす。

コーランのそれぞれの章の冒頭では、ほとんどの場合、「慈悲あまねく慈悲深きアッラーの御名において」ということばが登場し、アッラーがいかに慈悲深き存在であるかが強調されている。ところが、第9章だけは、この文句が欠けている。

なぜ、第9章においてだけ、アッラーの慈悲が強調されていないのか。『日亜対訳クルアーン』(作品社)では、「不信仰者との絶縁と宣戦布告であるため慈悲の言葉が添えられていないためとも」されると述べられている。ちなみにクルアーンは、コーランのアラビア語での読みに従ったものである。

この箇所に注目するならば、アッラーは、イスラム教を信仰するムスリムたちに対して、自らを信仰の対象としない多神教徒を皆殺しにするよう命じていることになる。それは、多神教徒にほかならない私たち日本人からすれば、ひどく恐ろしいことである。

『日亜対訳クルアーン』の監修者でもある中田考は、コーランが、「預言者ムハンマドただ一人が預かった神の啓示の書である」点を強調している。ムハンマド自身がコーランを書き記したわけではないが、ムハンマドからコーランを聞いた直弟子たちが、ムハンマドの死後15年ほど経った時点で、それを書物の形にしている(最近、イギリスのバーミンガム大学で最古のコーランの写本が発見されたが、それは568〜645年の間のものと推測されている。ムハンマドが亡くなったのは632年である）。

重要なことは、コーランでは、それを書き記した者の編集句も、ムハンマド自身のことばも排除され、「預言者ムハンマドが授かった神の言葉のみから成り立っている」という点である。つまり、多神教徒を見つけ次第殺せということばは、神が直接発したものだということになる。しかも、それは、ムハンマドの死後間もない時期にコーランに収められている。後世に追加されたり、潤色された可能性は考えられないのである。

では、多神教徒を殺すことは、イスラム教の教義なのであろうか。信者はそれに従わなければならないのだろうか。それが問題になってくる。

休戦期間中は多神教徒も自由な往来が許される

「多神教徒たちを見出し次第殺し、捕らえ、包囲し、あらゆる道で彼らを待ちうけよ」の部分だけを取り出すならば、それが神のことばである以上、その神を信仰するムスリムが従わなければならない教えであることになる。

ただ、単純にそう言い切れないのは、このことばには、「それで諸聖月が過ぎたら」という前段があるからである。諸聖月とは何か。それは、巡礼月であるズー・アル＝ヒッジャ（12月10日）から始まる、あるいはズー・アル＝カアダ（11月）から始まる四カ月間のことで、その間は、「戦争も仇討ちも禁じられた」と、『日亜対訳クルアーン』では解説されている。

さらに、この後の部分では、「だが、もし彼らが悔いて戻り、礼拝を遵守し、浄財を払うなら、彼らの道を空けよ。まことにアッラーはよく赦し給う慈悲深い御方」とある。

こうした前後の部分があることを考えるならば、アッラーは、イスラム教徒に対して、いついかなる場合にも多神教徒の殺害を命じているわけではないことになる。

アッラーは、休戦状態におかれる四カ月の諸聖月の間、多神教徒たちが、イスラム教の勢力が支配している地域を自由に往来することを許している。それは、多神教徒たちが、イスラム教勢力の及ばない地域に逃れることも許容していることになる。

しかも、多神教徒が改悛し、イスラム教徒のつとめである礼拝や喜捨をするならば、殺したりせず、自由に活動することを許すよう命じてもいる。

さらに、これに続く第6節では、「またもし多神教徒の一人がおまえに庇護を求めたなら、彼がアッラーの御言葉を聞くまでは彼を庇護し、それからその者を安全な場所に送り届けよ。それは、彼らが知らない民だからである」となっている。これは、イスラム教の教えがまだ多神教徒の間に十分には伝わっていない事態を前提にしたものである。

イスラム教は、部族が対立していたアラブの社会を統合し、そこに平和をもたらすものとして登場した。ただ、イスラム教が広がった地域に、異なる神を信仰する多神教徒が含まれていれば、彼らと信頼関係を結ぶことは難しい。実際、第9章のこれに続く部分では、多神教徒と盟約や条約を結ぶことの難しさについてさまざまな形で述べられている。

さらに、神のことばをどのようにとらえるかという問題もかかわってくる。神のことばは絶対的なものとはされているが、それが発せられた文脈があり、ある特定の時に、ムハンマドに伝えられたものであることは間違いない。その文脈を考慮しなければ、神が本当に何を伝えようとしているかを理解することはできない。

しかし、文脈を無視することもできる。文脈を考えず、神は多神教徒の殺害を求めているのだと解釈し、テロを実行することもできる。実際、近年ではそうしたことが行われているのだが、そこには、後で述べるように、イスラム教では組織が発達せず、神のことばを自由に解釈することに対して歯止めが設けられていないということが関係している。

5 ムスリムはどのような信仰生活を送っているのか

思いと行動を定める「六信五行」

ここで私たちが考えなければならないのは、イスラム教の本質的な性格についてである。考えてみるならば、イスラム教という宗教は、仏教やキリスト教と比較した場合、驚くほど単純である。その点が十分に認識されていないがために、かえってイスラム教を理解することが難しいと言われるのかもしれない。

イスラム教において信仰の基本とされているのが、「六信五行」である。

六信とは、信仰の対象を意味し、「アッラー」「天使」「啓典（コーラン）」「預言者（ムハンマド)」「来世」「予定」からなっている。このうち予定は「定命」とも訳されるが、すべてこの世界で起こる出来事は神によって定められ、予定されているという意味である。ムスリムであるということは、この六つの事柄を信じるということである。

五行とは、信仰活動を意味し、ムスリムが具体的に何をしなければならないかを定めたものである。五行には、「信仰告白(シャハーダ)」「礼拝(サラート)」「喜捨(ザカート)」「断食(サウム)」「巡礼(ハッジ)」が含まれる。

信仰告白は、イスラム教に改宗しようとする人間が「アッラーの他に神はない。ムハンマドはアッラーの使徒である」と唱えるものである。

礼拝は、一日5回、定められた時間に、メッカの方角に向かって行われる。

喜捨は、豊かな者が貧しい者に対して施しをする行為を意味する。これは、イスラム教に限らず、他の宗教においても一般的に勧められている行為である。

イスラム教に特有なのが、断食と巡礼である。一年に一度巡ってくる断食月と巡礼月において、ムスリムは断食を行い、メッカへの巡礼を果たす。

断食は、ムスリムが一年に一度果たさなければならないこととされ、断食月の間、日の出から日没まで、食事をとらないことはもちろん、水も飲まない。唾を飲み込んでもならないとされている。

巡礼は、何度も行われるものではなく、一生に一度果たすべきものとされている。メッカへの巡礼を果たした人間は「ハッジ」と呼ばれ、周囲から尊敬を集める。

ただ、巡礼の希望者は多く、現在では国によって、その年に巡礼できる人間の数が制限されているので、ムスリムなら誰でも巡礼を果たせるわけではない。巡礼月に巡礼ができるのは、一年で250万人程度に制限されており、それは、イスラム教徒の総数である18億人の720分の1にすぎない。

その点では、巡礼は、選ばれた者だけができる特別な行為ということになる。その分、巡礼を果たすことができた人間の喜びは大きい。一般のムスリムが日常的に行うことは、一日5回の礼拝と、断食月における断食、そして、喜捨である。

断食を通してムスリムは何を感じるか

本章でさきほどヒジュラ（聖遷）について触れたが、断食は、その道中における苦難を追体験するために行われる。完全に食を断つわけではないし、また、早く始めたり、長く続けることはまったく奨励されていない。その点で、日本人が考える苦行としての断食とは性格が異なっている。

日没後は、食べることが許されるので、その間に、食べられなかった分を補おうとして、夕食には豪華な食事が並び、宴会のような状態になる。さらに、断食月が明けたときに「イド・アル＝フィトル」という祭が行われるので、断食自体が祝祭の性格を併せ持っている。しかも、断食が続く間は、当然ながら社会生活は停滞する。礼拝にしても昼日中、仕事を中断して行われることもあるわけで、一種の息抜き、リフレッシュになっている側面もある。

イスラム教と言うと、豚肉を食べてはならないとか、酒は飲んではならないとか、戒律が厳しいというイメージがある。たしかに、コーランには食物規定があり、食べていいものと食べてはならないものが区別されている。

日本人は、豚肉を好んで食べるので、それが食べられないのは苦しく、厳しいことだと考えてしまう。だが、イスラム教が広がった地域の人々は、そもそも豚は汚いと考えており、それを食べようなどとはまるで考えていない。日本人は犬を食用にはせず、「犬肉が食べられなくて辛い」とは思わないのと同じである。

ここで一つ重要になってくるのが、「戒律」の問題である。辞書を引いてみると、戒律とは、「一般に、宗教における生活規律」（『広辞苑』）であるとされている。

重要なことは、戒律が「戒」と「律」とに分けられ、それぞれ別の意味が与えられている点である。戒とは、「自律的に規律を守ろうとする心のはたらき」であるとされ、律の方は、「他律的な規則」とされている。

ここで、戒と律が、自律的と他律的という形で区別されているのは、戒の方は、本人がそれを守るかどうかを自発的に決めるものであるのに対して、律の方は、集団の規律として強制される側面をもっているからである。

私たちは、戒も律も同じだと考えてしまい、一括して戒律としてとらえようとする。だが、戒と律とは性格が異なるもので、それはイスラム教における戒律にも共通する。

イスラム教の場合、一般に戒律とされている事柄は、すべて戒であり、律ではない。したがって、断食の期間中に、食べ物を食べてしまっても、それで罰せられるわけではない。礼拝を行わなくても、それで処罰されるわけではない。国によっては、礼拝を強制するようなところもあり、その場合には罰が伴うが、それは直接イスラム教の教えから来るものではない。イスラム教に律はなく、すべては戒であり、罰則は伴わないのである。

6 どうしてイスラム教には組織的な教団がないのか

モスクは礼拝のための立ち寄り所に過ぎない

ではなぜ、イスラム教においては律にあたるものが存在しないのだろうか。

それは、組織というものが存在しないからである。一般に、宗教においては、教団という形の組織が存在する。信者は教団に結集するのである。イスラム教にも、モスクという宗教施設がある。モスクは一見すると、組織であるようにも見える。

ところが、モスクはあくまで礼拝所である。たまたま近くにいるムスリムが礼拝に来るというだけで、それぞれの人間は特定のモスクに所属するという形態にはなっていない。

イスラム教には一般の宗教の教団に当たるものがない。イスラム教における組織としては、エジプトのムスリム同胞団があげられるが、これは例外的なものである。しかも、現在、エジプト政府から弾圧を受け、ムスリム同胞団は危機的な状況に追い込まれている。

イスラム教には、二大宗派としてスンナ派(スンニ派)とシーア派がある。シーア派はさらに細かな派に細分されるが、これも、学派としての性格が強く、少なくとも、それぞれの派が教団を組織しているわけではない。

豚を食べてはならないという戒律について、日本人は、それを罰則を伴う律として考えがちである。だが、教団組織の存在しないイスラム教では、そもそも律は存在しようがない。すべては自発的な戒めである。イスラム教徒が豚肉を食べたとしても、それで罰せられることはないのである。

「多神教徒たちを見出し次第殺し、捕らえ、包囲し、あらゆる道で彼らを待ちうけよ」というコーランのことばにしても、それを実行しなければ罰せられるわけではない。それを実行するかしないかは、個々のムスリムに任されている。その点では、神の教えは強制力を持たない。実際、一般のムスリムが多神教徒を殺したりはしない。

教団組織が存在せず、教義を実行するかどうかは個人に任されているという点では、イスラム教は極めて規制の緩い宗教であるということになる。

イスラム教の世界は個人主義かつ神の前では全員が平等

ではなぜ、イスラム教では組織が存在しないのだろうか。その点については、二つの理由が考えられる。

一つは、イスラム教が広がった地域の特殊性である。

これは、シーア派が広がっているイランについてだが、岩崎葉子『「個人主義」大国イラン』(平凡社新書)という本がある。著者は、研究のためにイランに滞在していたのだが、生活するなかで、イランの人間が徹底して個人主義であることを発見する。企業などの組織は発達しておらず、マンションの建設などを引き受けるのも、それぞれの役割を果たす職人で、苦情を言っても、組織としては対応してくれないというのである。

たまたま、私の義弟はトルコ人なのだが、その生活態度、仕事に対する姿勢を見ていても、イラン人と共通したものを感じる。トルコはスンニ派である。組織に頼ることなく、どんなことでも個人で進めていく。日本では組織が発達し、大概の人間は何らかの組織に属しているが、イランやトルコの人間は自律し、組織で動くことはない。そうした社会に広まったイスラム教に組織が生まれないのも当然である。

もう一つ、こちらの方がはるかに重要だが、イスラム教の世界では神は絶対で、人間とはまったく違う存在としてとらえられている。神は創造主であり、人間が従うべき法を定めた存在である。六信のなかの予定(定命)の考え方に示されているように、すべては神が決めたことであり、人間はそれを変えることなどできないのである。

神がすべてを決める以上、イスラム法を定めたり、変更できる人間は存在しない。人間は神の前に平等で、上下関係は存在しない。それは、あってはならないことなのである。組織ができれば、命令系統が生まれ、上下関係が作り上げられる。下の立場にある人間は、上の立場の人間に従わなければならない。それは、神の前での人間の平等ということに反する。この考え方があるために、イスラム教では組織が発達していないのである。

もちろん、社会が近代化していけば、組織も発達する。個人主義の社会でも、企業などが生まれてきているが、少なくともイスラム教の信仰世界では、教団組織は生まれないのである。

7 イスラム教の指導者はどのような位置づけなのか

聖俗の世界は区別されていない

もう一つ、イスラム教の特徴としてあげておかなければならないのが「聖俗一体」だ。

第3章で見たように、キリスト教では、聖なる世界と俗なる世界とは根本的に区別され、神によって支配される聖なる世界に入っていくためには、世俗の世界を捨てなければならない。独身を守り続ける人間が聖職者となるわけだが、イスラム教にはそうした立場の人間はいない。イスラム教では、聖と俗の世界は分離されていない。この点で、イスラム教はユダヤ教に近い。

聖俗の分離を強調するキリスト教の立場からすれば、イスラム教は聖俗一体の宗教に見える。だが、イスラム教の立場からすれば、聖と俗とを区別する考え方がもともとないので、自分たちを聖俗一体の宗教だとは考えない。

だが、「イスラム教聖職者」という言い方がされることがある。イスラム教にも礼拝を司り、説教を行う聖職者が存在すると考えられている。しかし、厳密に考えると、イスラム教には聖職者はいないのだ。

一般にイスラム教聖職者と呼ばれている人間たちは、「イマーム」とか、「ウラマー」と呼ばれる。彼らは宗教上の指導者であるが、俗人で、妻帯し、家庭ももうけている。

イマームは、モスクにおいてコーランの朗唱を行い、説法を行う。ウラマーは、イスラム教の法学者であり、自らの見解を「ファトワー」として発表する。周囲から信頼を集めているウラマーのファトワーは、イスラム法を解釈する上で多くの人に参考にされるが、ウラマーの間に上下関係があるわけではなく、絶対的な権威は存在しない。

イスラム教において、聖と俗の分離が見られないことは、モスクについても言える。

ヨーロッパのカトリックの教会では、聖人の聖遺物が祀られており、それは神聖なものと考えられている。礼拝の対象となるキリスト像やマリア像の場合も神聖視されている。

ところが、モスクの場合、その内部に神聖なものはいっさい存在しない。あるのは、ムスリムが日々の礼拝を行う際に目処とするメッカの方角、「キブラ」を示す「ミズラーブ」という窪みだけである。ミズラーブには、色彩豊かなタイルが用いられていたりする。だが、重要なのはあくまでメッカの方角を示すことであり、ミズラーブ自体は神聖視されていない。ほかに、モスクの中には、神聖なものはいっさい存在しない。

メッカにも「聖なるもの」は存在しない

では、メッカは聖地なのだろうか。

巡礼月には、世界中からメッカをめざして巡礼者が訪れるわけだが、巡礼者は、まず、メッカの中心にあるカアバ神殿の周囲を7周する。カアバ神殿は縦12メートル、横10メートル、高さ16メートルの立方体の建物で、「キスワ」と呼ばれる大きな布で覆われている。カアバは、アラビア語で立方体の意味で、文字通りそれはただの立法体なのである。

イスラム教では、その信仰が浸透する以前の時代を「無道時代《ジャーヒリーヤ》」と呼ぶ。無道時代、カアバ神殿の中にはたくさんの偶像が飾られていた。ところが、ムハンマドがそれを一掃してしまったので、いまでは、その内部に何も祀られていない。神殿の東側の壁角には黒い石がはめ込まれていて、巡礼者はそれに触ろうとするが、それも神聖なものとはされていない。カアバ神殿内部の映像が公開されていたりするが、中には柱があるだけである。モスクに聖なるものがないように、メッカのカアバ神殿にも神聖なものはない。その点では、メッカを「聖地」と呼んでいいのかどうか、それからして大きな問題である。

聖なるものが存在しないイスラム教では、偶像崇拝の禁止が徹底されている。モーセの十戒において、唯一絶対の神だけを信仰することとともに、偶像を作ることが戒められていた。ユダヤ教では、偶像崇拝の禁止は厳格に守られてきているが、キリスト教では、かなり緩和され、さまざまな聖像が作られてきた。十字架もそうだが、キリスト像やマリア像は偶像であり、それを作り、祀ることは明らかに十戒に反している。

イスラム教では、ユダヤ教と同様に、あるいはそれ以上に偶像崇拝の禁止は徹底されている。アッラーの像が作られることは絶対にないし、預言者ムハンマドについても、像が作られることはない。ムハンマドの姿を絵に描く場合でも、顔の部分は空白の丸で表現され、目鼻は一切つけられないことが多い。

偶像を作ることが許されるのであれば、さまざまな像が作られ、キリスト教がそうであるように、その種類も増えていくはずである。そうなると、一神教ではなく、多神教の様相を呈していく。一神教の信仰を徹底させようとすれば、偶像崇拝を禁止しなければならないのだ。

偶像崇拝が徹底された結果、イスラム教の宗教美術のなかに具象的なものは登場しない。モスクを装飾する場合、美しい色のタイルが用いられるが、模様はあくまで抽象的なもので、そこに人物や物が描かれることはない。タイル以外にモスクの壁を飾るのは、コーランにある文句を書き写したアラビア語の文字だけである。

ただ、神が唯一であるという点と、偶像崇拝の禁止が徹底されていくと、神という存在は極めて抽象的なものとなり、個々のムスリムとは遠く隔たった存在になりかねない。信者との接点が失われてしまうのである。

そのため、イスラム教でも、キリスト教と同様に、「聖人崇拝」が盛んに行われるようになった。本来なら、聖人崇拝は偶像崇拝に通じることから、禁止の対象となるはずだが、聖人を葬った墓が「廟」として、ムスリムの信仰を集めてきたのである。

8 カリフとはどのような役割を持っているのか

カリフはムハンマドの代理人で最高の指導者

ムハンマドは、人生の苦難に直面し、そこから宗教家としての道を歩むようになるが、その一方で、政治的な指導者であり、イスラム教を拡大していく軍事的な指導者としての側面も併せ持っていた。ムハンマドは、イスラム教徒による共同体である「ウンマ」を広げていくことをめざしたが、その事業はムハンマドの後継者となった代々の「カリフ」に受け継がれていくことになった。

カリフということばは、「代理人」を意味している。何の代理人であるかと言えば、それは、預言者ムハンマドの代理人のことであり、イスラム教の世界における最高の指導者、最高の権威のことをさす。

イスラム教には、「ダール・アル＝イスラーム（dār al-Islām）」という考え方がある。これは、イスラム法が施行された空間のことで、「イスラムの家」を意味する。これは、たんにイスラム教が広がった地域という意味ではなく、イスラム法が厳格に施行された地域を意味する。そして、異教徒の法によって支配されている空間が、「ダール・アル＝ハルブ（dār al-ḥarb）」で、これは「戦いの家」を意味する。

歴史上、イスラムの家にもっとも近かったとされるのが、預言者ムハンマドとその後継者が築き上げたイスラム社会である。

ムハンマドが亡くなってからは、その親友でもっとも古くからの信徒であるアブー・バクルがカリフと定められた。カリフは、預言者とは異なり、新たに法をもたらす存在ではなく、ムハンマドがもたらした法に従うことを役割としている。アブー・バクルは、ムハンマドの死後、いったんは乱れかかったイスラム社会の絆を取り戻し、アラビア半島を再び統一するという仕事をやりとげる。

アブー・バクルの死後は、やはり古くからの信徒であったウマルがカリフの地位を継ぎ、その時代に、イスラム教は周囲の地域を次々に征服していく。それは、三代目のカリフ、ウスマーンにも受け継がれ、イスラム社会は大きく広がった。ウスマーン朝である。ウスマーンがなした重要なこととしては、コーランの編纂があげられる。ただ、ウスマーンは、自らの出身であるウマイヤ家の人間を重用し、それによって周囲の不満を買い、殺されてしまう。

その後を継いだのが、ムハンマドのいとこのアリーだが、その時代に内乱が起こり、アリーも暗殺されてしまう。ここから、今日のイスラム教の二大宗派であるスンナ派とシーア派の区別が生まれることになる。この点については後に改めて述べる。

スンナ派においては、ウマイヤ朝の後はアッバース朝においてカリフの地位は受け継がれていくが、やがて実質的な権力を失っていく。16世紀に、マムルーク朝がオスマン帝国に滅ぼされると、同時にカリフは廃止される。

最初、オスマン帝国にはカリフは存在しなかったが、やがて帝国の君主であるスルタンがカリフを兼ねる制度が生まれた。それでも、20世紀の初めにオスマン帝国が滅亡すると、カリフ制は廃止されてしまった。それが1922年のことだから、100年近くにわたって、イスラム世界にはカリフが不在であるということになる。

カリフに選ばれるのはどんな人物か

カリフになれるのは、まず第一に、預言者ムハンマドと同じくクライシュ族の男系の子孫である。現在でも、アラブの世界は部族社会であり、誰がどの部族に属しているかは周知の事実になっている。

ほかに、心身ともに健康であるとか、公正であるとか、賢明であるとかいったことが条件になっているが、いずれも抽象的で、明確で具体的な基準を伴っているわけではない。

一番問題なのは、カリフを選び出す仕組みが、組織がないイスラム教の世界には存在しないことである。つまり、ある人間がカリフであると名乗り出たとき、それを認めるかどうかの仕組みがまったく存在しないのである。

結局は、全世界のイスラム教徒が、その人間をカリフと認めたときに、その人間はカリフとなるとしか言えない。

イスラム教は、750年から1258年まで続いたアッバース朝の時代に、アラブ人だけではなく、ペルシア人をはじめさまざまな民族の間に広がっていく。中近東から中央アジア、さらには北アフリカにまで領土を広げ、イスラム帝国として君臨することになる。

イスラム帝国が支配したのは、エジプトやペルシア、ギリシアなど古代の文明が栄えた地域で、そうした文明の成果を取り込むことで、文化的にも発展していくことになる。

とくに、9世紀の初めに在位した第7代カリフのマアムーンは、ギリシアの科学や哲学に造詣が深く、ギリシア語の文献をアラビア語に翻訳する事業に力を入れた。その結果、イスラム帝国には高度な文明が栄えることになり、黄金時代を迎える。イスラム法であるシャリーアが確立されたのもこの時代で、それがイスラム教の社会を律する法の体系を形成することとなった。

十字軍とモンゴル軍によりイスラム文化圏は弱体化

この時代、ヨーロッパには、ギリシア語の文献などは伝わっていなかった。イスラム教の文化圏の方がはるかに文化的には高度で、キリスト教の文化圏はそれに比べてかなり劣っていた。

しかし、やがてイスラム教文明は外敵の侵入により、存立を脅かされることとなる。

一つは、第3章でも触れた十字軍の襲来である。第1回の十字軍は1095年に召集され、1099年には遠征の目的地であるエルサレムに到着した。十字軍は、イスラム教徒によって占有されているエルサレムをめざし、その奪回に成功した。その結果、十字軍によるエルサレム王国が樹立される。

その後、イスラム教の側には、サラーフッディーン(サラディン)という英雄が現れ、エルサレムを奪い返すことに成功する。ただし、十字軍はくり返し来襲し、イスラム教徒はそれと戦わなければならなくなった。

さらにもう一つ、13世紀半ばになると、モンゴル軍が来襲する。ペルシアを征服したモンゴル軍がバグダードに押し寄せた結果、長期にわたり続いたアッバース朝は崩壊する。

その後は、イスラム教文明全体を統合するような王朝は現れなかった。だが、インドではムガル帝国が、ペルシアではサファヴィー朝が成立した。14世紀の半ばには、トルコ人がビザンティン帝国の首都コンスタンティノープルを襲い、そこをイスタンブールに改名し、オスマン帝国が出現することで、近代に至るまで広大な地域を支配することになる。

ただし、近代に入ると、こうしたイスラム教の王朝や帝国は崩壊し、欧米列強による植民地支配の対象になる。これによって、イスラム教文明はキリスト教文明に比較して劣勢な立場に追い込まれることになる。

9 イスラム教では人は死んだらどこへ行くのか

イスラム法を守るのは天国に生まれ変わるため

イスラム共同体が広がっていくことによって、イスラム法に従って生きる人間が増えていった。その際に重要になってくるのが、死後のあり方についてである。イスラム法を守って、敬虔な信者として生きていくのも、死後、天国に生まれ変わるためである。天国が存在しなければ、イスラム法を守る必然性はなくなってしまう。

コーランの第2章第4節には、「そして（それらは）おまえに下されたものとおまえ以前に下されたものを信ずる者たちであり、そして来世を彼らは確信する」とある。ここで、「おまえ以前に下されたもの」とは、モーセの十戒や福音書のことをさしている。

イスラム教においては、来世が現世とまったく異なる世界であるとは考えられていない。それは、現世に続くものとしてとらえられている。

それに関連して、コーランの第17章13節には、「また全ての人間に、われらは各自の『鳥』(吉凶善悪の運命)をその首に付けた。そして、復活(審判)の日、われらは彼に書(生前の善行悪行の帳簿)を差し出し、彼はそれが開かれているのを見る」とある。

また、同じ章の72節では、「だが、この世で(真理、導きに)盲目だった者は来世においても盲目で、さらに道に迷っている」と述べられており、ここにも現世と来世の連続性が示されている。

では、イスラム教における天国はどのようなところなのだろうか。コーランでは興味深い話が出てくる。

コーランの第47章15節には、「畏れ身を守る者たちに約束された楽園の喩えは、そこには腐ることのない水の川、味の変わることのない乳の川、飲む者に快い酒の川がある。また、彼らにはそこにあらゆる果実と彼らの主からの御赦しがある」と述べられている。

ここには、「飲む者に快い酒の川」が出てくる。天国にはそれがあるというのだ。

これを読んで、多くの人は疑問を抱くだろう。なにしろ、イスラム教では酒が禁じられているということは広く知られているからである。

ところが、天国に酒があるという記述は、コーランの他の箇所にも出てくる。第78章34節でも、「そして満たされた酒杯（があり）」と記されている。

禁じられた飲酒はなぜ天国で許されるのか？

天国では、酒がいくらでも飲めるというのであれば、酒を禁じる必要はないのではないか。そういう疑問が湧いてくる。

ただ、第5章90節では、「信仰する者たちよ、酒と賭け矢と石像と占い矢は不浄であり悪魔の行いにほかならない。それゆえ、これを避けよ。きっとおまえたちは成功するであろう」とあり、酒は悪魔の業とされ、信仰者には禁じられている。

天国には酒があふれているということと、酒の禁止とはどのように関連するのだろうか。その謎を解くヒントは、第37章43〜47節にある次のことばにある。

「至福の楽園の中で。寝台の上で向かい合って。彼らには（酒の）泉からの酒杯が回される。真っ白で、飲む者に美味である。そこには悪酔いはなく、彼らはそれに酩酊することもない」

天国の酒は、それをいくら飲んでも悪酔いすることはない。そこが現世における酒と異なる。現世において酒を飲めば、酩酊する。酩酊すれば、神のことを忘れてしまい、信仰を蔑《ないがし》ろにすることになってしまう。

地獄には業火と永遠の懲罰

では一方、地獄はどのようなものとして描かれているのだろうか。

第9章63節には、「彼らは知らないのか、アッラーとその使徒に歯向かう者、彼には火獄の火（ジャハンナム）があり、そこに永遠に住まうことを。それは大いなる屈辱である」とある。

不信仰者、信仰を拒む者は地獄に落とされるというわけだが、第5章37節でも、「彼らは獄火から出ることを望むが、彼らはそこから出ることはない。そして彼らには永続の懲罰がある」と述べられている。

コーランの他の箇所でも地獄について言及されているが、その内容はこうしたものと変わらない。これ以上詳しく地獄について描写されているわけではない。

地獄の業火ということから、イスラム教では、火葬を嫌う。基本的に土葬であり、イスラム教が広がった地域においては、現在においても火葬場は設置されていない。仏教やキリスト教においては、地獄のことは相当に詳しく説明されており、イスラム教とは対照的である。イスラム教では、地獄に落とされれば、永遠に罰が下されるとされるだけで、業火以外の責め苦については語られていない。

それは、その前に述べた天国についても言える。天国の描写もそれほど詳しくはなく、具体的な説明には乏しい。

キリスト教においては、原罪の観念が強く、人間は罪深い存在としてとらえられた。そして、罪を免れる贖罪という行為が重要視された。贖罪を行わなければ、天国には行けず、地獄に落とされるというわけである。

それに対して、イスラム教には原罪の観念はまったく生まれなかった。したがって、贖罪という考え方もない。その分、死後の行方もシンプルで、生きている間に定められた信仰生活を送りさえすれば、天国に迎えられるとされた。それも、神が慈悲深く、すべてを許すことが強調されているからである。

10 ジハード(聖戦)はどのようにして始まったのか

モンゴル勢力と対峙したイスラム法学者イブン・タイミーヤ

イスラム教が危険な宗教と見なされるとき、その根拠として取り上げられるのが「ジハード」という観念である。ジハードは、「聖戦」と訳されることが多い。

ただ、ジハードということばは、もともとアラビア語で努力や克己を意味する普通名詞である。イスラム法が行き渡ったイスラムの家を拡大していくことも、ムスリムが努力すべきこととなり、そこから聖戦という観念に発展していったのである。

イスラム教において、ジハードが強調されるようになる上で、重要な役割を果たしたのがイブン・タイミーヤという13世紀から14世紀にかけてのイスラム法学者であった。イブン・タイミーヤの思想は長く忘れ去られていたが、現代になって甦り、いわゆるイスラム教原理主義の思想的なバックボーンの役割を果たしている。

イブン・タイミーヤが自らの思想を構築しようとした際に、大きな影響を与えたのが、モンゴル帝国の進出という事態だった。

モンゴルの来襲は、日本でもこの時代に経験したわけだが、13世紀の半ば、イランを中心とした地域に、モンゴル帝国の地方政権としてイルハン朝が成立する。この政権を樹立したのは、モンゴル帝国の基盤を築いたチンギス・ハーンの孫のフレグである。

イルハン朝の第7代君主となったのがガザン・ハーンで、その在位期間は1295年から1304年にあたる。このガザンが君主に即位したとき、イルハン朝では内紛や政変が起こる。ガザンも、従兄弟を殺害することで即位している。

そうしたなかでガザンは、支配体制を再構築し、財政基盤を安定させることで、王朝を安定と繁栄に導いていくが、その際、自らイスラム教に改宗した。もともとガザンの家では仏教、とくにチベット仏教を信仰していて、仏教寺院の建立も行っていたが、イルハン朝の支配地域では次第にイスラム教が勢力を拡大し、モンゴル人のなかにもイスラム教に改宗する人間が増えていた。そこでガザンは、そうした人々の支持を得るためにイスラム教に改宗し、それ以降のイルハン朝はシーア派の信仰に基づくイスラム教の政権となる。

ところが、イブン・タイミーヤは、このガザンのイスラム教への改宗に疑いの目を向けた。彼は、イルハン朝とは対立関係にあったスンナ派のマムルーク朝の軍に従軍する法学者でもあったため、イルハン朝のモンゴル人は、表向きはイスラム教徒だが、その中身は違うと主張した。そして、本当のイスラム教の政権でなければ、それを打倒することは一向に構わず、ジハードにあたるという論理を打ち立てた。これによって、イスラム教の政権でも、その内容いかんでは聖戦の対象になるという考え方が生まれた。

一方でタイミーヤは、神の絶対性を強調し、シーア派や、これも後に述べるイスラム教の神秘主義に対しては反対する立場をとった。イスラム法の法源について、もっぱらコーランとハディースによるべきだとし、その上で厳格にイスラム法に従うべきことを強調した。タイミーヤの姿勢は、信仰の純粋さを徹底して追求する点で、過激であり、そのため周囲とは対立し、何度も投獄され、最終的に獄死している。

タイミーヤの思想を復活させたワッハーブ派

イブン・タイミーヤには、500以上の著作があり、その内容もコーランの解釈から、ハディースやイスラム法について広範な問題に及んでいるが、死後にその思想は長い間顧みられることがなかった。それを再び取り上げたのが、18世紀に、アラビア半島内陸のナジュドというところで起こったイスラム教の改革運動、ワッハーブ派だった。その創始者が、ムハンマド・ビン・アブドゥルワッハーブである。

スンナ派の法学には、4つの公認法学派があり、それはハナフィー派、マーリキー派、シャーフィイー派、ハンバリー派に分かれる。どの派においても、コーランとハディースに記録されたムハンマドの言行である「スンナ」、イスラム教法学者のウラマーによる合意である「イジュマー」、そして、やはり法学者による類推である「キヤース」を重視する点で共通する。だが、ハンバリー派では、スンナを主に用い、イジュマーやキヤースについては、それをあまり用いない伝統が形成されていた。

ムハンマド・ビン・アブドゥルワッハーブの家は、代々ハンバリー派に属していて、彼は、その流れに属するイブン・タイミーヤとその弟子、イブン・カイイム・ジャウジーヤの思想から強い影響を受けた。彼は、スンナとして示されたもの以外は正しい信仰から逸脱しているとし、さまざまな神学や神秘主義、そして聖人崇拝などを排除した。サウジアラビアという国家は、ムハンマド・ビン・アブドゥルワッハーブの思想にもとづいて建国された。そこからサウジアラビアのイスラムは、ワッハーブ派と呼ばれるようになった(ムハンマド・ビン・アブドゥルワッハーブとサウジアラビアの関係については、保坂修司『新版オサマ・ビンラディンの生涯と聖戦』朝日選書を参照)。

現代のテロ行為にまでつながるタイミーヤの思想

イブン・タイミーヤの思想を受け継いだものが、「サラフィー主義」と呼ばれるものである。サラフとは、初期のイスラムの時代のことである。

サラフィー主義を源流としてエジプト人のハサン・アル＝バンナーが1928年に結成したのが「ムスリム同胞団」である。すでに述べたように、組織というものが見られないイスラム教の世界では、ムスリム同胞団は唯一の宗教組織とも考えられる。ムスリム同胞団は、1940年代後半にその勢力を拡大し、王政の打倒やエジプトのナセル大統領の暗殺を企んだことで弾圧された。

このムスリム同胞団のなかで、もっとも過激な思想を唱えたのが、バンナーと同い年で、バンナー亡き後、1950年代から1960年代にかけて、その理論家となったサイイド・クトゥブであった。クトゥブは、ナセル大統領の支配下にあるエジプトは、イスラム教が生まれる以前の時代であるととらえた。先に述べたように、これは「無道時代《ジャーヒリーヤ》」と呼ばれるもので、クトゥブは、現政権を打倒して真のイスラム国家を建設する必要があると主張した。

そこには、明らかにイブン・タイミーヤの思想の影響があるが、なおかつクトゥブは、共産主義の革命理論の影響を受け、現政権の打倒に邁進する「前衛」を樹立する必要があることを訴えた。しかし、この思想は危険視され、クトゥブは思想犯として処刑される。

その後、ムスリム同胞団からは、その穏健化した路線に飽き足らない人間たちが「ジハード団」を結成し、この集団はテロ行為をくり返す。こうした流れの中から、ビンラディンとアルカイーダが生み出され、さらにそれはイスラム国(IS)へと結びついたのである。

11 シーア派はどのようにして生まれたのか

シーア派は圧倒的少数派だがイランでは主流

イスラム教における宗派は、どのようなものなのだろうか。

イスラム教徒全体のなかで、スンナ派が85パーセントから90パーセントを占めている。シーア派の方は、わずか10パーセントから15パーセントを占めるに過ぎない。

ただ、国によって、この割合は異なっていて、イランは90から95パーセントがシーア派で、スンナ派は少数派である。ほかにも、イラク、アゼルバイジャン、バーレーンなどは、シーア派の割合が6割を超えている。

イスラム教についての入門書として長く読み継がれてきたものに、蒲生礼一『イスラーム(回教)』(岩波新書)がある。これは、1958年に刊行されたものだが、そこでは、「われわれがイスラーム教と呼ぶ場合、通常それは正統派たるスンニー派を意味するものであります」と述べられている。

これでは、まるでスンナ派の方が正統で、シーア派は異端であることになってしまうが、シーア派が長い間、少数派に甘んじてきたことは事実である。

スンナ派のスンナとは、「スンナの民」を意味する。スンナとは、伝承のことで、スンナ派は伝承主義者と訳すことができる。ここで言う伝承とは、「六伝承」と言われるもので、6人の学者がそれぞれに編集したハディースに示された事柄に従うことを意味する。

スンナ派の説明がいささか回りくどくなってしまうのは、宗派としての意識をはっきりとした形で持つ機会がなかったからである。シーア派が台頭するようになってから、それを支持しない人々のことがスンナ派と呼ばれるようになったというのが事実に近い。

それは、シーアということばが、「党派」を意味しているところにも示されている。イスラム教の世界に、独自の考え方をする党派が生み出されることによって、その党派と、党派には属さない人々とが区別されるようになっていったのだ。

ムハンマドの後継者争いが宗派を生む

シーア派の独自性は、ムハンマドの後継者をどのようにとらえるかというところにある。

ムハンマドの死後、第4代のカリフとなったのがアリーだった。アリーはムハンマドの父方の従弟である。ムハンマドの生前、アリーはその養子となり、ムハンマドの娘、ファーティマと結婚した。

ところが、661年1月のある日、礼拝に赴こうとしたアリーは、刺客の手によって殺されてしまう。

アリーが暗殺された原因については、ムハンマドがメッカにいた時代に遡る。ムハンマドは、最初メッカで教えを説くようになったが、当時のメッカで指導的な立場にあったのは、ムハンマドと同じクライシュ族でも、ウマイヤ家に属するアブー・スフィヤーンだった。一方のムハンマドは、ハーシム家に属していた。

この二つの家の対立が激化したため、ムハンマドは622年9月20日にメッカからメディナへと移る。すでに述べたヒジュラである。その後、626年に、メディナはメッカの勢力によって襲われるが、ムハンマドはそれに勝利し、メッカも占領する。それ以降、イスラム教がアラブ全土に広がっていく。

アブー・スフィヤーンもイスラム教に改宗し、その息子のムアウィヤも同じように改宗し、ムハンマドの秘書の役割を果たすようになる。

やがて、ムアウィヤは、又従兄弟にあたる第三代カリフのウスマーンが殺されたのは、アリー一派によるものとして復讐に立ち上がり、カリフになったアリーと対立する。そのなかでアリーは刺殺された。

その後、アリーの長男であるハサンがカリフになるが、ムアウィヤの勢力に屈し、ハサンはカリフの地位をムアウィヤに譲ってしまう。これで、ムアウィヤは第5代のカリフに就任し、彼を創始者とするウマイヤ朝（ムアウィヤ朝）が誕生する。ウマイヤ朝は661年から750年まで続く。

ただ、ハサンはムアウィヤにカリフの地位を譲る際、ムアウィヤが亡くなった後に、ハサンの弟のホサイン（フサイン）をカリフにするという約束を交わしていた。

ところが、ムアウィヤは、その約束を反古にして、自分の息子にカリフの位を譲ってしまう。

そこでホサインは、父と兄の仇を討つために挙兵した。しかし、680年10月10日に全滅してしまう。これが、「カルバラーの戦い」と呼ばれるもので、カルバラーにはホサインの墓が建てられ、シーア派の聖地となっていく。そして、ホサインが亡くなった10月10日は、その死に対して哀悼の意を捧げるため、「アーシューラー」というシーア派独自の儀礼が営まれるようになる。

シーア派の最高権威はアリーの子孫の「イマーム」

このように、家同士の抗争ということがカリフを巡って続き、血で血を洗う戦いがくり返された。こうした歴史が、シーア派の誕生ということに結びついている。アーシューラーの際に、信者たちは嘆き悲しみ、ホサインの死を再現する劇が演じられる。それは、キリスト教における受難劇に似ている。

ただ、キリスト教とイスラム教の違いは、イエスの場合には、結婚はしておらず、子どももいないので、その血を引く後継者が存在しないのに対して、ムハンマドは俗人であったために、その後を継いだカリフのなかに、ムハンマドと血のつながりがある人間が含まれていた点である。

そうなると、どうしても後継者争いが起こる。誰をムハンマドの正統な後継者とするのか。そこにシーア派が生まれ、さらにはシーア派の内部にいくつもの派が生まれていく原因がある。

シーア派が主流派のスンナ派から分かれていくのは、アリーという存在を重視し、その子孫であるイマームは間違いを犯すことがないという立場をとるようになるからである。

スンナ派におけるイマームは、すでに述べたように、コーランの朗唱を行ったり、説教を行う指導者のことをさし、イスラム教世界全体の権威はカリフに求められる。これに対して、シーア派では、イマームが最高の権威なのである。

シーア派では、スンナ派では認められるウラマーによる合意は認められない。イマームは無謬だけれど、ウラマーは間違いを犯すことがあるとされるからである。

12 スンナ派とシーア派はどのような関係にあるのか

血統の解釈で分派するシーア派

スンナ派とシーア派では、アリーのとらえ方、それ以降のイマームのとらえ方がまるで違うので、両者は相いれない。しかも、シーア派からすれば、アリーやホサインを死に追いやったムアウィヤやウマイヤ朝は不倶戴天の敵である。

さらに、血による継承ということになってくると、アリーの血統のうち、誰をイマームの後継者とするかで対立が起こってくる可能性が生まれる。実際、シーア派は、いくつもの派に分かれていく。

たとえば、初期に生まれたものとしては「カイサーン派」がある。イマームという称号を最初に使ったのは、カイサーン派とされるが、ムフタールという人物が、685年に、ファーティマ以外の女性から生まれたアリーの息子であるムハンマド・ブン・ブルハナフィーヤをイマームとして推戴し、同時に、「マフディー」であるとした。

マフディーとは、アラビア語で「導かれた者」を意味する。つまり、救世主のことである。というのも、ムハンマド・ブン・ブルハナフィーヤが700年に亡くなると、カイサーン派の人々は、彼が「幽隠のイマーム」になったととらえ、最後の審判の日に地上に再臨し、正義と公正を実現すると主張するようになったからである。ここには、ユダヤ・キリスト教における救世主信仰の影響がある。

カイサーン派に対して、アリーとファーティマの子孫にイマームの位は継承されたとするのが、「十二イマーム派」である。十二イマーム派では、イマームの位はアリーから長男のハサン、次男のホサインを経て、第十二代のムハンマド・アルムンタザルまで受け継がれていったとするが、ムハンマド・アルムンタザルもやはり幽隠の状態に入ってしまう。これは、カイサーン派の影響を受けてのことで、この幽隠のイマームは、最後の審判のときに、「時の主」として再臨するとされる。

シーア派は16世紀イランで国教となる

シーア派が勢力を拡大する上で重要なのは、16世紀に成立したサファビー朝で、シーア派の信仰は、ここで国教の地位を獲得した。サファビー朝は、イランを中心とする地域を支配領域とした。

16世紀のイランでは、ティムール朝が分裂し、衰退した後、神秘主義教団のリーダーであるイスマーイールが、現在のイランの北西部にあるタブリーズに入り、そこにサファビー朝を樹立する。最初、この教団はスンナ派の神秘主義者、「スーフィー」だったが、シーア派に転じ、それによって、イラン全体にシーア派の信仰が広まっていく。

そのなかで、アリーの次男でカルバラーの戦いで死んだホサインの妻となったハラールは、イランの帝王の娘であったという伝承が作られる。これによって、第4代以降の代々のイマームは、ムハンマドの血を引いているとともに、イランの人間たちが神とつながりをもつと考えてきたイランの帝王の血統に連なるとされるようになる。これによってシーア派がイランに根づくことになったわけである（シーア派の形成については、佐藤次高編『イスラームの歴史1――イスラームの創始と展開』山川出版社、前掲の蒲生『イスラーム（回教）』を参照）。

スンナ派のカリフの地位は異なる血統上で継承

このように、シーア派の形成は複雑な経緯をたどっていくが、スンナ派からすれば、カリフの位はウマイヤ朝やアッバース朝において世襲で受け継がれているわけで、シーア派の主張を取り入れることはない。また、カルバラーの戦いにおけるホサインの死を悲劇としてとらえる感覚もない。

その点では、スンナ派とシーア派が一つに統合されることは困難である。イスラム教には、「カーフィル」ということばがあり、それは不信仰者を意味するが、スンナ派からすればシーア派はカーフィルになり、シーア派からすればスンナ派はやはりカーフィルになってしまう。

ただ、歴史的に、スンナ派とシーア派が鋭く対立し、抗争をくり広げてきたというわけではない。シーア派は、少数派で、とてもスンナ派には太刀打ちできなかったからである（この点については、中田考『私はなぜイスラーム教徒になったのか』太田出版を参照）。

13 イスラム教の神秘主義とはどのようなものか

イスラム神秘主義「スーフィズム」はムハンマド時代から

宗派ということではないが、イスラム教には、独特の神秘主義、「スーフィズム」が存在する。

イスラム教では、すでに述べたように、正統というものが定まっていないので、異端ということもあり得ない。その点で、スーフィズムに異端というレッテルが貼られてきたわけではないが、歴史的に弾圧や迫害を受けてきた。

私たち日本人がスーフィズムということを聞いたときに、まず思い浮かべるのは、スカートをはいた男性の信者が音楽にあわせて回転しながら踊る姿ではないだろうか。

これは、「セマー」と呼ばれる旋回舞踏で、スーフィズムを信奉するメヴレヴィー教団やナクシュバンディー教団といったグループで実践されている。

しかし、スーフィズムは、こうした旋回舞踏だけに限定されるものではない。スーフィズムの開拓者は、世俗を離れ、禁欲的な生活を送った人々だった。

スーフィズムを実践する人間がスーフィーになるが、スーフィーはムハンマドの同時代にすでに登場していた。

ムハンマドと直接に接したイスラム教徒は「サハーバ」と呼ばれ、日本では「教友」と訳される。教友の一人であったイムラーン・ブン・フサインは、「私は風が散らす埃になりたい。私は〔神の審判による〕罰の恐ろしさを思うと、創造されたくなかった」と述べたとされる。

この世というものは、いずれ天使のラッパが鳴り響き、終末を迎える仮のもの、はかないものでしかない。だから、この世に執着してはならず、金や女が欲しいといった現世的な欲望から離れることが重要だと言うのである。

これは、キリスト教にも共通する考え方である。キリスト教の世界では禁欲の必要性を説く人間たちが数多く現れ、修道院はそうした生活を実践するための場として生み出された。終末ということを前提とするならば、確かにこの世に執着することは愚かなことになる。

神を名乗ったスーフィー、ハッラージュ

スーフィーはひたすら神を求めることとなった。そのなかでもっとも極端な人物が、858年頃から922年まで生きたハッラージュという人物だった。彼は「私は神である」という、不遜で、神の唯一性を脅かすようなことばを残している。それゆえに、ウラマーたちから断罪され、捕らえられて処刑されてしまった。しかも、処刑の仕方は両足を切り、目をえぐるという相当に残虐なものだった。

神はすべての創造主であり、世界は神そのものでもある。もし神が、ハッラージュの口を通して、このことばを発したのだとするなら、それは必ずしも不遜なことではない（スーフィーについては、前掲の『イスラーム の歴史1』、ならびに、鎌田繁『イスラームの深層——「遍在する神」とは何か』NHKブックスを参照）。

スーフィーが亡くなれば、聖者として崇められ、その墓（廟）には多くの信仰者が集まっ

てきて、そこは信仰の対象になる。あるいは、スーフィーを中心とした集団が生み出されていくこともある。

もちろん、組織の発達していないイスラム教世界においてのことなので、かっちりとした教団に発展するわけではない。ただ、サラフィー主義などからすれば、スーフィズムはイスラムの本来の教えから逸脱しているということになる。

神秘主義というものは、他の宗教においてもそうだが、神との合一をめざしたり、神秘的な存在を呼び出してきたりするので、秩序を乱すものとして、それぞれの宗教の正統派から批判的にとらえられ、ときには弾圧の対象にもなってきた。

とくにイスラム教では、神の唯一性ということが強調されるから、スーフィズムが危険な動きとして認識される可能性は高い。逆に、スーフィズムが生まれるからこそ、サラフィー主義のようにそれを否定する原理主義的な考え方が生まれるとも言えるわけで、その存在はイスラム教のなかに対立を生むことにもなっていったのである。

14 現代のイスラム教をどのように見るべきか

世界に対する発言権を高めた「オイル・ショック」

近代に入ると、イスラム教の王朝や帝国は崩壊し、欧米列強による植民地支配の対象になり、イスラム教文明はキリスト教文明に比較して劣勢に立たされることになった。

イスラム教では、サラフィー主義に代表されるように、ムハンマドの生きていた時代を信仰上の理想とする傾向がある。さらに、五行として定められた実践は、日々のくり返しであり、そこには進歩という観念はなじまない。その点で、イスラム教は近代という時代にそぐわない、時代遅れの宗教であるという面がある。

ところが、イスラム教文明が広がった地域には、現代のエネルギー革命の主役となった石油産出国が多い。アラブを中心に、次第にイスラム教を信奉する諸国は世界に対する発言力を増していく。それが明確になるのが、1973年に起こった「オイル・ショック」においてである。それまで、先進国は石油を安価に手に入れることができ、それが経済発展の原動力ともなったのだが、オイル・ショックは、原油価格の決定権が産油国の側にあることを示した。

さらに、1979年にイランで起こった「イスラム革命」の影響も大きかった。これは、イスラム教という宗教の存在価値を世界に向かってアピールすることにつながった。

イスラム革命を主導したアーヤトッラー・ホメイニーは、「イスラム教法学者による統治」という考え方を打ち出し、シャリーアに則った政治支配の実現をめざした。

イスラム革命は、シーア派の世界での出来事であり、他のスンニ派の国家には直接の影響を与えなかったものの、イスラム教世界全体で原理主義の傾向が強まり、過激派のなかにはテロ行為に走るところも出てきた。その動きが、2001年のアメリカでの同時多発テロに行き着いた。

キリスト教社会には、十字軍の時代から、イスラム教に対する恐れがあったが、こうしたテロ行為は、その恐れを強め、キリスト教文明とイスラム教文明との間に「文明の衝突」が起こっているという認識を生み出すことにもつながった。

そこには、グローバル化の進展によって、ヨーロッパ諸国に、数多くのイスラム教徒が労働力として移民してきたという事態が深くかかわっていた。また、第二次世界大戦後において、シナイ半島にユダヤ人の国家、イスラエルが誕生し、パレスチナ人を抑圧するとともに、周囲のイスラム教諸国と対立関係に陥ったことも、事態を難しくした。

しかし、石油の輸出を背景に、イスラム教国が経済力をつけてきたことは、大きな変化であり、イスラム・マネーの存在は、世界経済にも影響力を与えるようになってきた。

イスラム金融が関心を集めている

そのなかで注目されるのが、「イスラム金融」の発展である。これは、ユダヤ教やキリスト教にも見られることだが、利子をとることは、イスラム教では禁じられてきた。コーランには、「利子を貪《むさぼ》る者は、悪魔が気を触れさせる者が立つようにしか立ち上がれない。それは、彼らが『商売も利子のようなものにすぎない』と言ったからである。しかしアッラーは商売を許し、利子を禁じ給うた」(第2章275節)とある。ただ、実際には、イスラム教国でも、利子は容認され、一般的な金融のシステムが採用されていた。

ところが、シャリーアに忠実であろうとするイスラム教復興の動きが盛んになっていくなかで、利子をとらないイスラム金融の方法が開拓され、それを専門とする金融機関が作られ、拡大を続けてきた。イスラム金融には、利子の否定のほかにも、シャリーアで禁じられた酒類や豚肉に関係する企業への融資やデリバティブなどの投機的な投資を避けようとする点に特徴があり、節度のある金融のシステムとしても注目されている。

イスラム教は、アラブの社会で生まれた。そのために中東の宗教というイメージが強いが、現在においては、むしろ南インドや東南アジアに広がっている。世界最大のイスラム教の国はインドネシアで、そこには2億人のイスラム教徒がいる。やがては、人口の伸びが高いパキスタンが、第1位になるものと見込まれている。

さらに、多くのイスラム教徒がヨーロッパに移民しており、国によって人口の5パーセントから10パーセントを占める。そのため、「ヨーロッパのイスラム化」という声さえ上がっている。キリスト教の衰退が見られる現代において、こうしたイスラム教の動きは注目されるのである。

第5章

イラン宗教とモンゴル帝国が果たした役割とは

——東西宗教の出会い

1 東西の宗教世界はどのように交流したのか

仏典や仏教美術に見る東西文化の交わり

世界の宗教についてその概要を解説しようとしたとき、一般には、東の世界の宗教と西の世界の宗教を分けて説明するというやり方がとられる。東の宗教としては、インドのバラモン教から始まって、仏教、ヒンドゥー教とたどっていき、その上で、儒教や道教といった中国の宗教を追っていく。そして、西の宗教としては、ユダヤ教からキリスト教、イスラム教へと続く一神教の系譜を追っていく。それが、世界の宗教について概説する通常のスタイルである。

ここまで試みてきたのも、西の宗教を一神教としてとらえ、ユダヤ教から始まって、キリスト教、イスラム教へとたどるやり方である。この後、東の宗教についても、その源からたどっていくことになる。

しかし、そうしたやり方をとるだけでは、東の宗教世界と西の宗教世界とのつながりが見えてこない。果たしてそれで世界の宗教の概要をとらえたことになるのだろうか。当然、そうした疑問がわいてくる。

実際、両者はまったく無関係に発展していったわけではない。たとえば、仏典のなかに、「ミリンダ王の問い」というものがある。これは、ギリシア人の王ミリンダ、もしくはメナンドロス1世と仏教の僧侶ナーガゼーナ(那先)との間の問答を記録したもので、個人のレベルを超えて、ギリシア思想と仏教思想との対話を意味している。

あるいは、仏像の背後には「光背」という光の輪があるが、イエス・キリストやキリスト教の聖人たちも、「ニンブス」と呼ばれる光の輪が頭の周りに描かれている。おそらく、その原型は、ギリシア彫刻の影響を受けて仏像が造形されるようになったガンダーラ美術に求められるであろう。

東の宗教世界と西の宗教世界との間には、さまざまな形での交流があったのである。

イランから広がったゾロアスター教とマニ教

この二つの宗教世界をつなぐ役割を果たした地域が古代のペルシア、現代のイランである。イランには、独自の宗教が生み出された。それが、ゾロアスター教とマニ教である。マニ教については、キリスト教の教父アウグスティヌスについて述べたところですでに触れた。彼は、かつてマニ教の信者であり、キリスト教に改宗してからは、マニ教を徹底的に批判した。マニ教には、それ以前に存在したゾロアスター教の影響がある。そして、この二つの宗教は、ペルシアの東にも西にもその勢力を拡大し、東西の宗教世界をつなぐ役割を果たした。その点は、これまで十分には認識されてこなかったかもしれない。

世界の宗教の歴史におけるイラン宗教の重要性を強調したのが、これまでも何度か触れてきた、世界的な宗教史家のミルチア・エリアーデである。

エリアーデは、彼の仕事の集大成となった『世界宗教史』の中で、イラン宗教の重要性を強調している。イランにおいては、「多くの二元論的体系の区分（宇宙的、倫理的、宗教的二元論）、救世主の神話、高度な『楽天的』終末論、善の究極的勝利と宇宙の救済の宣言、死者の復活の教義など」といった宗教観念が生み出され、その影響はルネサンス時代のイタリアで流行した「新プラトン派」にまで及んだというのである。

エリアーデは、『世界宗教史』において、主に西洋の宗教の形成に対するイランの貢献について論じているが、ゾロアスター教やマニ教は一時、東の宗教世界にも深く浸透した。インドから中国に仏典を持ち帰るためにシルクロードを旅した玄奘三蔵（「西遊記」の三蔵法師のモデル）は、その旅行記である「大唐西域記」において、彼が訪れた各地でゾロアスター教やマニ教が信仰されている姿に接したことを報告している。

ウズベキスタンの古都であるサマルカンドなどでは、仏教はまったく信仰されておらず、もっぱら「祆教《けんきょう》」と呼ばれたゾロアスター教が信仰されていたという。その後唐の都である長安には、ゾロアスター教の寺院が建てられただけではなく、「景教」と呼ばれたキリスト教ネストリウス派やマニ教の寺院も建立されている。現在でも、マニ教徒が住むとされる村がある。ただし、その村で行われている祭祀にマニ教的な要素を見出すことはかなり難しい（兼城糸絵「中国の『マニ教』に関する一考察――福建省霞浦県の事例から」『鹿児島大学法文学部紀要人文学科論集』80）。

2 ゾロアスター教とはどのような宗教か

宇宙の成り立ちを二元論で説く

東と西の宗教世界に深く浸透し、大きな影響を与えたイランの宗教がこれまであまり注目されてこなかったのは、ゾロアスター教もマニ教も衰えていったからである。現在、ゾロアスター教の場合には、インドやパキスタンに少数の信者がいるものの、かつての勢いは完全に失われている。イランやインドに現存するゾロアスター教徒は、どちらも数万人程度で、ほかの国々では、1万人にも届かないところが多い。マニ教ともなれば、中国にはその信者が残っているとされているが、果たして信仰が伝えられているのかが不確かであり、実質的に宗教としては消滅している。

宗教というものは、相当に根強いもので、それが消滅してしまうということはほとんどない。その教えを説きはじめた教祖の死は、教団にとって重大な危機をもたらすが、それで消滅してしまうわけではない。

キリスト教の例に見られるように、むしろ教祖の死に対して救済論的な意味を与えることで、新たな信仰世界を確立し、それを基盤に発展していく。仏教も、ブッダの死に涅槃《ねはん》という意味を与えたことで世界宗教への道を歩んだ。しかも、たとえ厳しい弾圧を経たとしても生き残っていく。その点では、マニ教がほぼ消滅してしまったということは、世界の宗教の歴史のなかで希有な現象だと言える。

イランの宗教の特徴は、エリアーデの指摘にもあるように、二元論、とくに善悪二元論を強調したことにある。この特徴が際立ってくるのは、ユダヤ教からキリスト教、イスラム教へと受け継がれた一神教と対比したときである。一神教では、唯一絶対の創造神を信仰の中心に置き、基本的に一元論の立場をとっている。神は善なる存在であり、その神が創造した世界には、もともとは悪は存在しなかったのである。

両者の対比と対立については、第3章のアウグスティヌスのところで言及した。アウグスティヌスは、回心を遂げることで、二元論のマニ教から一元論のキリスト教に転換を果たした。それは、キリスト教のマニ教に対する最終的な勝利を予言する出来事であった。

ゾロアスター教の始まりは謎に包まれている

歴史的には、マニ教がキリスト教よりも後に生まれたのに対して、ゾロアスター教の方がはるかに古い。ゾロアスターという呼称はギリシア語をもとにした英語読みで、ペルシア語ではザラスシュトラと呼ばれる。

ここで一つ問題になるのが、ザラスシュトラが生まれ、ゾロアスター教の開祖として活躍した年代である。それは紀元前13世紀のことだったという説もあれば、紀元前7世紀だったという説もあり、年代ははっきりしていない。そもそもザラスシュトラが一人の人間であったのかどうかにも疑いの目が向けられている。

ザラスシュトラの生涯についてもはっきりしたことは分かっておらず、その全体は伝説に等しい。生まれた場所も、東方のバクトリアとする説と西方のメディアとする説があり対立している。若くして祭官となったものの、結婚後に啓示を受け、各地を漂泊しながらその教えを説いたとされる。ゾロアスター教の聖典がアベスターで、その中の「ガーサー」

と呼ばれる詩篇には、ザラスシュトラ本人の教えが残されているとも言われている。

ザラスシュトラという名前も、日本では必ずしも広く知られているわけではない。だが、「ツァラトゥストラ」という名前ならかなり知られている。ツァラトゥストラはザラスシュトラのドイツ語読みで、哲学者であるニーチェの有名な著作『ツァラトゥストラはこう語った』(または『ツァラトゥストラはかく語りき』)の主人公のことをさす。リヒャルト・シュトラウスの同名の交響詩は、ニーチェの著作に触発されて作曲されたものである。ニーチェの描くツァラトゥストラは、神の死という事実を認識し、キリスト教の思想を批判して、超人の出現を説く。ただしこれは、ザラスシュトラの宗教思想とは直接に関係しているわけではない。

ザラスシュトラは、最高神アフラ・マズダーへの信仰を説く。その点で、一神教の開拓者としての側面をもつ。けれども、その宗教思想は、厳密な意味ではまだ一神教とは言えない。それが宗教学における一般的な見方である。

一神教とは言っても、そのあり方は一つではない。一般にイメージされる唯一絶対の創造神を崇拝する一神教は、宗教学においては「唯一神教」と呼ばれる。ほかに、他の集団や民族が信仰する神々を容認しつつ、自分たちだけは唯一の神を信仰対象とする「拝一信教」や、多神教のなかで一つの神を選んでもっぱらそれを信仰する「単一神教」、そして信仰対象を次々と変えていく「交替神教」がある。

善の世界と悪の世界は別々にあった

ザラスシュトラは、アフラ・マズダーを「叡智の主」である創造神としてとらえ、善なる存在であるアフラ・マズダーから善なる世界、生命、そして光が創造されたとした。ところが、世界には、アフラ・マズダーとは対立するアングラ・マインユという対立霊が存在し、そこから悪なる世界、死、そして闇が創造された。

アフラ・マズダーは善なる世界、生命、光を司り、アングラ・マインユは悪の世界、死、闇を司る。ゾロアスター教が、火を信仰の中心に据える「拝火教」とも呼ばれるのは、アフラ・マズダーが司る火が尊ばれるからである。ここで重要なのは、創造神であるアフラ・マズダーとその対立霊アングラ・マインユとの関係である。ザラスシュトラは、このうちの片方からもう片方が創造されたという解釈をとらず、両者はともに最初から存在したという立場をとった。それは、旧約聖書の「創世記」の冒頭にある天地創造の物語とは異なる。「創世記」では、唯一絶対の神の実在が前提とされ、世界の創造はすべて神によってなされたとされている。善なる神と悪なる存在が最初から並立していたとはされていない。

アフラ・マズダーとアングラ・マインユは、生と死、光と闇であり、根本的に対立している。その間に優劣や強弱の差はなく、あたかも双子のような関係にある。ただし、双子なら最初からお互いの存在に気づいているはずだが、ザラスシュトラは、それを否定し、両者はもともと無関係に存在し、たまたまどこかで遭遇し、それで戦うようになったと解釈した。その点で、ザラスシュトラの宗教思想の根本に、「善悪二元論」が存在するわけである。

善の世界は最後に悪の世界に勝利する

前の章で触れたように、宗教の世界では、善と悪との関係をどのように考えるかは極めて重要な意味をもっている。特に唯一絶対の神による世界の創造を前提とする唯一神教においては、絶対の善である神が創造した世界に悪がはびこっていることは重大な矛盾になってしまう。キリスト教の神学は悪が実在することをどのように説明するのかに腐心してきた。この説明に失敗すれば、神の絶対性を主張することが難しくなってしまう。

ザラスシュトラは、善と悪との対立が永遠に続くとしたわけではなく、最終的には善が勝利するという立場をとった。しかし、善と悪が最初から対立しているとすることによって、唯一神教が直面した難問を回避することができた。悪が実在したとしても、それは最初からのことで、それによって神の絶対性が脅かされることはないとしたのである。

しかもザラスシュトラは、人間に善の側に与《くみ》するか、悪の側に与するか、選択の自由を与えた。その上で、人間は善の側に与し、悪を滅ぼす戦いに参加すべきだと説いた。そうすれば、最終的には救世主が出現し、善の側に勝利がもたらされるとしたのである。

この救世主についての考え方は、後にキリスト教にも影響を与えたと言われる。その点で、ゾロアスター教は一神教としてのキリスト教の形成に大きな影響を与えた。ただし、ゾロアスター教では、唯一絶対の創造神に世界の創造の根本を求める考え方はとっていない。その点では、ゾロアスター教が最初の一神教であるとするわけにはいかない。

むしろ、宗教史におけるゾロアスター教の重要性は、明確に二元論を主張したことにある。その二元論は、後にマニ教にも受け継がれる。マニ教の場合には、ゾロアスター教の影響を受けただけではなく、ユダヤ教やキリスト教、あるいはキリスト教の枠内で発展する神秘主義的なグノーシス主義、さらには仏教や道教の影響まで受けたと言われている。

3 マニ教とはどのような宗教か

ゾロアスター教の善悪二元論を引き継いで展開

ゾロアスター教の影響を強く受けるなかで、マニによって説かれた宗教がマニ教である。中国では「摩尼教」と表記される。

マニは、210年にサーサーン朝（ササン朝）ペルシアに生まれたが、ゾロアスター教をはじめ、さまざまな宗教の影響を受けていく。彼の父親は、マニが4歳のときに啓示を受け、ユダヤ教に改宗した。マニの妻の名は「マリヤム」で、マリアに関連しており、キリスト教徒であった可能性もある。さらにマニ自身、24歳のときに啓示を受け、インドを旅した。その際に、仏教やヒンドゥー教について学んだはずである。

マニは、「シャブーラガン」をはじめとして、さまざまな書物を書き、それはマニ教が広まった地域の言語に翻訳された。教祖自身が書物を書き記すことは極めて珍しいことなのだが、原典は残っておらず、翻訳しか伝えられていない。

これはキリスト教の影響であるかもしれないが、マニは自分の教えを伝えることに熱心で、自ら外国での伝道に従事した。しかし、積極的に伝道活動を行えば、既存の宗教と対立することも多くなり、弾圧されることにもなっていく。マニは投獄され、獄死したという言い伝えもある。

マニ教の世界観は、ゾロアスター教の影響を受け、基本的に善悪二元論である。世界は、善なる創造神によって創造されたものではなく、はじめに、「光明の父・ズルワーン」と「闇の王子・アフリマン」が存在した。世界の創造と歴史は、この二つの存在の対立から生じるものである。

ユダヤ・キリスト教の影響で、アダムとエバ、イエス・キリストといった存在が、マニの語る物語のなかに登場する。ただし、そうした物語には翻訳語の混乱があり、物語は複雑でひどく錯綜したものになっている。

重要な点は、マニ教においては現世否定、現世拒否の傾向が強く打ち出されている点である。ここには、仏教やヒンドゥー教といったインド宗教の影響が見られる可能性もあり、それが善と悪との対立の物語に深くかかわっていく。

その際に重要になってくるのが、善と悪とともに、マニ教における二元論の特徴となる、霊的なものと肉体との対立である。それは、善悪二元論とも深く関係し、マニ教独特の世界観を形成していく。

人間の肉体と霊性を対立させ極端な禁欲を説く

マニは、人間はこの世に住み、肉体を与えられたことによって苦しんでいると考えた。これはまさに、仏教における煩悩の考え方に通じている。肉体を与えられたことで悪のいけにえになっている人間が唯一救われるとすれば、それは真の知識である「霊知」の獲得を通してである。この考え方は、キリスト教の異端思想の代表であるグノーシス主義に通じている。

仏教においては、人間が苦から解脱するには、根本的な無知から解放される必要があると説かれ、それが「四諦八正道」や「十二縁起」の教えに結びついていくが、マニは、それに近い考え方をとっていたとも言える。ここでもマニ教は、東と西の宗教の折衷を特徴としている。

それはさらに、マニ教徒に勧められた生活のあり方にも関係していく。マニは、人間は肉体を与えられた点で物質的な存在でありながら、同時に光の本質をもっているとした。その点で、両義的な存在であり、自らのうちに、救済へといたる可能性を見出していかなければならないとされた。

そのため、人間には数々の禁欲が課される。殺生や肉食を慎み、酒を控えるといったことは、仏教でも、ユダヤ・キリスト教でも勧められる戒律だが、マニ教の場合には、それが極端なほど徹底されるところに特徴があった。これは、第3章で述べたキリスト教の異端、カタリ派とも通じる考え方である。キリスト教の異端が「マニ教」と呼ばれたのも、このようにカタリ派と共通する部分があったからである。

たとえばマニ教では、植物の根を抜くことさえ禁止され、果物や透き通った野菜だけが好ましい食べ物とされた。さらに、快楽のために性的な欲望を満たすことが禁じられただけではなく、子孫を増やすことで物質的な世界を強化することも認められなかった。

ただし、厳格な禁欲を課されたのは、神の選民である「アルダワーン」だけで、一般の信者にはそれほど厳しい戒律は課されなかった。それでも、アルダワーンを支える一般の信者も、やがては選民となることが期待されていた。マニ教は、カタリ派と同様に、徹底した現世拒否、現世否定の傾向を示し、過酷な禁欲を強いたのである。

ゾロアスター教とマニ教の広がりと衰退

ゾロアスター教は、アケメネス朝、セレウコス朝、アルケサス朝、サーサーン朝と、ペルシアに生まれた王朝のなかで受け継がれ、発展を遂げるとともに、サーサーン朝などでは、国教としての地位を得るまでになる。

しかし、イスラム帝国がその勢力を拡大し、ペルシアにもイスラム教が広まるようになると、ゾロアスター教は次第に衰退していく。しかも、それ以前の段階で、マニ教やキリスト教が拡大していくなかで、すでにゾロアスター教は劣勢になっていった。

イスラム教では、唯一絶対の創造神が強調され、すべては神の慈悲の下にあるという救済論が確立されていた。イスラム教は、偶像崇拝を徹底して禁じることで、唯一神教としての性格を強くもった。

それと比較して、ゾロアスター教は善と悪とを並立させたことで、善の最終的な勝利を約束するという点で弱かった。それが、ゾロアスター教の衰退に結びついていく。

一方、マニ教は、ペルシアを中心にその勢力を拡大していったものの、サーサーン朝でゾロアスター教が国教と定められると弾圧された。また、ペルシアの国を越えてローマ帝国にも広がっていき、一時は、キリスト教と覇を競ったものの、キリスト教がローマ帝国の国教として認められると、厳しい迫害を受けることとなった。キリスト教と比較して、明確な救済論をもたなかったことが、その衰退に結びついたのではないだろうか。

これは、あらゆる宗教に共通して言えることだが、宗教には現実の秩序や社会体制を正当化し、それを維持していく機能がある一方、現実を批判し、その変革を促す機能がある。ゾロアスター教や、とくにマニ教に見られた現世拒否、現世否定の側面は、その意味で宗教の本質にかなっていたと言える。

だが、宗教が社会全体に広がり、安定した基盤を確保していくためには、民衆に受容される必要がある。民衆が望むのは、難解で複雑な宗教哲学や神学ではなく、現実の社会の中でいかに幸福な生活を実現していくか、それに役立つ教えであり、儀式の体系である。

その点で、徹底した禁欲を説くマニ教のような宗教は、民衆には好かれない。社会状況が極めて悪化し、現実の世界に生きることにまったく希望を見出せないような危機的な事態が訪れない限り、民衆が望むのは、あくまで現世利益であり、徹底した禁欲主義の信仰ではないのだ。

ゾロアスター教とマニ教を生んだペルシアでは、後に、イスラム教のシーア派が生まれ、現在でも、この地域ではシーア派が大勢を占めている。シーア派は、唯一絶対の神に対立する霊的存在を立てるわけではなく、善なる神と悪の存在とが闘争をくり広げていると説くわけでもない。

だが、ホサインがカルバラーの戦いで殺されたことで、スンニ派を絶対に許そうとしないところには、善悪二元論の考え方が示されているようにも見える。シーア派の広がる地域が、ペルシアを中心とした地域であることの重要性は無視できないのではないだろうか。

そして、もう一つ、東西の宗教を結びつける役割を担ったのが、モンゴル帝国の拡大であった。その点も見ていかなければならない。

4 モンゴル帝国はどのように西側へ展開したのか

十字軍の味方として期待された「プレスター・ジョン」の正体

1217年、ローマ教皇の主導で第5回十字軍が召集された。ところが、それまでの十字軍において中心的な役割を果たしていたフランスの騎士たちは、異端との戦いであるアルビジョア十字軍にかかりきりで、本来の十字軍に参加する余裕がなかった。したがって、第5回十字軍に参加したのは、ハンガリー王やドイツ、イタリアなどの騎士たちであった。

この十字軍は、イスラム教の拠点であるエジプトのカイロを攻略しようと試みたものの、それに失敗した。第1回十字軍が奪回に成功したものの、キリスト教勢力は、その後再びイスラム教の側に奪われていたエルサレムを再び奪回することができなかった。

その戦いの最中、従軍していたパレスチナ北部のアッコンの町の司教から、「プレスター・ジョンの孫のダビデ王がペルシアを征服してバグダードに向かっている」という報告がもたらされた。

キリスト教の世界では、イエスの誕生を知ってやってきた東方の三博士の子孫である長老ヨハネによって布教が行われ、東方にキリスト教国が存在しているという伝説があった。プレスター・ジョンとは、長老ヨハネのことである。

十字軍の試みが始まる少し前の1165年頃、プレスター・ジョンから東ローマ帝国の皇帝マヌエル1世コムネノスに宛てた手紙がヨーロッパで広く出回るようになり、それは各国語に翻訳された。ローマ教皇アレクサンデル3世などは、1177年にプレスター・ジョン宛ての手紙を携えた使者を派遣したほどだった。

プレスター・ジョンの手紙はまず間違いなく捏造されたものだが、こうした手紙が流布していたことが、第5回十字軍の際の司教の報告に結びついた。

しかし、そこで言われたプレスター・ジョンとは、十字軍の味方になる東方のキリスト教国の王ではなく、現実には、イスラム教の勢力以上の強敵になるモンゴル帝国のチンギス・ハーンのことだった。

アジアとヨーロッパは初めて一つになる

当時、モンゴル系の諸部族は、モンゴル部とタタール部とに分かれ、対立していた。そのなかから、モンゴル部にテムジンという一人の人物が現れ、部族を統一し、最高権力者となってチンギス・ハーン（カン）の称号を与えられる。

チンギス・ハーンは、1215年に満州一帯を支配していた女真族の金を打ち破り、現在の北京を陥れたのを端緒に、南ロシアや中央アジア、そして、イスラム教が広まった地域まで版図を広げていった。

チンギス・ハーン自身は、1227年に中国六盤山の南にあった野営地で死亡するが、世界征服の野望は、子どもたちに受け継がれ、モンゴル軍はロシアの諸公国を占領し、支配するとともに、ヨーロッパにまで攻め上り、ポーランド、ハンガリー、モラヴィア、オーストリア、クロアチアを次々と屈伏させ、最後にはアルバニアにまで到達した。

モンゴル帝国が急速にその勢力を拡大することができたのは、進出した地域、とくに中央アジアなどには、統一された帝国なり、王国なりが存在しなかったからである。モンゴルは、その間隙を縫って領土を拡張していった。

しかも、モンゴル帝国は中央集権的な組織ではなく、「千人隊（千戸）」、あるいは「万人隊（万戸）」と呼ばれる部族集団が基本的な単位になっていて、それぞれの部族集団が各地を領有し、支配するという形態をとっていた。

中央集権的でない点は、モンゴルの宗教のあり方とも連動していた。モンゴル人は、天に対する信仰をもってはいたものの、それは素朴で単純なもので、たんに神を祀るということを内容とするものであった。モンゴル人は、進出した各地域において、キリスト教やイスラム教、あるいは仏教などに接することになるが、そうした世界宗教とは比較できない素朴な信仰しかもっていなかった。おそらくそれは日本の原始神道のようなものだったに違いない。

したがって、モンゴル人は、支配下においた各民族に対して、自分たちの信仰を強制することはなかった。素朴すぎて、強制しようもなかったと言える。したがって、それぞれの信仰をもつ人々は、モンゴル帝国のもとで、自分たちの信仰を守り通すことが許された。これによって、モンゴル帝国のなかには、さまざまな宗教をもつ多様な民族が含み込まれることになったのである。

ただそこで重要なことは、広大なモンゴル帝国が成立したことによって、本来地続きであったアジアとヨーロッパが実質的に一つに結ばれた点である。それまで、近接する地域の間には密接で頻繁な交流があったものの、アジアとヨーロッパが一つの大陸を形成しているという意識は生まれにくかった。後の19世紀になると、ヨーロッパとアジアを合わせた「ユーラシア」という概念が生まれるが、モンゴルの世界征服は、まさにこのユーラシア形成の基礎を作ったのである。

東西を行き来した旅人たち

ユーラシア大陸の東西が一つに結ばれたことを象徴するのが、モンゴル帝国に組み込まれた広大な地域を旅した旅行家たちの出現である。その先駆となったのが、「東方見聞録」を残したイタリア、ヴェネチアのマルコ・ポーロである。

マルコ・ポーロの父親と叔父は東方との貿易を行っていて、モンゴル帝国の首都カラコルムに行き着いた。二人は帰国後、ふたたび東方に旅立つが、その際に17歳のマルコ・ポーロも同行させた。1271年のことである。当時、中国はモンゴルによって支配され、元と称していたが、彼らはその首都である大都（現在の北京）に赴く。若きマルコ・ポーロは、元の皇帝に即位したフビライ・ハーンに気に入られ、外交官として召し抱えられた。

その間に彼が中国各地を旅行した記録が、ヴェネチア帰国後に「東方見聞録」としてまとめられた。「東方見聞録」には、日本のことが「黄金の国ジパング」として紹介されているが、マルコ・ポーロ自身は日本には来ていない。「東方見聞録」には、幾人もの人間の見聞が含まれているという説もあれば、実は、マルコ・ポーロは中国に行っていないという説さえある。ただ、中国での見聞は当事者しか知り得ない貴重な内容になっている。

もう一人、マルコ・ポーロとほぼ同じ時期に広大なモンゴル帝国を旅した人物がいた。それが、ラッバン・サウマーというネストリウス派キリスト教の僧侶である。ネストリウス派は、431年のエフェソス公会議で異端と定まったものの、東方に広まり、すでに述べたように、中国では「景教」と呼ばれた。サウマーは、マルコ・ポーロとは反対に、1276年に元の大都から西に向かい、中央アジアを通り、コンスタンティノープルを経て、ローマ、パリ、そしてフランスのボルドーにまで至った。

もう一人、イスラム教徒の旅行家としては、イブン＝バットゥータがいる。彼は、1325年に生地であるモロッコからメッカ巡礼に出発し、巡礼を終えて後にイラン、シリア、アナトリア半島、黒海、キプチャク・ハン国を経て中央アジアに入る。さらにはインド、スマトラ、ジャワを経由して元の大都にたどり着いた。イブン＝バットゥータも、「諸都市の新奇さと旅の驚異に関する観察者たちへの贈り物」という旅行記を残している。

世界史はモンゴル帝国から始まったと言われるが、それも、モンゴル帝国の成立によって、それまで分かれていた東と西の世界の交流が頻繁になり、二つの世界の歴史が連動するようになったからである。プレスター・ジョンの国のような架空のキリスト教国の存在が信じられたのも、情報が限られ、東西の世界がお互いのことを明確に認識していなかったからである。

原理主義者イブン・タイミーヤと日蓮の登場

モンゴル帝国の周辺部では、もう一つ、むしろ現代になって大きな意味をもつ出来事が密かに起こっていた。だが、その意義は、同時代にはまったく理解されず、たんなる萌芽に終わっていた。モンゴル帝国の征服に刺激され、その西の端と東の端では、新たな宗教思想が生み出されようとしていたのである。

まず、西の端での出来事について見ていきたい。

13世紀のなかば、つまりはマルコ・ポーロやサウマーが旅立った頃、イランを中心とした地域にモンゴル帝国の地方政権としてイルハン朝が成立する。この政権を作ったのはチンギス・ハーンの孫のフレグで、その第7代君主となったのがガザン・ハーンであった。

ガザンのことについては、すでに第4章で見た。彼は、イルハン朝を繁栄に導き、その際に、自身イスラム教に改宗している。この事態に危機感を抱いたのがイブン・タイミーヤだ。彼は、イルハン朝のモンゴル人は、表向きはイスラム教徒だが、その中身は違うので、それを打倒することはジハードに相当するという論理を打ち立てた。

興味深いのは、モンゴル帝国の東の端でも、タイミーヤに匹敵する宗教家が登場した点である。それが日本の日蓮である。

天台僧として出発した日蓮は、法華経にこそブッダの真実の教えが説かれているという立場をとった。そして、おりから勃発した地震や疫病、飢餓などの災害が、彼の立場からは「邪宗」と位置づけられる法然浄土宗の信仰が跋扈《ばっこ》しているからだととらえ、鎌倉幕府に対して、邪宗を禁じるように諫言《かんげん》した。

しかし、日蓮の主張は受け入れられず、伊豆と佐渡に二度にわたって流罪になる。だが日蓮は、このままの事態を放置すれば、国内に内乱が起こる「自界叛逆難《ほんぎゃくなん》」と、他国から侵略される「他国侵逼難《しんぴつなん》」が起こると警告した。

このうち、他国侵逼難の方は、「蒙古襲来」、つまりは元による日本侵攻という事態が起こったことで、的中する結果となった。宗教家による終末論的な予言は外れるのが宿命だが、日蓮は、世界の宗教史においても予言を的中させた稀な宗教家となったのである。

日蓮は、法然浄土宗以外の宗派も厳しく批判するようになる。とくに真言宗や、密教を取り入れた天台宗に対して厳しい批判を展開した。そのため、後世においては、原理主義的な傾向をもつその信奉者に多大な影響を与えることになる。

モンゴル帝国の世界進出によって、西と東の端では、原理主義的な信仰を強調する宗教家が出現し、後世に影響を与えた。もしモンゴルが、広大な地域にわたって、その支配を広げなかったとしたら、タイミーヤも日蓮も、大きな影響力を行使することはなかったかもしれない。

モンゴル人の信仰自体は素朴であり、決して原理主義的な傾向をもつものではなかった。だからこそ、モンゴル帝国は、さまざまな信仰が存在する広範な地域に浸透していったのだが、皮肉なことに、その批判者などに、原理主義的な宗教思想を生む素地を与えたのである。

第6章

輪廻からの解脱を説いたバラモン教とは

——肉体からの救済を求めて

1 インド・中国ではどのような宗教が展開されているのか

信者が少ない仏教が「世界宗教」とみなされるわけ

日本人は「世界の三大宗教」という言い方を好む。その際に三大宗教に含まれるのはキリスト教、イスラム教、そして仏教である。

このうちキリスト教とイスラム教を外せないのは当然である。信者の数が膨大なものに達しているからである。キリスト教徒は約23億人で、71億人と言われる世界の総人口の30パーセントを超える。イスラム教徒は18億人程度で25パーセントを占める。

それに対して、仏教徒の数は決して多くはない。5億人程度と見込まれ、世界の宗教人口のなかでは7パーセントにも満たない。1割以下である(ビュー・リサーチ・センターの調査による2015年の推計値)。

仏教に比較すれば、インドのヒンドゥー教の方がはるかに信者の数は多い。ヒンドゥー教徒は11億人に達しているとされるから、世界の人口の15パーセントを超えている。また、中国の宗教については、共産主義政権下という特殊事情もあり、どういった状況にあるか必ずしも明確ではないが、14億人近いとされる人口のうち、かなりの部分が儒教や道教、それに仏教が入り交じった中国特有の民族宗教を信仰しているものと考えられる。

このように、インドや中国の宗教の方がはるかにその規模は大きい。

にもかかわらず、三大宗教の一角を仏教が占めるのは、一般に、インドや中国の宗教が「民族宗教」に分類され、異なる民族には伝わらなかったからである。

仏教の場合、発祥の地であるインドから各地に広まり、「世界宗教」となった。仏教はキリスト教やイスラム教と同様に民族の壁を越えて、より広い地域に広がった宗教なのである。

ただし、仏教はその生誕の地であるインドですっかり衰え、ほぼ消滅してしまった。現在、インドにも仏教徒はいる。だが、彼らは、近年になってヒンドゥー教から改宗した人々であり、仏教が誕生して以来、その信仰を伝えてきたわけではない。

また、インドから仏教を取り入れ、一時は巨大な仏教国となった中国でも、歴史を重ねるなかで、とくに儒教との軋轢があり、くり返し廃仏を経験した結果、かなり衰えている。中国に共産党政権が誕生したことも、それに拍車をかけた。

このように、仏教がインドと中国で衰退してしまったのに対して、インドではいまでもヒンドゥー教が盛んに信仰されている。

しかも、民族宗教とは言われながら、インド周辺のネパール、バングラデシュ、スリランカにも広がり、インドネシアのバリ島などではおよそ9割がヒンドゥー教徒になっている。ヒンドゥー教を民族宗教としてとらえていいのか。少なくとも、世界宗教としての性格を併せ持っていることは間違いない。

共産主義の中国でも宗教の需要は根強い

中国では、共産主義政権下にあるため、どの宗教についても、その活動は著しく制限され、必ずしも信教の自由は保障されていない。国が認めた宗教でなければ、取り締まりや弾圧の対象にもなる。そうなれば、布教など自由にはできない。実際、法輪功のように厳しく弾圧された新宗教もある。

それでも、中国では経済発展が続くなかで、現世利益的な信仰が求められ、儒教や道教の信仰が盛り返し、仏教にかんしても復興の兆しが見えている。あるいは、キリスト教の福音派も、公認はされていないものの、地下教会や家庭教会としてかなりの広がりを示している。

共産主義の体制が確立されてはいても、宗教に対する需要は途絶えていない。共産党政権も人心の安定のために、儒教などを積極的に活用している。毛沢東に反抗した林彪とともに孔子が批判の対象になっていた文化大革命の時代とは大きく異なるのである。

そうした中国人の宗教は、中国人が進出しているアジアの各地域においても盛んに信仰されている。もし中国本土で信教の自由が全面的に保障されるようになれば、中国は一挙に宗教大国にのし上がっていくことになるかもしれない。

活況を呈しているとも言えるインドや中国の宗教が、三大宗教に比較して鮮明なイメージを与えない原因は、民族宗教か世界宗教かということよりも、必ずしも教団を形成せず、信者としてのメンバーシップが明確でないことの方にあるのではないだろうか。

インドや中国の民族宗教には、信仰者を集める宗教施設は存在するものの、施設同士が同じ宗教、同じ宗派に属しているという自覚に乏しく、組織化は進んでいない。このあたりの事情は、組織のない宗教の代表であるイスラム教とも共通するが、キリスト教カトリックや日本の仏教宗派のように、組織が確立されている宗教とは大きく異なる。

多民族を擁するインド・中国ならではの困難

そもそも、インドと中国はそれぞれ国家という形はとっているものの、そのなかには異なる言語を用いる多様な民族が含まれており、その面での統一は進んでいない。

インドでは主要なものとして22もの言語が認められている。中国では全体の9割5分を占める漢民族のあいだで中国語が用いられているものの、少数民族のあいだでは別の言語が用いられている。しかも、同じ中国語でも地域によって発音が異なる。要するに北京と上海の人間とではことばが通じないのだ。

その点で、インドや中国を国民国家としてとらえるのは難しく、最近の議論では「帝国」としてとらえる見方が有力になっている。こうした点も、インドや中国の宗教の体系化や統一化を阻んでいる。

あるいは、インドや中国が絶えず外部からの侵入や侵略を許してきたということも、そこに影響している。

インドはイスラム教徒の度重なる侵入を受け、それが仏教が消滅した決定的な要因になったとされている。インドからは、イスラム教徒が多く居住するパキスタンが独立し、パキスタン・イスラム共和国となった。また、東ではバングラデシュも独立した。それでもインド国内には依然として多くのイスラム教徒が存在し、その数は、1億8000万人を超えている。

中国の場合にも、たびたび異民族の侵略を受け、それが王朝の交代に結びついた。とくに、第5章で述べたモンゴル帝国の支配によって成立した元の時代には、それまで広まっていなかったチベット仏教やイスラム教がその勢力を拡大した。

インドや中国の宗教が、一つのまとまった宗教として体系化や組織化が進んでいないということは、逆に言えば、多様性が確保されてきたことを意味する。どちらの国においても、強固な組織構造をもつ宗教が国全体を支配することにはならず、多様な宗教が混沌と入り交じった状態が続き、それが現代にまで引き継がれているのである。

2 バラモン教とはどのような宗教か

インド古代宗教に対する西欧人の誤解

インドの宗教が一つのまとまりをもつものとして認識されるにあたっては、近代の西欧において東洋学が発展したことの影響が大きい。インドの宗教は、「バラモン教」や「ヒンドゥー教」と呼ばれるが、こうした呼称は西欧の人間の発案によるもので、インドの人々が最初に行ったものではない。インドにバラモン教が存在した古代において、バラモン教という呼称は用いられていない。ヒンドゥー教も「インド人の宗教」という意味であり、一つの固有の宗教を意味することばではない。日本でも、明治以降、東洋学が取り入れられ、その立場から、仏教を含めたインドの宗教の研究が進められていった。

西欧で東洋学が勃興し、インドの古代宗教に関心が向けられたとき、一つ決定的な誤解が生まれた。それは、バラモン教よりも仏教の方が古いという誤解である。

ただ、そうした誤解が生じるのも無理からぬところがあった。というのも、西欧の人間がインドの宗教について研究を始めた18世紀において、仏教はインドから跡形もなく消え去っていたからである。

仏教の信仰は、インドにはなく、東南アジアや東アジア、そしてチベットなど、インドからすれば周辺部にのみ残されていた。仏典もインド国内には残されていなかった。大乗仏典はサンスクリット語で書かれていたが、それはもうインド国内にはなく、仏教が伝わった中央アジアやチベットでも、断片が発見されただけだった。

ただし、サンスクリット語の仏典は、インドからチベットよりも早く仏教を取り入れたネパールに残っていた。それを最初に収集したのが、ネパールの駐在公使となったイギリス人のブライアン・ホートン・ホジソンであった。ホジソンは400部を超えるサンスクリット語仏典を収集し、それをフランスの東洋学者、ウジェーヌ・ビュルヌフの元に送った。ビュヌルフは、1830年代に、法華経をネパールの写本から読み解いている。さらにビュヌルフは、漢訳やチベット語訳、モンゴル語訳の大乗仏典を渉猟し、44年には『インド仏教史序説』を著している(下田正弘「近代仏教学の形成と展開」『新アジア仏教史02』佼成出版社などを参照)。

こうした東洋学が発展していくまでは、誤解が解けなかった。事実はまったく逆になるわけで、バラモン教の方が仏教よりも古い。ただし、バラモン教とヒンドゥー教がどこで区別されるのか。それは、時代にかんしても、信仰の内容にかんしても必ずしも明確ではなく、曖昧である。

インドに侵入したアーリア人から生まれたバラモン教

一般に、インドにおける宗教の展開を説明していく際には、バラモン教から始まって、仏教、ヒンドゥー教の順に進んでいく。そのため、仏教が隆盛を迎えることでバラモン教が衰え、今度は仏教が衰退した後にバラモン教を基盤にヒンドゥー教が誕生したかのように思われがちである。だが、仏教が流行していた時代にも、インド各地ではバラモン教が並行して信仰されていた。

したがって、バラモン教を独立した宗教としてはとらえず、ヒンドゥー教の発展のなかに位置づけようとする試みも広く行われている。仏教が登場した時代には、ジャイナ教などの新しい宗教も勃興し、さまざまな信仰が並立し、それによってバラモン教の再編成が促され、それがヒンドゥー教の形成に結びついたと考えた方がいいかもしれない。

バラモン教は、インドに土着の宗教というわけではない。アーリア人のインドへの侵入によって生み出されたものである。

インドには、それ以前に土着の先住民族としてトラヴィダ人が存在し、彼らの手によってインダス川流域にインダス文明が栄えた。インダス文明において信仰にかかわるものとしては、動物などを刻んだ印章が名高いが、文字の解読が進んでいないため、具体的な信仰の内容についてはあまりよくわかっていない。トラヴィダ人は、現在、南インドの広範な地域に居住している。

アーリア人のインドへの侵入は、紀元前2000年頃から始まり、しだいにインド全土に浸透していった。先住のトラヴィダ人が南インドに追いやられたのも、このアーリア人の進出による。

アーリア人は、インドからヨーロッパに拡がるインド・ヨーロッパ語族のなかでも、インド・イラン語派に属しており、バラモン教と、第5章で見たイランの宗教との間には共通性を見て取ることができる。たとえば、バラモン教には、火の神としてのアグニに対する信仰があるが、それは拝火教とも呼ばれるゾロアスター教の信仰と似ている。

バラモン教に独特のカースト制と聖典ヴェーダ

バラモン教の「バラモン」とは、司祭階級のことをさす。サンスクリット語では「ブラーフマナ」と言い、その中国語の音写、婆羅門をカタカナで表記したものがバラモンである。ブラーフマナは、宇宙の根本的な原理である「ブラフマン」に由来する。

その背後には、「ヴァルナ（種姓）」という身分制度があり、バラモンを頂点に、その下には戦士階級のクシャトリヤ、庶民階級のヴァイシャ、奴隷階級のシュードラが続く。いわゆる「カースト」の制度である。

カーストという呼称は、ポルトガル語の「カスタ（血統）」に由来し、やはり外来の概念である。

バラモン教において信奉される聖典が「ヴェーダ」である。

ヴェーダとは知識を意味し、最初はバラモンの間で口頭で伝承されていた。やがてそれが文字化されてヴェーダが成立する。

ヴェーダは4つの文書からなる。中心となるものは讃歌や祭詞を含む「サンヒター（本集）」で、ほかに、祭儀について解説した「ブラーフマナ（祭儀書）」、秘儀を伝える「アーラニヤカ（森林書）」、そして哲学的な内容が展開された「ウパニシャッド（奥義書）」がある。

狭い意味でのヴェーダは、「サンヒター」を意味し、それはさらに「リグ・ヴェーダ」「サーマ・ヴェーダ」「ヤジュル・ヴェーダ」「アタルヴァ・ヴェーダ」に分かれる。なかでも神々への讃歌を収めた「リグ・ヴェーダ」が中心である。リグ・ヴェーダは10巻からなり、全体で1028の讃歌を含んでいる。

多数の神々が登場するバラモン教の神話的世界

バラモン教の神話的な世界は、典型的な多神教である。数多くの神々が信仰の対象とされており、主なものをあげれば、天界の中心を占めるヴァルナ、火の神であるアグニ、神酒の神であるソーマ、太陽神であるスーリヤ、契約の神であるミトラ、英雄神としてのインドラなどである。

第2章から第4章まで見てきたユダヤ教、キリスト教、イスラム教の一神教においては、世界を創造した創造神が絶対的な存在として崇拝され、それは基本的に名前をもたない神である。だが、多神教の世界においては、絶対的な創造神はなく、それぞれの神々には固有の名前が与えられ、その特性によって区別されている。ヴァルナも、神々のなかの中心的な存在ではあるが、創造神ではない。

ヴァルナが信仰の対象となる以前の段階では、ディアウスという天空神が存在した。ディアウスは、ギリシア神話のゼウスと語源を共通するものだが、やがてはその重要性を失い、ヴァルナに取って代わられた。ところが、そのヴァルナもバラモン教が発展していくなかで、その重要性を失っていく。

このように中心的な神が重要性を失い、別な神に取って代わられていく現象については、すでに第3章で触れたが、エリアーデは、そうした神を「暇な神(デウス・オティオースス)」と呼んだ。それはキリスト教のような一神教においても見られたことだが、多神教の世界では、神々の役割の交替や混淆という現象は頻繁に起こる。アグニなどは、ヴェーダの讃歌の中で、インドラやヴァルナ、ミトラなどと同一視されている。

祭儀で重要視された火の神アグニ

バラモン教の神々のうちで、とくに祭儀と強い結びつきをもち、それゆえに重視されたのがアグニとソーマである。

火を飼い馴らすということは、人間が文化を築き上げていく上で決定的な意味をもつ重要な行為であり、そこから火の神に対する信仰が生まれた。アグニはまさにこの火の神である。アグニは、火が光をもたらすことから、闇やそこに巣くう魔物を追い払い、病や呪いから人々を解き放つ力を有していると考えられた。

バラモン教における祭儀は、公的なものと家庭で営まれる私的なものの二つに分けられ、火の儀礼にかんして、前者はシュラウタ、後者はグリヒヤと呼ばれた。グリヒヤは、子どもの成長を祝福する通過儀礼や結婚式などが相当し、シュラウタの場合には、特別な祭壇が設けられ、多くのバラモンが参加して営まれた。

3 この世の苦しみからはどうやって脱出できるのか

神との一体化には酒が欠かせない!?

ソーマは神酒の名でもあり、それを摂取すれば、酩酊状態がもたらされた。ただし、ソーマが具体的にどういうものから作られたかについてはいまでも明確になっていない。讃歌の中では、ソーマを飲めば不死が実現されると歌われており、これを用いた祭儀では、そこに参加した人間がエクスタシーを体験した可能性が考えられる。

エクスタシーとは、「脱魂状態」とも訳され、宗教的な祭儀のなかで魂が肉体を離れていく現象のことをさす。それによって、魂は天界などに昇り、神と直接的な形で出会い、場合によっては一体化する。それによって、エクスタシーを体験した人間は特別な力を与えられることになる。ソーマと同様に、不死を与えるとされた飲料がアムリタであり、これは中国においては甘露と呼ばれた。

こうした神話と祭儀の結びつきは、バラモン教にのみ見られるものではなく、あらゆる宗教に見られる普遍的なものである。第4章で、イスラム教と神道との共通性に言及したが、バラモン教も、神を祀るための宗教であるという点で、この両者と共通する。

苦行を通した哲学的思索から生まれた「ウパニシャッド」

バラモン教に固有のこととして重要な意味をもったのが、苦行者の登場である。祭儀は、公的なものにしても、私的なものにしても、個人の救済ということには直接結びつかない。これに対して、苦行者は、森に隠棲して隠者としての生活を送り、「タパス」と呼ばれる苦行を実践することで、個人としての救済をめざした。苦行には、断食や不眠の行、あるいはエクスタシーをもたらす物質の摂取などが含まれた。ブッダやヨーガの行者など、インドにはその後苦行を実践する人間が次々と現れ、その伝統は現代にまで引き継がれているが、その始まりはバラモン教の時代に求められる。

苦行者は、個人としての救済を求めるなかで、哲学的な思索を展開していくこととなった。そうした活動から生まれたのが、ヴェーダの最後に位置づけられることから「ヴェーダーンタ（ヴェーダの終わり）」とも呼ばれる「ウパニシャッド」である。紀元前８００年頃からの時代はウパニシャッド期とも呼ばれる。

ウパニシャッドには、「チャーンドギヤ・ウパニシャッド」（前期）、「シュヴェーターシュヴァタラ・ウパニシャッド」（中期）、「マイトリ・ウパニシャッド」（後期）などが存在するが、そうした聖典のなかでとくに強い関心がもたれたのが、アートマンとブラフマンとの関係である。アートマンとは個人の魂、個我を意味し、ブラフマンはすでに述べたように、世界全体もしくは宇宙の根本的な原理を意味する。

最終目的は生まれ変わる苦しみから逃れること

アートマンはブラフマンの一部を構成するものだが、アートマンが「モクシャ」と呼ばれる解脱を果たしたならば、両者は一体化すると考えられている。この一体化がバラモン教における苦行の最終的な目的とされるようになる。

アートマンの考え方は、個人という存在を実体のあるものとしてとらえるもので、後に発展する仏教においては、反対に個我が存在しないとする「無我」の考え方が強調される。この点において、仏教とバラモン教、あるいはそれを引き継いだヒンドゥー教とは区別されるが、仏教のなかでも密教は実在論の立場をとることになり、その関係は複雑である。

ウパニシャッドでは、解脱を果たしていないアートマンは、「サンサーラ（輪廻）」をくり返し、死を契機にして別の肉体に転生していくとされる。次の生においてアートマンがどういった存在に生まれ変わるかを決定するのが「カルマ（業）」である。

現世において善行を行った者は、善いカルマを積み、来世において報われ、よりよい存在に生まれ変わることができる。ところが、悪行を犯した者は、悪いカルマを蓄積させることで、動物や虫など、人間からすればより下等の存在に生まれ変わる。

こうした輪廻をくり返していくことは、結局のところ、苦が永遠に継続されることを意味する。輪廻のくり返しから何とか逃れたい。それこそが、バラモン教における最重要の宗教的な課題であり、仏教やジャイナ教、ヒンドゥー教にも受け継がれていく。苦行などの宗教的な実践が行われた目的も、輪廻のくり返しから離脱することにあった。

輪廻の考え方は、古代のギリシアなどにも見られるものだが、インドでは、生まれることからして苦と見なされており、その点は特異である。中国にもインドから輪廻の考え方が伝えられることになるが、現実の世界を生きることを苦としてはとらえない中国の人々は、インド的な輪廻の思想をそのまま受容することはなかった。むしろそれを変容させ、やがては浄土教に見られるような来世信仰を作り上げていく。

ヨーガは輪廻から逃れるための技法

一神教の世界においても、もっとも重要なことは、死後どこへ生まれ変わるかであった。とくにキリスト教では、原罪の観念が強調され、人間は罪深い存在であることを自覚し、絶えず贖罪に励むことが必要であるとされた。キリスト教の原罪と贖罪の観念の背景には、特有の死生観が存在した。

一方、バラモン教の死生観は、来世への生まれ変わりを問題にする点では、一神教と変わらないが、問題の立て方は大きく違った。とくに、輪廻ということが決定的に重要な意味を持ったからである。

輪廻のくり返しから逃れる解脱の方法として開拓されたのが「ヨーガ」の技法である。ヨーガは、結びつけること、支配することを意味するサンスクリット語の「ユジュ」に由来する。仏教が誕生した後に編纂された「カタ・ウパニシャッド」（紀元前350〜300年）では、感覚を制御することがヨーガであると定義されている。このヨーガを理論化したのが、仏教やジャイナ教に対抗するバラモン教の思想運動である六派哲学の一つ、サーンキヤ学派であった。

ヨーガを実践する目的は、忘却されてしまった自己の本質、真の自己に立ち返るために、覚醒を果たすことにある。忘却してしまうのは無知によるもので、霊的な知を獲得することによって、真の自己を覆ってしまっている幻の力、「マーヤー」を退けなければならない。この思想は、ヒンドゥー教に受け継がれていく。

バラモン教の発展として最後に言及しておかなければならないのが、二つの壮大な叙事詩「マハーバーラタ」と「ラーマーヤナ」の存在である。この二つの叙事詩は、仏教が誕生する前の時代にはすでにその概略が完成していた。その後も発展を続け、前者は紀元前4世紀から紀元後3、4世紀に、後者は紀元前2世紀から紀元後2世紀にかけて現在の形に編纂されたと考えられる。

この二つの叙事詩は、基本的には、王国の支配をめぐる対立を描いた世俗的な物語であり、各地を遍歴する吟遊詩人によって語り継がれた。ただし、そのなかには、神々の物語も含まれており、バラモン教からヒンドゥー教へと発展していくインドの宗教についての百科全書的な記述になっている。

とくに、「マハーバーラタ」の一部を構成する「バガバッド・ギーター」は、最強の戦士であるアルジュナと、ヴィシュヌ神の化身であるクリシュナとの宗教的な対話を含んでおり、ヒンドゥー教の教えについて解説した聖典として重要な役割を担うことになった。

また、この二つの叙事詩は、インド周辺諸国にも伝えられ、東南アジアでは神話的な物語として芸能に取り入れられていった。その点では、アラブにおける「千夜一夜物語」と同じ機能を果たした。二つの叙事詩をもとにした芸能の代表的なものとしては、インドネシア・バリ島の影絵芝居「ワヤン・クリット」がある。

第7章

仏教はいかにして生まれ、展開したか

——その成り立ちの謎

1 仏教に独特の宗教思想とは何か

「出家」とはいわば聖職者になること

一神教について述べた際に、イスラム教とユダヤ教の共通性について指摘した。どちらの宗教においても、神の定めた「法」が重要な役割を果たしている。しかも、聖なる世界と俗なる世界とを基本的には区別しないところでも、二つの宗教は共通している。

それに比較したとき、キリスト教では、聖なる世界と俗なる世界とが明確に区別される。キリスト教に独自な法として、「教会法」も存在しないわけではないが、それは教会組織にのみかかわることで、世俗の生活を律する役割を果たしたわけではない。

仏教の場合にも、「ダルマ」と呼ばれる法が重視されている。その点では、ユダヤ教やイスラム教と共通するようにも見える。だが、仏教で言うところの法は宇宙の法則としての側面が強く、世俗の生活を律するような規範としての性格は弱い。禅の修行道場での生活のあり方を規定する「精規」もあるが、これは、道場内部での規定であり、世俗の世界には適用されない。

そうしたことを反映してとも言えるが、仏教では、キリスト教と同様に、聖なる世界と俗なる世界とが明確に区別されている。仏教には、「真俗二諦《にたい》」という考え方があり、究極的な真理である「真諦」と世俗的な真理である「俗諦」とははっきりと区別されている。

この真俗二諦の考え方に対応して、「出家」という行為が重視される。仏教の修行に専念するなら、世俗の世界を捨てて、聖なる世界に生きるべきだと考えられている。世俗の世界でひたすら欲望を満たしていくことが否定され、出家者に独身が求められるのも、キリスト教の聖職者と共通する。

世俗の世界から離れた聖職者ということばが、本当の意味であてはまるのは、キリスト教と仏教だけである。私たち日本人は、両者に慣れ親しんできたため、それを特殊なこととは考えず、宗教一般に見られるものだと考えがちだが、それはユダヤ教やイスラム教をはじめ、キリスト教と仏教を除く世界の宗教には見られない特殊なあり方なのである。

偶像崇拝を禁じないため仏教美術が発展

さらに、これは仏教と同様にインドで誕生したバラモン教やヒンドゥー教にもあてはまるが、仏教では、偶像崇拝が禁止されていない。ユダヤ教や、とくにイスラム教では、偶像崇拝は厳格に禁じられてきた。やはりここでもキリスト教は仏教に似ており、キリスト教では偶像崇拝の禁止は緩和されている。だからこそ、キリスト教美術が花開き、宗教美術史を彩ってきたのだが、仏教美術も大いに発展し、多種多様な芸術作品と言えるものを生み出してきた。

仏教美術の代表が「仏像」であり「仏画」になるわけだが、仏という存在はもともと悟りを開いた人間を意味している。その点で、仏像は、神のような超越的な存在を描き出したものではない。しかし、仏教徒の宗教生活のなかでは、明らかに信仰の対象となっており、その点では他の宗教における神像に近い役割を果たしていると言える。

他の宗教において偶像崇拝が禁止されるのは、人々が偶像を礼拝することに頼りきってしまい、そこに信仰上の堕落が起こると考えられているからである。

仏教ではさまざまな美術表現が発達した。写真は中国・雲南省迪慶チベット族自治州にある松賛林寺の壁画。

だが、仏像や仏画を信仰の対象とする行為が、現世的な利益のみを追求するたんなる「ご利益信仰」に堕してしまったわけではない。なぜ仏教において、偶像崇拝が信仰の堕落に必然的に結びつかなかったのか。それは、世界の宗教史における一つの大きな謎ではないだろうか。

聖職者による権力構造が確立

もう一つ、キリスト教と仏教との共通性ということで指摘しておかなければならないのは、出家した人間が聖職者として権威ある立場を確立することによって、聖職者のみによって構成される権力機構が生み出された点である。それは、特にカトリックにおいて顕著で、ローマ教皇を頂点に聖職者によるヒエラルキーができあがり、それが一般の信者を支配する構造ができあがった。

仏教の場合、すべての宗派を統合する強固で中央集権的な組織は確立されなかったものの、それぞれの宗派において、宗祖を頂点に戴く権力構造が作り上げられた。日本では、僧侶の位階が袈裟の色やそれに使われる布地などによって区別されるようになった。

一方で、出家者は世俗の生活を離れ、労働から解放されることによって、キリスト教でも仏教でも、信仰生活に専念できるようになった。それによって、彼らは壮大で難解な宗教哲学や宗教思想を築き上げていくこととなった。

仏教は、宗教哲学であるとともに、世俗的な欲望からの解放である解脱をめざす実践でもあり、いかに解脱を達成していくかについて、さまざまな方法論が生み出されていった。そこにこそ、仏教の宗教としての魅力があるとも言える。古代から中世にかけては、それが生まれたインドや中国などで仏教は宗教界を席捲し、圧倒的な影響力を誇ったのである。

2 最古の仏典はブッダをいかに語っているか

ブッダの死後120年後に成立した「スッタニパータ」

仏教の開祖が、釈迦である。釈迦はブッダとも呼ばれる。

ブッダが誕生したとされる年代は、イエス・キリストよりもはるかに古い。紀元前560年前後とする説と紀元前460年前後とする説がもっとも有力とされる。それが正しいなら、イエスの誕生よりも500年から600年も古い。

もちろんのこと、ブッダが実在したことを証明する同時代の資料などまったく存在しない。そもそも、古代のインドでは、歴史ということに関心が向けられず、他の文明圏では作られた歴史書というものが存在しない。なぜそうなるかについては、後に触れるが、歴史書が存在しないことで、多くの事柄がいつ起こったのか、まったくそれが分からなくなってしまっている。

一般に、最も古い仏典とされる「スッタニパータ」の成立は、どんなに早く考えても、ブッダの誕生から200年後、死後ということになれば120年後である。しかも、「スッタニパータ」のすべてがその時期に成立したわけではなく、一部だけだとされている。

仏典は膨大な数存在するが、大きく二つに分かれる。一つは、パーリ語で書かれた初期仏教、部派仏教の経典であり、もう一つは、サンスクリット語で書かれた大乗仏典である。部派仏教の経典の方が、大乗仏典よりも古いとされてきた。

パーリ語仏典のなかで、ブッダの直接のことばが残されているとされるものが、「スッタニパータ」のとくに第4章「アッタカファッガ」と第5章「パーラーヤナヴァッガ」である。なぜこれが古いと言えるのか、並川孝儀は、『新アジア仏教史02』に収められた「原始仏教の世界」という論文の中で、その理由について述べている。

一つは、「スッタニパータ」に収められた経や偈《げ》が、他の聖典の中に現れているということが挙げられる。偈とは、仏や菩薩の徳を韻文の形式で讃えたものである。

また、アショーカ王碑文のカルカッタ・バイラート法勅中に、「スッタニパータ」に含まれる「聖者の偈」や「寂黙行の経」への言及がある。さらには、「スッタニパータ」の偈文の部分には、仏教特有の表現や語句がほとんど見られず、内容の面でも素朴で、大規模な僧院生活がまだ始まっていない頃のものと考えられる。

並川はさらに、第4章と第5章に古代ヴェーダ語の語形が多いこと、そこに示されたヴァッタという韻律が構造上、「ダンマパダ」などの初期経典のものより古いこと、「スッタニパータ」の古い注釈書である「ニッデーサ（義釈）」において、全体が対象になるのではなく、第4章と第5章、それに第1章の第3経のみに注釈が施されていること、第4章と第5章がその章名によって他の聖典に引用されていることなどを、第4章と第5章が古い根拠としてあげている。

ブッダが実際に語った教えが記されている？

その上で、「最近では『スッタニパータ』、とりわけ第4章と第5章に関する新たな指摘がなされ、より明確にゴータマ・ブッダに最も近い資料であるという見解が文献上、思想上から究明された。中には、ゴータマ・ブッダの金口《こんく》直説《じきせつ》もあるとの指摘もある」と述べている。

具体的には、第4章は、最初期の仏教教団が、その勢力を拡大するなかで、仏教の修行を行うための入門書という性格をもち、仏教と対峙する他の思想を批判し、仏教が優位であることを宣揚することをテーマとしているところに特徴がある。その点で、仏教の興起時代を反映しているというのだ。

また、ヴェーダの祭儀文化が、輪廻業思想というニヒリズムに傾斜していくなかで、ウパニシャッドの哲人たちが説いた有への執着や、ジャイナ教における無への執着も否定した上で、ゴータマ・ブッダは無我を唱えるが、その根源にある真理が、第4章の根底に流れているというのである。

一方、第5章は、ブッダの教えを継いだ弟子たちの世代の韻文経典であり、弟子たちがブッダの教えに従って禅定修行をしたときに、どのようにして禅定の境地を体得したのかを、門弟とブッダとの問答形式でつづったものだというのである。

「欲望を避け、執着を克服せよ」

では実際に、「スッタニパータ」の第4章と第5章には、どのようなことが書かれているのだろうか。

第4章の1節は、「欲望」と題されており、「七六六　欲望をかなえたいと望んでいる人が、もしもうまくゆくならば、かれは実に人間の欲するものを得て、心に喜ぶ」とある。これだと、欲望の肯定にも思えてくるが、次には「七六七　欲望をかなえたいと望み貪欲の生じた人が、もしも欲望をはたすことができなくなるならば、かれは、矢に射られたかのように、悩み苦しむ」とあり、さらに「七六八　足で蛇の頭を踏まないようにするのと同様に、よく気をつけて諸々の欲望を回避する人は、この世でこの執着をのり超える」となっている。

ここでの結論は単純で、欲望を回避することで、執着から解放されることが説かれているわけである。

次の2節は、「洞窟についての八つの詩句」となっている。そのなかから代表的なものを抜き出してくるならば、「七七六　この世の人々が、諸々の生存に対する妄執にとらわれ、ふるえているのを、わたくしは見る。下劣な人々は、種々の生存に対する妄執を離れないで、死に直面して泣く」とあり、一方で「七七九　想いを知りつくして、激流を渡れ。聖者は、所有したいという執著に汚されることなく、（煩悩の）矢を抜き去って、つとめ励んで行い、この世もかの世も望まない」と、妄執から離れた聖者の生き方が評価されている。

飾りなく端的に提示されるブッダのことば

大乗仏典の場合、必ず「如是我聞《にょぜがもん》」で始まり、ブッダの説法の場面がつづられていくことになり、説法の舞台は美しいものとして描かれ、そこには数多くの弟子や菩薩、あるいは神々が集まってきたとされている。

そうした壮麗で華麗な大乗仏典に慣れ親しんできた者の目からすれば、「スッタニパータ」には、場面の設定もなく、そこで言われていることも単純すぎるように思えてくる。

そもそも、これはいったい誰が語ったものなのか。そうした疑問さえ浮かんでくる。実際、いま引用した七七九では、聖者という存在について言及され、その生き方が称揚されている。ブッダが、悟りを開いた存在であるならば、自らがどういった体験をしたのかを語るべきであり、聖者と呼ばれる他人の生き方を持ち出してくる必要もないはずである。

ただ、大乗仏典に近い形で、ブッダが弟子と問答をする部分もある。それが、7節の

「ティッサ・メッテイヤ」で、それは、次のようになっている。

八一四　ティッサ・メッテイヤさんがいった、――「きみよ。婬欲の交わりに耽《ふけ》る者の破滅を説いてください。あなたの教えを聞いて、われらも独り離れて住むことを学びましょう。」

八一五　師（ブッダ）は答えた、「メッテイヤよ。婬欲の交わりに耽る者は教えを失い、邪《よこし》まな行いをする。これはかれのうちにある卑《いや》しいことがらである。

八一六　かつては独りで暮していたのに、のちに婬欲の交わりに耽る人は、車が道からはずれたようなものである。世の人々はかれを『卑しい』と呼び、また『凡夫《ぼんぷ》』と呼ぶ。

八一七　かつてかれのもっていた名誉も名声も、すべて失われる。このことわりをも見たならば、婬欲の交わりを断つことを学べ。（後略）」

仏教の基本的な戒律は「五戒」と呼ばれ、そのなかには、邪な性関係を戒めた「不邪淫戒」が含まれている。この部分は、それについて述べたものと見ることができる。

「ただ執着から離れ、過去にこだわるな」

さらに、「死ぬよりも前に」と題された10節では、次のような問答がくり広げられている。

八四八　「どのように見、どのような戒律をたもつ人が『安らかである』と言われるのか？ゴータマ（ブッダ）よ。おたずねしますが、その最上の人のことをわたくしに説いてください。」

八四九　師は答えた、「死ぬよりも前に、妄執を離れ、過去にこだわることなく、現在においてもくよくよと思いめぐらすことがないならば、かれは（未来に関しても）特に思いわずらうことがない。

八五〇　かの聖者は、怒らず、おののかず、誇らず、あとで後悔するような悪い行いをなさず、よく思慮して語り、そわそわすることなく、ことばを慎しむ。（中略）

八六〇　聖者は貪《むさぼ》りを離れ、慳《ものおし》みすることなく、『自分は勝れたものである』とも、『自分は等しいものである』とも、『自分は劣ったものである』とも論ずることがない。かれは分別を受けることのないものであって、妄想分別におもむかない。

八六一　かれは世間において〈わがもの〉という所有がない。また無所有を嘆くこともない。かれは〔欲望に促されて〕、諸々の事物に赴《おもむ》くこともない。かれは実に〈平安なる者〉と呼ばれる。」

ここでも、執着から離れられない者と、聖者とが区別され、師は、聖者の生き方を高く評価している。この師について、すでに見たところでは、括弧して「ブッダ」と補ってあったが、それは訳者によるものである。そして、ここでは「ゴータマ」の名が出てくる。

その点で、その後に記されたことばは、ブッダによるものだということになるが、この第4章では、ブッダの歩んだ生涯についてはまったく述べたところがない。「スッタニパータ」の別の箇所では、ブッダについての伝記的な事実について触れられているが、それはすべて第3章に出てくるものである。

「貪欲さを制し、煩悩を涸《か》らせ」

第5章においても、伝記的な事実はいっさい出てこない。そこに出てくるのは、主に、学生と師との問答であり、たとえばそれは、以下のような形になっている。

一〇九六　ジャトゥカンニンさんがたずねた、
「わたくしは、勇士であって、欲望をもとめない人がいると聞いて、激流を乗り超《こ》えた人（ブッダ）に〈欲のないこと〉をおたずねしようとして、ここに来ました。安らぎの境地を説いてください。生まれつき眼《まなこ》のある方よ。先生！それを、あるがままに、わたくしに説いてください。

一〇九七　師（ブッダ）は諸々の欲望を制してふるまわれます。譬えば、光輝ある太陽が光輝によって大地にうち克《か》つようなものです。智慧ゆたかな方よ。智慧の少いわたくしに理法を説いてください。それをわたしは知りたいのです、――この世において生と老衰とを捨て去ることを。」

一〇九八　師（ブッダ）は答えた、
「ジャトゥカンニンよ。諸々の欲望に対する貪りを制せよ。――出離《しゅつり》を安穏《あんのん》であると見て。取り上げるべきものも、捨て去るべきものも、なにものも、そなたに存在してはならない。

一〇九九　過去にあったもの（煩悩）を涸渇《こかつ》せしめよ。未来にはそなたに何ものもないようにせよ。中間においても、そなたが何ものにも執著《しゅうじゃく》しないならば、そなたはやすらかにふるまう人となるであろう。

一一〇〇　バラモンよ。名称と形態とに対する貪りを全く離れた人には、諸々の煩悩は存在しない。だから、かれは死に支配されるおそれがない。」

この第4章と第5章こそが、ブッダが実際に説いた教えにもっとも近いものだとされている。たしかに、そこでは、体系的で難解な教えが説かれているわけではなく、ブッダが述べていることは、極めて単純なことで、貪りから離れることをくり返し説いている。教えが単純であるということは、そこに後世の付加や潤色《じゅんしょく》が含まれていないとも考えられる。

しかし、ブッダの直説とされるものは、あまりに単純で、あっけない。正直なところ、「スッタニパータ」の第4章と第5章を読んで、衝撃を受けることがないのはもちろん、そこに強くこころを揺さぶるものを見出すことは難しい。

教えには〝ブッダらしさ〟がない

もっと言えば、本当にこれは、ブッダが語ったものなのだろうかという疑問が湧いてくる。果たしてこれは、歴史上に存在した一人の人物が語ったことなのだろうか、それも疑わしくなってくる。

そうした思いがわいてくるのも、「スッタニパータ」の第4章と第5章では、師のことばや学生との問答があげられているだけで、そこには物語性がまったく見られないからである。その点では、聖書とは大きく異なる。さまざまな預言者について語る「旧約聖書」も、イエス・キリストのことばと振る舞いについて述べた「新約聖書」も、どちらも物語性に富んでいる。それは、イスラム教のコーランの場合も同じである。

これが、大乗仏典になれば、それぞれの仏典では、さまざまな物語が語られている。そこでブッダが述べていることも、「スッタニパータ」に比べればはるかに複雑で、体系性を備えている。そこからは、ブッダという存在がいかなるものであるのか、それを想像することができる。だが、「スッタニパータ」を読んでも、特に最古とされる第4章と第5章に関しては、そこからブッダの姿が浮かび上がってくるとは言えないのである。

ブッダは本当に歴史上の人物なのか？

「スッタニパータ」の翻訳を行った中村元は、岩波文庫版の『ブッダのことば——スッタニパータ』内の解説で、仏典の成立過程を整理しているが、ブッダが亡くなった後、弟子たちは教えの内容を簡潔な形でまとめ、それを暗誦しやすいように、一定の規則に則った韻文にしたと述べている。

その際に中村は、詩の形にまとめられると、「そのまま、大した変更も加えられることなしに、後世に伝えられた」と述べている。ただ、なぜ変更が加えられなかったと断言できるのか、その根拠は示していない。そして、「多数の詩のうちには、あるいはゴータマ・ブッダ自身がつくったものも含まれているのではないか、と考えられる」としている。これもはなはだ曖昧な言い方であり、少なくとも、「スッタニパータ」の第4章と第5章に収められたものが、ブッダの直説だと明言されているわけではない。

パキスタン国立博物館所蔵のブッダ頭像。ブッダは果たして実在したのか。

このように見ていくと、歴史上の人物としてブッダが存在したということについて、明確な証拠もなく、そのブッダが何を説いたのかについてとなると、ほとんどはっきりしていないということが明らかになってくる。

仮にブッダが実在し、その教えは「スッタニパータ」の第4章と第5章に示されているのだとしても、そこから世界宗教としての仏教が生み出されていったとはとても考えられない。

本当に、歴史上の人物としてのブッダは実在したのか。それについて考えるためには、ブッダの生涯の歩みを記した仏伝が、どういった経過を経て生み出されていったのか、その点を見ていく必要がある。

3 ブッダは歴史上の人物といえるか

揺らぐ「ブッダ＝ゴータマ・シッダールタ」の図式

ブッダは本当に実在したのだろうか。

「スッタニパータ」の第4章と第5章には、師と呼ばれる人物が登場し、ブッダと補われている。

あるいは、「ゴータマ」の名も登場する。ブッダは、パーリ語ではゴータマ・シッダッタ(Gotama Siddhattha)と呼ばれる。サンスクリット語ではガウタマ・シッダールタ(Gautama Siddhārtha)である。一般にも、ゴータマ・シッダールタと呼ばれることが多い。

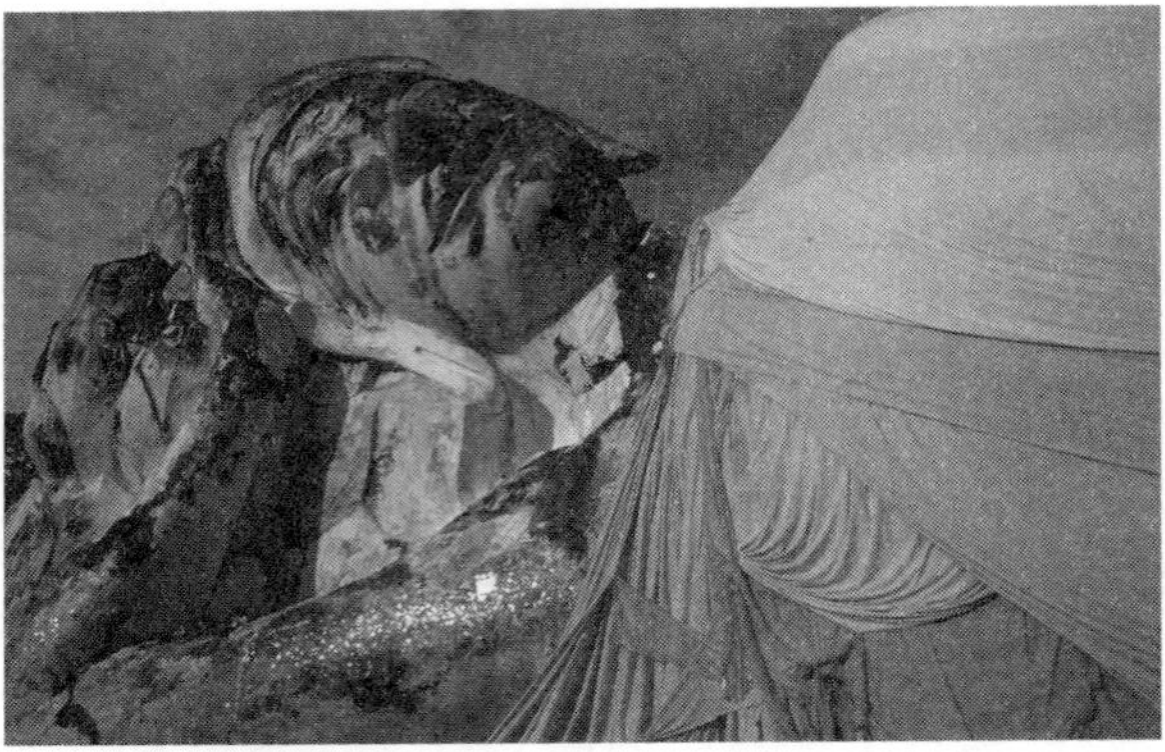

釈迦（ブッダ）入滅の様子をあらわす「涅槃仏」。写真はタイ・アユタヤ歴史公園のもの。

ただ、ゴータマという姓を持つ一族は、ヴァルナにおいてはバラモン（祭司階級）に属しており、ブッダの属するシャークヤ族がクシャトリヤ（王族・武人階級）であることと矛盾するという指摘もある。

一方、ブッダとはサンスクリット語で悟った人間のことを意味する。その漢訳が仏陀になるわけだが、中国には仏教が伝えられるまで、「仏」という漢字はなかった。なかったために造語されたものだが、それは、仏教が伝わる以前の中国には、「悟りを開いた人間」という観念が存在しなかったことを意味する。この点は興味深い。

現在の私たちは、ブッダが実在したことを疑っていない。古代のインドにシャークヤ族の王子としてゴータマ・シッダールタという人間が生まれ、出家して修行を行った後、悟りを開き、仏教という新しい宗教を生むこととなったのだと、私たちは信じている。

前掲の並川孝儀は、「原始仏教の世界」の論文において、いまからおよそ2400〜2500年前に、インドにゴータマ・ブッダが現れ、当時の宗教界、思想界に新機軸を打ち立て、さまざまな教えを説き、それは弟子たちに受け継がれ、初期経典にまとめられて、それ以降の仏教の礎になったと述べた上で、次のように一つ見逃せないことを指摘している。

ゴータマ・ブッダの生涯(仏伝)は、初期経典には出家や、修行、成道《じょうどう》、入滅にいたる晩年などの足跡が個別的に描かれるものの、誕生から入滅までの全般にわたる伝承はみられない。

成道とは、ブッダが悟りを開いた場面のことである。初期の仏典において、ブッダの生涯について、重要な場面についての記述はあるものの、それは必ずしも一人の人間がたどったものという形でまとめられてはいない。並川が指摘しているのは、そういうことである。

スッタニパータには「ブッダたち」という表記も

さらに並川は、ブッダということばの意味するところについても解説を加えているが、そのなかで、「呼称の中で最も一般的な『ブッダ』は、実は古い韻文経典ではゴータマ・ブッダのみを指していない」という指摘を行っている。韻文経典とは、まさに「スッタニパータ」などをさすわけだが、並川は、その三八六を例にあげている。そこでは、「ブッダたちは、ときならぬ托鉢には出歩かないのである」と述べられているというのである。

ここで、ブッダということばは複数形で使われている。それは、仏教を開いたとされるゴータマ・ブッダ以外にも、この時代、ブッダが存在したことを意味する。

なお並川は、自らパーリ語を日本語訳しており、中村元訳の岩波文庫版ではこの箇所は、「修行者は時ならぬのに歩き廻るな。定められたときに、托鉢のために村に行け」と訳されている。これでは、ブッダが複数形で用いられていることは分からない。

「スッタニパータ」の三八六は、その第2章に含まれるものであり、その点で最古のものとは言えないわけだが、ブッダが複数で使われる例は、最古とされる第5章にも見られる。それは、一一二六の「これらの人びとは、修行を完成した仙人であるブッダのところに来て、すばらしい質問を行おうと、ブッダたちの中で最もすぐれた方のところへ近づいた」の箇所である。

ここも岩波文庫版では、「これらの人々は行いの完成した仙人である目ざめた人（ブッダ）のもとにやってきて、みごとな質問を発して、ブッダなる最高の人に近づいた」と、複数形では訳されていない。

ブッダとは修行者たちをさす普通名詞だった？

並川は、「スッタニパータ」とともにパーリ語仏典経蔵の小部に含まれる「テーラガーター」（岩波文庫版では、『仏弟子の告白――テーラガーター』）に見られる「ブッダに従って悟った人（Buddhānubuddha）」という表現についても問題にしている。

ブッダの弟子であるアンニャー・コンダンニャ（阿若憍陳如）については、そのような形で表現されているというのだ。悟った人というのはブッダのことである。したがって、ここからはブッダの弟子もブッダであったことになる。

ブッダという表現は、仏教以前の「ウパニシャッド」のなかにもあり、そこでは真理を悟った人の意味で用いられている。仏教と同時代に出現したとされるジャイナ教においても、聖人のことがブッダと呼ばれていた。

ブッダの呼称については、「十号」と呼ばれるものがあり、それは、ブッダがそれとは別にさまざまな名前で呼ばれていたことを示している。そのなかに、「如来」というものがある。これは、サンスクリット語でtathāgataと表記され、中国では多陀阿伽度と音写された。その如来についても、「スッタニパータ」の三五一では、「如来の方々」という形で複数形が使われている。

同じ十号に含まれる「善逝」も、サンスクリット語のsugataの音写で、「サムユッタニカーヤ(漢訳では阿含経の相応部にあたる)」では、「善逝なる方々」と、複数形が用いられている。

つまり、最初期の仏教においては、ブッダということばは、悟りを求めて修行を行う人間たちのことをさしていて、一人の人間に限定されるものではなかった。ブッダということばは、固有名詞としてではなく、普通名詞として使われていたのである。

この点を踏まえ、並川は、「ブッダの用法が後の散文経典のように唯一のブッダ、つまりゴータマ・ブッダだけを指すという当然のような見方も、ここではそうなっていないのである」とし、「唯一のブッダ、ゴータマ・ブッダありき」から仏教が始まるという理解が果たして正しいものなのか、疑う必要があるとまで述べている。そして、「ブッダの普通名詞から固有名詞へと変遷して、唯一のブッダが誕生する経緯があったことを示唆してくれる」とも述べている。

最初期の原始仏典において、ブッダということばが、固有名詞ではなく、普通名詞として使われ、しかも複数形で用いられたということは、並川はそうした言い方はしていないものの、ブッダは実在しなかったと述べているようなものである。仏教という宗教は、ブッダという一人の人間の宗教体験から発しているわけではない。この指摘は、極めて重要で、かなり衝撃的なものである。

ブッダの遺骨(仏舎利)を納めた仏塔の建設

ブッダの実在が不確かだということは、ブッダの姿を彫刻として描き出した仏像の成立過程を見ていくことによって、より明確になってくる。

仏像の誕生と、その発展の歴史については、『新アジア仏教史02』の第6章に、島田明が「造形と仏教」という論文を執筆している。そこでは、仏教の歴史のなかで、仏像がどのような形で生み出されてきたかが明らかにされている。

日本には数多くの仏像が存在し、それぞれの寺では必ず本尊として仏像が祀られている。

そのため、私たちは仏教にとって仏像は不可欠なものだと考え、それを前提にしているが、最初から仏像が造られていたわけではない。当初は仏像ではなく、別のものが造られていた。それが「仏塔（ストゥーパ）」である。

筑摩書房版の『原始仏典』では仏伝の後半部で、「大パリニッパーナ経」からの引用によって、ブッダの最後の様子について記されている。「大パリニッパーナ経」は、パーリ語仏典の長部に属しており、漢訳の長阿含に含まれる遊行経などがそれに相当するとされている。

その最後の部分では、ブッダが亡くなったあと、火葬され、遺骨をどうするかが問題になったことが記されている。クシャトリヤの人々は、ブッダが同じ氏族に属していることから、遺骨の一部を受けとって、ストゥーパを造りたいという意向を示した。ところが、ブッダが亡くなったクシナーラーのマッラ族は、遺骨をいっさい渡さないと言い出した。そこで、ドーナ・バラモンが仲介に入り、遺骨を八つに分けて、各地にストゥーパを建てることを提案したのだった。

仏舎利が各地の仏塔で発見される

ブッダの遺骨である仏舎利を受けとったとされるリッチャヴィ族の中心地であるバイシャーリーでは、紀元前4世紀から紀元前3世紀の北方黒色研磨土器を伴った仏塔が発掘されており、八つの仏塔の一つではないかとも考えられている。

シャークヤ族の都であったカピラヴァストゥに属していたと考えられるウッタル・プラデーシュ州北部のピプラーワー遺跡の仏塔からも、仏舎利であることを明記した容器が19世紀に発見された。1970年代には、同じ仏塔のさらに古い層から舎利容器が発見されている。

こうした点から、ガンガー平原中流域では、紀元前3世紀より前に仏塔の建設が行われるようになり、それが礼拝や巡礼の対象になっていたことがうかがえる。その後、インド亜大陸の大半を支配下においたマウリア朝のアショーカ王の時代には、仏塔の信仰はガンガー平原を越えて広がっていく。このアショーカ王の伝記とされるのが「阿育王経」で、そこでは、この王が、八つの仏塔の舎利を分け、8万4000の仏塔を建立したとされている。実際、アショーカ王が建立した仏塔は、現実にインド各地で発見されている。

4 一人のブッダはどのようにして生まれたか

ブッダの生涯が「仏伝図」で描かれ始める

仏塔の造営が最盛期を迎えるのは、紀元前2世紀から紀元前1世紀頃のポスト・マウリヤ時代から、紀元前1世紀から紀元3世紀頃のクシャーン・サータヴァナーハナ時代だが、この時代になると、たんに塔の中に舎利を納めるだけではなく、周りを石でできた柵の役割を果たす欄楯《らんじゅん》で囲うようになり、そこには、蓮華蔓草や動物を用いた装飾模様や、ブッダの伝説をテーマにした説話図が浮彫で表現されるようになる。説話図には、ブッダの前世の物語である「本生図」と、ブッダの伝記である「仏伝図」の二つの種類がある。

サーンチーの大ストゥーパの東門には、横梁にブッダのエピソードが象徴を用いて浮彫にされている。

そうした説話図の浮彫には、それが何をテーマにしているかを記した銘文が伴われていることが多かったが、重要なことは、仏伝国においては、ブッダの姿はまったく描き出されなかったことにある。その代わりに、法輪、足跡、台座、聖樹といった象徴物によってブッダの姿が暗示された。なかには、ブッダ自身だけではなく、弟子の姿も描き出されない場合があった。

その際に、ブッダや弟子以外の人間についでは、姿あるものとして描かれていた。本生図の場合には、ブッダの前世の姿が描かれないということはなかった。

では、象徴物によってどのように表現するのかと言えば、インド中部ボパール市東方にあるサーンチー大塔の東門横梁の「出城」では、横梁の左端にブッダが育ったカピラヴァストゥの王城を描き、貴人の象徴である傘蓋《さんがい》が差しかけられた乗り手のいない馬と御者がそこから離れていく姿をくり返すといった描き方がされていた。ここで重要なのは、先の島田による次の指摘である。島田は「紀元前のパールフット欄楯やサーンチー塔門の仏伝図では、『出家』『成道』『涅槃』などの主要な出来事は基本的に別々の説話として扱われ、それらの関連を図ろうとする意識は明白ではなかった」と述べている。

ブッダの生涯が編纂され「仏像」が生まれる

こうした出来事を結びつけ、ブッダの生涯をひとまとめに表す試みが行われるようになるのは、紀元1世紀から3世紀になってからである。この時代には、北西インドのガンダーラやマトゥラー、そして南インドのアーンドラ地方で、仏塔を飾る説話図の浮彫の制作が最盛期を迎えており、ガンダーラの仏伝図では、10以上もの場面を連続させてブッダの生涯が描き出されている。

ガンダーラやマトゥラーは、仏像が最初に制作された地域としてよく知られている。それはクシャーン朝のカニシカ王が支配していた2世紀初頭から中葉にかけての時代にあたる。その後、アーンドラ地方でも3世紀中頃には仏像の制作が始まる。こうした時代には、ブッダは、象徴物で描かれるのではなく、人物像として描かれるようになった。

ガンダーラ仏は、よく知られているように、ギリシアの神像の影響を受けている。顔の彫りは深く、大きく波打つ衣の襞は、ギリシアの神像の特徴と共通する。そこにはガンダーラ地方が、ギリシアのヘレニズム文化の強い影響下におかれていたことが示されている。

ガンダーラやマトゥラーで仏像の制作が始まるまで、ブッダが亡くなったとされる時期から相当の年月が経っている。ブッダが活躍したとされる時代が紀元前5世紀後半、ないしは紀元前6世紀後半頃であるとすれば、600年、あるいは700年も経っていることになる。その点で、仏像の歴史はかなり浅いとも言える。

複数のエピソードは一人の「ブッダ」の物語となる

並川は、すでに見たように、ブッダの生涯について、初期の仏典では、出家をはじめ、修行、成道、入滅などの足跡は個別的に描かれるだけで、「誕生から入滅までの全般にわたる伝承はみられない」ことを指摘していた。これは、さきほど見た、仏塔の欄楯における仏伝図の場合とまったく共通している。

どちらの場合も、最初に描かれたのは、個々のエピソードであり、それは必ずしも一人の人物の歩みとしては表現されなかった。それが、時間の経過とともに、エピソード同士が結びつけられるようになり、ついには、一人の人物の生涯を表現したものとして物語化されていったのである。

仏像の場合には、浮彫にしても、彫刻であり、文献とは異なり複数形という表現は存在しない。しかし、仏伝図が一人の人間の生涯としてまとめ上げられていなかったということは、それぞれのエピソードの主体は、すべて共通するわけではなく、複数の人物が主人公になっていた可能性が考えられる。

そこからは、特定の個人としてのブッダが最初は存在しなかったという結論が導き出されるわけだが、仏伝図においても、個々のエピソードだけが最初作られていたということは、同じことを意味している。つまり、いま、私たちは、ブッダという存在が個人としてすっかり確立された時代から過去を振り返っているために、仏伝図は一人の人物の伝記的な表現だと考えてしまう。だが、それぞれのエピソードの背景に、別の人物を想定することも可能なのである。

その点を、私たちがなかなか理解できないのは、ブッダという個人が歴史上に存在したことを前提としてものを考えるからである。その前提を外して考えるならば、仏教の発生過程は、これまでとは違ったものとして見えてくる。

ならば仏教はどのように発生したのか

もっとも古いとされる「スッタニパータ」の第4章と第5章も、一人の人物のことば、あるいは一人の人物の行った問答として考えると、矛盾があるように感じられてくる。しかし、それが複数の人物によることばや問答を集めたものであれば、そこに矛盾を見出す必要はなくなる。

最初の段階では、ブッダは特定の人物としてとらえられてはいなかった。その時代、インドに広まっていたのはバラモン教であった。

仏教は、バラモン教を背景として生み出されてきたわけで、いかに解脱するか、悟りに達するかがもっとも重要な課題となっていた。そこから、悟った人としてのブッダの観念が現れるが、その時点で、ブッダは、特定の個人をさすものではなく、悟った人を意味する普通名詞にすぎなかった。

そして、悟った人間が誕生するに至る成道の体験や、解脱をめざす前提となる出家、そして、そうした人間がもともと特別な資質をもっていたことを示す誕生などの様子が、個別に初期の仏典や仏塔の仏伝図に描き出されるようになる。この時点でも、ブッダは特定の個人とは見なされていなかった。

中村元は、ちくま学芸文庫版の『原始仏典』において、第1章を「誕生と求道」と題して、そのなかで、「スッタニパータ」を元に、ブッダの誕生、出家、降魔に触れていた。「スッタニパータ」から、この三つの事柄だけが引き出され、その後の説法や最期の涅槃については触れられていないのは、「スッタニパータ」には、まだそうした事柄が登場しないからである。

やがて、別の仏典において、涅槃というテーマも語られるようになり、個別に語られていたテーマが、一人の人物の生涯としてとらえられるようになっていく。それは、もともと一人の人物の生涯が、いくつかの出来事に分解されてしまっていたのが、その段階で統合されたというわけではない。その時点で、初めて固有名詞としてのブッダ、一人の個人としてのブッダが誕生したのである。

5 教義はどのように発展していったのか

ブッダの生涯が一つの物語となる

第3章で見たように、キリスト教におけるイエス・キリストの生涯の歩みは、最初は多くは伝えられていなかったものの、次第にさまざまなエピソードが語られるようになり、ついには福音書にまとめられた。ブッダの場合には、イエス以上に、その実在は不確かでほとんど神話的な人物と考えられるが、同じような過程をたどって仏伝が形成された。

仏伝では、ブッダの生涯はおおよそ次のようなものとして説明されている。

ブッダは、シャークヤ（釈迦）族の王子、ゴータマ・シッダールタとして生まれた。父親はスッドダーナ（浄飯）王だが、母親とは誕生直後に死別している。

成長した釈迦は16歳のときに結婚し、一人男の子をもうけたが、人間にとって必然的な生老病死にまつわる苦の問題に深く悩み、29歳のときに、世俗の生活を放棄し、家族を捨てて出家する。釈迦は、苦行者の一人になったわけである。

出家した後の釈迦は、師匠について学び、苦行を実践した。その苦行によって、激しく衰弱したものの、こうした行いによっては解脱に至ることができないと考え、苦行を中止する。そして、菩提樹の下で瞑想に入る。それが釈迦の悟りに結びつき、覚醒した者として「ブッダ」と呼ばれるようになる。

その後ブッダは各地を遊行してまわり、自らの悟った教えを説いていった。その旅は、最終的に45年もの長きにわたり、最後は、故郷にいたる途中にあるクシーナグルという場所の沙羅双樹の下で亡くなった。それは「入滅」、あるいは「涅槃」と呼ばれ、輪廻のくり返しを脱して永遠の眠りについた点で、最終的な教えの完成として解釈されている。

仏教において根本的なことは、ブッダの悟りの体験である。一神教の世界では、これまで見てきたように、神によるメッセージが決定的に重要な意味をもつ。仏教にも、神は登場するものの、それは創造神でもなければ、唯一絶対の神でもない。少なくとも一神教の神と同列に扱うわけにはいかない。仏教では、ブッダの悟りというこころの中の変化が出発点になっている。悟りの内容は高度なものとされるが、何らかの手段を経ることによって仏教の信者はそこに到達できるとも考えられている。

仏典とはブッダの悟りのさまざまな解釈

ブッダが入滅した後の仏教の発展は、ブッダの悟りの体験をどのようなものとしてとらえるか、そこでブッダは何を得たのかをめぐる解釈の違いに基づいていた。その際には悟りに至る方法が重要なものとなり、後世の仏教徒は、どうやったら悟りに近づけるのか、個々にそれを開拓していくことになる。

その解釈の記録が、その後無数に作られた仏典である。仏典を集めたものは、大乗仏教の場合、「一切経」ないしは「大蔵経」と呼ばれる。現在日本で一般的に用いられている『大《たい》正新脩大蔵経《しょうしんしゅうだいぞうきょう》』の場合には、全100巻に及んでいる。しかも、各巻は平均で1000頁あり、各頁3段組である。

古代から日本に伝えられた仏典は、漢訳の大乗仏典である。大乗仏典は、もともとはサンスクリット語で書かれ、インドで作られたものである。これに対して、「スッタニパータ」

などはパーリ語で書かれている。こちらは、原始仏典、あるいはパーリ仏典と呼ばれる。これもインドで作られたものである。

これとは別に、「偽経」と呼ばれる仏典が存在する。これは中国や朝鮮半島、日本など、インド以外で作られた仏典のことを言う。しかし、だからといって、インドで作られた仏典が、パーリ仏典にしても、大乗仏典にしても、ブッダの実際の教えに基づいているわけではない。ブッダが亡くなってから、相当の年月が経ってから作られたものだからである。その意味では、どの仏典も偽経である可能性がある。

明確に聖典が定められている宗教においては、信仰の堕落といった事態が起こったときには、原点としての聖典に戻ろうとする試みがなされる。「聖書に帰れ」あるいは「コーランに帰れ」といったスローガンが叫ばれるわけである。

だが、仏教では、そうした言い方は意味をなさない。仏典に帰ろうとしても、どれに回帰すべきなのか。それは、それぞれの宗派や個人によって違ったものになってしまう。したがって、仏教においては、「正統」と「異端」との区別は成り立たない。その点では、仏教はキリスト教と根本的に異なっている。

ブッダの教えが「結集」によってまとまる

伝説では、ブッダが涅槃に入った後、その教えは弟子の間で記憶され、口頭で伝えられていた。やがて教えを信奉する人間の数が増え、さらには教団が組織され、地域的にも拡大していくと、教えを文字で書き著す必要が出てきたとされる。そこで行われたのが「結《けつ》集《じゅう》」という試みで、弟子たちが集まり、記憶に基づいて師の教えを披露し、それを比較して精査した上で、教えが一つにまとめられていった。結集は何度か開かれたとされる。

ブッダとその直弟子たちが活動していたとされる地域から考えると、結集の際には北インド東部に広まっていたマガタ語が使用されたものと考えられるが、マガタ語の仏典は現存しない。その後、教えは西方に伝えられ、その地域で用いられていたパーリ語で仏典が編纂されるようになる。

インドでは、他の文明圏とは異なり、歴史を記述するということに対して関心が払われていなかった。そこには輪廻の思想が関係している。輪廻のくり返しが前提なので、現世での出来事についての関心は希薄なのである。したがって、ブッダが一体いつ生まれ、いつ涅槃に入ったのか、仏典には何も記されていない。ほかにも歴史的な史料は存在しない。基準になるのは、すでに述べたアショーカ王が石などに刻ませた碑文である。

これについては年代が明らかになっており、それに基づいて、ブッダの歩み、あるいはその後の仏教にまつわる出来事が起こった年代が推測されている。

しかし、その後のことになると、また年代を明らかにする史料がなくなってしまう。したがって、仏教の歴史を、年代を追って記述することは難しく、仏典の成立年代もほとんど分かっていない。専門家の書物や論文を見ても、最近になればなるほど、年代を明らかにしないものが増えているという印象を受ける。

したがって、断定はまったくできないのだが、ブッダの入滅後100年から200年が経って「大衆部《だいしゅぶ》」と「上座部」への分裂が起こったとされ、それまでの時代の仏教が「初期仏教」あるいは「原始仏教」とされる。

その後、大衆部と上座部それぞれの内部の分裂を経て、大乗仏教の運動が勃興することで、仏教は大きな変容を遂げたとされている。

初期仏教が説いた「世界は無常」「自己は無我」

初期仏教の特徴は、「スッタニパータ」にも示されているように、バラモン教の「ウパニシャッド」に描かれたような壮大な宇宙論には関心が寄せられず、もっぱら人間のこころのあり方を問題にしたことにある。

人間のこころに生じてくるのが各種の「煩悩」であり、その煩悩にとらわれることで、人は「苦」を感じることになる。人が生きることが必然的に苦を伴うという認識は、仏教に限らず、インドに生まれた宗教全般に共通する基本的な考え方であり、さらにその苦は、前の章で述べたように、輪廻のくり返しがもたらす苦にも結びついていく。

バラモン教では、苦行を通してその苦を克服していく必要が説かれ、ブッダも出家後の修行時代には、この苦行を実践した。だが、仏教では、苦を感じる主体である自己という存在を、実在を伴わない「無我」としてとらえることで、苦やそれを引き起こした煩悩が消え去るという立場をとる。苦を感じる主体がそもそも存在しないなら、苦などあり得ないというわけである。

そこには、世界が固定化されたものではなく、生起と消滅とをくり返しており、根本的に「無常」であるという認識がある。無常であるなら、物事が永遠に続くと考えるのは愚かなことで、それにとらわれていてはならない。それは自我、あるいは個我についても言えることで、無我と無常とは一体の関係にある。

本来、世界は無常で、自己は無我であり、苦を感じる必要はないはずなのだが、ではなぜ煩悩が生じてくるのだろうか。その点については、初期仏教において、「十二縁起」ないしは「十二因縁」の説によって説明されている。

人はなぜ苦しみから逃れられないのか

十二縁起は、無明から発して、諸行、識、名色《みょうしき》、六入《ろくにゅう》、触《そく》、受、愛、取、有、生、老死へと進んでいくが、その最後にある老死の果てに苦が生じると考えられている。つまり、人間が苦を感じるのは、老いて死ぬという現実があるからで、なぜ老死があるかと言えば、それは人間が生を得るからにほかならない。

このように、十二の縁起を順にたどっていくならば、最終的には、無明、つまりは根本的な無知にたどりつく。つまり人間は、本質的に無常であり、無我であるという事実を理解していないために、苦を感じてしまうのだとされるのである。

十二縁起とならんで、初期仏教の教えのもう一つ重要な柱になるのが、「四諦八正道《したいはっしょうどう》」である。四諦の諦は、真実を意味し、これは苦諦、集諦《じったい》、滅諦、道諦の4つからなる。人間が迷うのは苦があるからで、その苦は煩悩によって生じ、煩悩がなくなった状態が仏教の求める理想の境地であり、そのための方法があるというのが四諦の意味するところである。

そして、苦を滅する具体的な方法として示されるのが八正道である。それは、正見、正思、正語、正業、正命、正精進、正念、正定からなる。正しく物事を見て、正しく考え、それを正しくことばにして表現し、正しい振る舞いを実践し、正しい生活を実現し、正しい努力を行い、正しい心遣いを示し、正しい精神統一を行うべきだというのが八正道である。

「空」の思想の理論化を経て大乗仏教へ

初期仏教の教えは、過激な苦行にも行き着かないし、反対に快楽主義にも堕しない。そのため、両者の中間を行く「中道」であるととらえられる。

しかし、こうした初期仏教の中道の教えに満足せず、よりダイナミックな教えを説くことになったのが、大衆部と上座部への分裂後に登場する大乗仏教の運動である。大乗仏教の出現は、ブッダの入滅後700年が経ってからのこととされる。大乗（マハーヤーナ）という言い方は、上座部のなかでもっとも有力な勢力となった「説一切有部《うぶ》」を小乗（ヒーナヤーナ）として批判したところに成立したもので、大衆部や上座部の側には自分たちを小乗としてとらえる意識はない。それは、東南アジアに伝わった今日の部派仏教においても共通する。

大乗仏教の立場からの初期仏教、部派仏教に対する批判が明確に示されているのが、日本ではもっともなじみのある仏典、般若心経である。般若心経では、すべては空であるという点が明確に主張されているが、その過程で、十二縁起や四諦八正道を空とし、それが実在しないという立場をとる。般若心経を含む般若経は大乗仏教の先駆をなすもので、空の思想を特徴とする。空の思想の理論化をはかったのが、150~250年頃に登場する龍樹（ナーガールジュナ）である。

大乗仏教の主要経典

大乗仏教の仏典である大乗経典のなかには、こうした般若経のほかに、主なものとしては、維摩経、華厳経、浄土経典、法華経、涅槃経などが含まれ、多様な教えが説かれていく。

維摩経の主人公である維摩（ヴァイマラキールティ）は、在家の長者で出家していないが、仏教の教えには深く通じていて、釈迦の直弟子たちをも言い負かしてしまう。そこには、在家の立場を重視する大乗仏教の特徴が示されている。

華厳経は正式な名称を大方広仏《だいほうこうぶつ》華厳経と言う。この仏典では壮大な宇宙観が展開され、奈良東大寺の大仏となった毘盧遮那仏《びるしゃなぶつ》が本尊として登場するものの、後世における思想的な影響はそれほど大きくはない。

日本では、「浄土三部経」という言い方があり、無量寿経、観無量寿経、阿弥陀経をさすが、この三つを選んだのは法然である。しかも観無量寿経は中国で成立した可能性が高い。こうした点に示されているように、浄土経典を元にした浄土教信仰はインドよりもむしろ中国や日本で盛んになる。

法華経は、大乗仏典のなかでももっとも重要で、その影響力も大きい。したがって、その信奉者からは、「諸経の王」といった言い方もされる。それも、法華経を護持しさえすれば、あらゆる衆生が救われるとする強烈な主張が展開されているからである。

涅槃経は、いくつかの種類があり、初期仏教の経典のなかにも含まれるが、大乗に属する大般涅槃経では、大乗の教えを誹謗する者を厳しく批判している。この考え方が後に影響を与え、排他性をもつ仏教思想を生み出していく要因となった。

宗派の違いとは依拠する仏典の違い

このように、それぞれの大乗仏典で説かれた教えは、他の仏典で説かれた内容とは必ずしも重なっていない。したがって、どの仏典に依拠するかによって、多様な思想的立場が生まれ、それがさまざまな宗派を生み出す大きな要因となった。

大乗仏教が生まれることで、仏教の世界は広がりを見せ、さまざまな思想や教えが展開されるようになった。どの大乗仏典も、「如是我聞」という形で始まるが、それは「私はブッダの教えをこのように聞いた」という意味である。だが、ブッダの教えは明確ではないし、これまで見たように、その実在からして不確かである。

したがって、仏教を、ブッダの教えから発している宗教であるととらえると、大きな矛盾に直面することになる。ブッダの教えを明らかにすること自体が不可能だからだ。これは、仏教の場合に原点に回帰する原理主義的な主張が意味をなさないことを示している。

仏教は、ブッダの教えに発しているというよりも、ブッダの悟りという体験を探っていく多様な思想的、哲学的な試みとしてとらえるべきだろう。社会学者の橋爪大三郎は、『仏教の言説戦略』(勁草書房)のなかで、仏教とは、ブッダの悟りを探っていく「言語ゲーム」としてとらえている。

人間の救済の役割を担う如来と菩薩

大乗仏教全般に共通する点は、「衆生」と呼ばれる人間を含めた生類の救済が重視され、その役割を担うものとして「如来」や「菩薩」が信仰の対象とされたことである。

如来は悟りを開いた存在であり、そのモデルはブッダであった。如来には毘盧遮那仏、薬師如来、阿弥陀仏、弥勒仏などがあり、それぞれが特有の役割を果たすようになる。

毘盧遮那仏についてはすでに触れたが、薬師如来は仏像として表現された際、左手に「薬壺」を持つところに示されたように、病を癒やすなどの働きをすると考えられている。

阿弥陀仏は、西方極楽浄土に住まうもので、浄土教信仰では信仰の対象となっていく。

弥勒仏は未来仏で、ブッダの入滅後56億7千万年後に兜率天《とそつてん》から地上に降りてきて、ブッダによって救われなかった人々を救うと考えられた。そこからは、弥勒仏が一刻も早く地上に現れることを願う弥勒信仰が生まれた。

如来がすでに悟りを開いた存在であるのに対して、その一歩手前でとどまり、現実の世界において人々の救済にあたるとされるのが菩薩である。弥勒仏は弥勒菩薩と言われることも多く、ほかに数多くの菩薩が存在するが、なかでも広範な信仰を集めてきたのが観世音菩薩、観音である。観音菩薩は、その姿をさまざまに変化させるところに特徴があり、そこから「変化《へんげ》観音」と呼ばれる。変化観音には、聖観音、千手観音、十一面観音、不空羂索《けんさく》観音、如意輪観音、馬頭観音などがあり、多くの観音像が作られてきた。観音信仰を伝える仏典が、法華経の第25章に相当する観音経である。

観音が変化したり、千手観音のように数多くの手をもつのは、あまねく衆生を救うためであるとされる。如来や菩薩のほかにも、不動明王に代表される明王や、梵天、帝釈天、吉祥天などインドの宗教に由来する存在が、信仰対象となってきた。

一方、大乗仏教の思想的な展開にもっとも貢献したのが龍樹で、空の思想を集大成し、あらゆる存在や物が相互依存の関係の上に成立していることを説いた「中論」は、大乗仏教史上もっとも重要な書物となり、数々の注釈書が編纂された。

「如来蔵思想」「唯識」で思想的に大きく発展

その後の大乗仏教の思想的な展開としては、如来蔵思想と唯識という二つの考え方を生んだことがあげられる。

如来蔵思想のなかで強調されるのが、「仏性《ぶっしょう》」の考え方である。救済の対象となるあらゆる存在は、そのなかに将来悟りを開いて仏になる種を宿しているとされた。涅槃経には、

「一切衆生悉有仏性《いっさいしゅじょうしつう》」ということばがあり、これは、いかなる存在であろうと、そしてそれが、たとえいかなる悪行を犯していようと必ず救われるとする考え方である。

大乗仏教におけるもう一つの思想的発展が唯識になるわけだが、これは、すべての存在はこころに発しているとする唯心論的な考え方である。唯識説では、こころの根底に、「阿頼耶識《あらやしき》」を想定し、そこにあらゆる存在を生む種子が内蔵されているとした。この阿頼耶識は、精神分析学で説かれる無意識に対応すると現代では考えられ、唯識説は先進的な心理学の理論としても注目されている。

そして、唯識の考え方においては、こころを統御するためにヨーガが実践された。そのため、「瑜伽《ゆが》行《ぎょう》唯識学派」とも呼ばれた。ヨーガは、前の章で見たように、バラモン教のなかから生み出されたもので、仏教がそれを取り入れたことは、バラモン教、ないしはその後のヒンドゥー教と仏教とが習合し、融合していく可能性を示唆している。それは、密教という新しい実践を生むことにつながったが、インドにおける仏教の衰退、そして消滅ということにも結びついた。それについては、次の章で述べることになる。

第8章

ヒンドゥー教はいかにして仏教を駆逐したか

——インド宗教の展開

1 ヒンドゥー教とはどのような宗教か

弱体化したバラモン教は形を変えヒンドゥー教へ

仏教が勃興した時代には、同じようにバラモン教を批判する形でジャイナ教などもその勢力を拡大した。ジャイナ教の開祖はマハーヴィーラで、彼はブッダと同時代の人物である。ジャイナ教ではマハーヴィーラの前に23人の先駆者がいたとされるが、ブッダと同様に、その生涯について、分かっていることはほとんどない。

マハーヴィーラは、ブッダが出家した後に苦行を行ったものの、それでは悟りに至らないと途中で苦行を中止したのとは異なり、苦行を継続し、それで悟りに達したとされる。

その教えは、生き物を殺さない不殺生など、仏教における五戒に似た戒律を厳格に守り、八正道のなかに含まれる正見などを実践せよというものである。

その点で、ジャイナ教は、初期仏教とかなり似ている。どちらの宗教も経典や聖職者を絶対視することなく、清貧の生活を続けることに価値を置いたのである。

ブッダの場合、前の章で見たように、実在せず、仏伝が形作られるようになることで、歴史上の一人の人物、偉大な宗教家であるという物語が作り上げられていった。あるいは、マハーヴィーラの場合にも、同じ過程をたどり、それによってジャイナ教の開祖と位置づけられていったのではないだろうか。仏教とジャイナ教の開祖についての物語や説いた教えが相当に似ているのも、古代のインドにおいては、悟りを開き、教えを説く人物が待望されていたからである。

ジャイナ教では、1世紀末に裸行の実践を続けようとする裸行派と着衣を認める白衣派に分かれたとされる。これも、初期仏教において大衆部と上座部へ分裂したことと似ている。だが、ジャイナ教には、大乗仏教のような革新的な思想は生まれず、仏教ほどの多様な発展を示すことはなかった。

インドでは、仏教やジャイナ教が広がりを示したことで、それ以前に存在したバラモン教は劣勢に追いやられた。その後しばらくは仏教の全盛時代が続く。仏教において仏像が誕生したことは、利益を与えてくれる仏を崇める信仰を生み、それが庶民層にまで広がるきっかけとなった。ただし、大乗仏教の哲学は体系的で壮大である分、難解で、その面では、一般の民衆の要求から遊離していくこととなった。

それに対してバラモン教には、民衆に広まった民間信仰を取り入れ、それを再組織化していく動きが生まれるようになる。それがやがてバラモン教とは区別されるヒンドゥー教の誕生に結びついていくこととなり、ヒンドゥー教は仏教を凌駕するようになっていく。

ただし、ヒンドゥー教の成立にあたっては、仏教の影響があった。バラモン教においては、バラモンの営む祭祀が中心であり、神像は作られなかった。ところが、仏教では、ギリシア文化がインドに浸透してくることによって仏像の制作が盛んになり、ヒンドゥー教の段階になると、神像が盛んに作られるようになる。

一神教の世界では、キリスト教という例外はあるものの、基本的に神の超越性を強調するために、神の像を作らず、偶像崇拝の禁止が徹底される。神像を作るということは、同じく像として作られた他の神々と同一の地平で競合することを意味し、多神教に接近していく危険性があるからである。神像の制作が盛んになることで、ヒンドゥー教は多神教としての性格を明確にしていった。今日のヒンドゥー教においで見られるおびただしい数の神像は、仏教という刺激が加わることによって引き起こされた事態だったのである。

ヒンドゥー教で信仰を集めた三つの神

ヒンドゥー教の段階になると、主に三つの神が信仰を集めるようになっていく。その三つの神とはブラフマー、ヴィシュヌ、そしてシヴァである。

最初のブラフマーは、ヴェーダ時代の聖典や「ウパニシャッド」などで説かれた宇宙の根本原理であるブラフマンを人格化したものである。ブラフマンは中国仏教では「梵」と漢訳され、ブラフマーも「梵天」と訳された。ブラフマンは男神で、宇宙の根本原理を司ることから、インドの多様な神々のなかでも最高神とされ、創造神としての役割を担うようになる。ただし、その後、これから述べるヴィシュヌやシヴァが台頭してくるにつれ、その地位は低下し、エリアーデの言う「暇な神」への道をたどることになる。

ヴィシュヌは、ブラフマンが創造した世界を維持する役割を担ったが、やがてはブラフマンを凌駕し、ヒンドゥー教の主神に上り詰めていく。

一つ重要なことは、ヴィシュヌが「化身」をもつことである。化身は神が地上にその姿を現したものだが、ヴィシュヌの主な化身となったのが、「マハーバーラタ」に登場するクリシュナと、「ラーマーヤナ」のラーマである。ともに叙事詩のなかの英雄だが、人の姿をとることにより、ヴィシュヌはブラフマンがもたない具体性をもつことになった。

もう一つ重要なのは、ヴィシュヌを信仰対象とする宗派の形成である。背景には、西暦の紀元前後に盛んになる「バクティ運動」がある。バクティとは信愛、献身、あるいは盲信とも訳されるが、一つの神をもっぱら信仰の対象とするもので、ヴィシュヌ神への信仰からは「ヴィシュヌ派」が生まれた。ヴィシュヌ派は中世において盛んになっていく。

ヴィシュヌ派とともに、ヒンドゥー教の宗派として大きな影響力をもったのが「シヴァ派」であり、その信仰の対象になったのがシヴァである。

最重要となったシヴァ神とその家族神たち

シヴァの先駆となったものは、アーリア人が信仰していた嵐と雷の神、ルドラであり、この神は破壊の役割を担っている。破壊といっても、一神教で説かれる最後の審判とは異なり、世界の全面的な終焉を意味するものではない。破壊は、あくまで新たな創造の前提として必要なことだった。そして、シヴァ神は、さまざまな神と結びつき、多くの役割を引き受けることで、ヒンドゥー教のなかでもっとも重要な神となっていく。

シヴァの像は、ほかのヒンドゥー教の神像がそうであるように、多様な形態をとる。もっとも名高いのが炎の輪の中で片足をあげて4本の手で踊っているものであり、それは「ナタラージャ（踊りの王）」と呼ばれる。ヒンドゥー教を一つのシンボルで表現する際には、この「踊るシヴァ像（ダンシング・シヴァ）」が用いられることが多い。

シヴァの妻がパールヴァティーで、女神として信仰の対象になった。シヴァとパールヴァティーの間に生まれた子が、象の頭のガネーシャと軍神のスカンダである。ガネーシャは、商売や学問の神として庶民の信仰を集めてきた。スカンダは、仏教に伝えられることで韋駄天となった。

ヒンドゥー教の神々は、神話的な家族関係や化身の原理などを通して、お互いに融合したり、新たな性格の神を生み出すことによって、多神教的な世界を形作っていった。シヴァは、そのなかでもとくに重要な役割を果たすようになり、数多くの派に分裂していくシヴァ派という信仰組織を生み出していくことにはなるが、一神教における創造神のような絶対的な地位を確立するまでには至らなかった。

性的な力と聖牛の重要視

ヒンドゥー教においては、輪廻や業などバラモン教からさまざまな宗教的観念を受け継ぎ、さらには仏教などの影響を受けつつ、その新たな組織化、体系化を推し進めていくことになる。そして、宗教的な実践としてはヨーガが重視されるが、2世紀から4世紀にかけてはその経典となる「ヨーガ・スートラ」がパタンジャリの名のもとに編纂される。

こうしたヨーガとも深く関係するのだが、シヴァ派のなかでは、次第にシャクティ（性力）に対する信仰が確立されていく。宇宙の誕生からその成長の過程を性的な行為になぞらえて理解することは、他の宗教にも見られることで、男性原理と女性原理が融合することで、この世界が形成されたという解釈がとられることが少なくない。日本の神話における伊邪那岐命と伊邪那美命の国生みなども、その一例である。

ヒンドゥー教では、それがヨーガの技法と結びつけられた。身体に眠っている性的な力、クンダリニーを覚醒させ、身体の各所にあるチャクラを開いていくことで、解脱を果たしたり、神秘的な力を身につけることができると考えられるようになる。これは、ヒンドゥー教独自の技法ということになるが、やがて仏教にも影響を与え、密教の形成を促した。

もう一つヒンドゥー教に特徴的なこととしては、牛が信仰の対象になっている点があげられる。牛はシヴァの乗り物とされ、ヒンドゥー教徒は牛を食べたりはしない。

なぜ牛がヒンドゥー教において神聖視されるようになるのか、その起源や経緯は必ずしも明らかになっていない。バラモン教の聖典の一つである「リグ・ヴェーダ」には、財産としての牛が、羊や山羊とともに供儀の対象になったことを示す記述があり、食用にもされていた。ところが、新興の仏教やジャイナ教において、殺生が禁じられるようになると、牛を食べなくなり、逆に神聖視されるようになった。神話の「マハーバーラタ」では、シヴァが「牛飼い(の主)」とも呼ばれるようになり、天地創造の際に生まれた豊穣の牝牛であるカーマデーヌなどに対する聖牛崇拝が見られるようになった(小磯学「ヒンドゥー教における牛の神聖視と糞の利用」『砂漠研究』25-2)。

宗教の世界には、神の命令、指示によって特定の食物をとらない「食物禁忌」が存在する。ユダヤ教やイスラム教において豚が禁忌の対象となっていることはよく知られている。豚は穢れたものであるがゆえに食物から外されているのに対して、ヒンドゥー教では牛が神聖であるがゆえに禁忌の対象になっているのである。

2 インドの仏教はいかに消滅していったか

ヒンドゥー教の影響で仏教は神秘主義へ

バラモン教を基盤にヒンドゥー教が形成されていくことで、仏教はしだいに劣勢に立たされていくことになる。そうした状況のなかで、仏教の再興を図るために、ヒンドゥー教の信仰を取り入れて形成されたものが「密教」である。密教は、神秘主義的な仏教の教えであり、秘密仏教や真言密教とも呼ばれ、密教の誕生以降、一般の仏教である「顕教」とは区別されるようになる。

仏教は、初期仏教から部派仏教、大乗仏教へと発展していったが、密教は大乗仏教の最終的な段階で登場した。とくに密教の形成に大きな影響を与えたのが、ヒンドゥー教において、シャクティ（性力）の信仰を背景に生まれた「タントラ」と呼ばれる聖典の誕生で、それは5、6世紀に始まるとされる。

タントラの考え方に影響され、仏教の世界でも、多面多臂の仏像が作られるようになり、不動明王などの明王像や十一面観音などの観音像が作られていった。そして、密教の経典が編纂されるようになり、その体系化が推し進められる。密教の儀式においては曼荼羅が用いられるが、その登場は7世紀頃と言われる。

仏教における密教の展開は、初期、中期、後期の三期に分けられる。初期密教は、「雑密」とも呼ばれるが、それは、体系化がまだ十分に進められる前のもので、真言や陀羅尼といった呪文を唱えるだけの素朴なものであった。

本格的な密教の確立は、中期密教になってからである。中期密教においては、密教の信仰を体系化することに貢献する大日経や金剛頂経といった密教特有の経典が編纂されるようになった。中国や日本にも、この中期密教が伝えられた。

一方、インドではその後も密教はさらなる展開を続け、ヒンドゥー教の性力に対する信仰を積極的に取り入れることで後期密教が形成されていく。後期密教は、中国や日本にはほとんど伝えられず、チベットなどに伝えられた。

後期密教においては、ヨーガの技法が活用され、男性原理と女性原理の融合を象徴する男女合体の歓喜仏が信仰の対象となっていった。同じ密教でも、中国や日本の密教と、色彩豊かで官能的なチベットの密教とではその内容が大きく異なっている。

密教はやがてヒンドゥー教と融合

仏教がヒンドゥー教を取り入れ、密教を形成したことは、その勢力を盛り返す上で効果的なものであった。密教では、現実を変える神秘的な力を発揮することができると説かれ、そのための具体的な方法を提示することができた。密教では、特異な儀礼や修行の方法が発展し、それが利益を実現するために活用されたからである。

初期仏教は、煩悩から解放された生活を営むことを目的とした信仰であり、中道ということばに象徴されるように、穏健な信仰であった。

大乗仏教になると、壮大な宇宙論が展開されるようになり、哲学的な理論が深められていった。なおかつ、法華経がそうであるように、あらゆる人間の救済の可能性が説かれるようになる。ただし、その内容は観念的なものにとどまり、必ずしも具体性をもっていなかった。

仏教において密教が発展するのも、それと関連し、密教は神秘的な儀礼や修行の方法を開拓することで、仏教信仰に現実を変容させる力を与えることに成功する。けれども、密教はヒンドゥー教から多くのものを取り入れることで成立したものであり、その点で、二つの宗教が接近し、やがては融合していくことは避けられなかった。

仏教がその誕生の地、インドから消滅していった原因としては、一般的にはイスラム教徒のインドへの侵入といったことがあげられるが、根本的には、仏教がヒンドゥー教にあまりに接近し、その区別がつかなくなったことが大きく影響した。

仏教が空の立場を強調したのに対して、ヒンドゥー教では、あくまで物質的な側面を重視する実在論の立場がとられ、ブラフマンとアートマンの一体化を説く六派《ろっぱ》哲学などが隆盛を迎える。ただし、8世紀のシャンカラのように、宇宙の根本原理であるブラフマンは人格や属性をもたないとして、仏教の空の立場に近いような議論を展開し、仏教をヒンドゥー教のなかに取り込むことに貢献するような思想家も現れた。ブッダという存在にしても、ヴィシュヌの化身であるという解釈がなされるようになり、それを媒介にしてヒンドゥー教の枠のなかに取り込まれていった。

ヒンドゥー教は次にイスラム教と対立

仏教がヒンドゥー教に吸収されてしまった後、ヒンドゥー教と対立関係におかれたのがイスラム教である。16世紀には、イスラム王朝であるムガル帝国がインドに成立し、イスラム教の影響が強くなっていく。

ヒンドゥー教では、バラモン教がそうであるように、強固な身分制度である「カースト（ヴァルナ）」の存在が前提とされる。カースト制度では、祭司としてバラモン、戦士としてのクシャトリヤ、平民としてのヴァイシャ、奴隷としてのシュードラが区別され、さらにカースト制度の枠の外に「不可触民」が生み出された。

奴隷や不可触民は、差別からの解放を求め、仏教が勃興した時代には、あらゆる衆生の救済を説く仏教を信仰した。ところが、仏教がヒンドゥー教に吸収されていけば、そうした面は失われていく。それに代わって信仰を集めるようになったのがイスラム教である。

イスラム教では、唯一絶対の神を至高の存在としてとらえ、神の下で人間は平等であるという教えを展開した。しかも、仏教が基本的に出家者のものであるのに対して、イスラム教は聖と俗とを区別せず、俗人の宗教であった。そこに、仏教よりもイスラム教が広がっていく原因があったと考えられる。ムガル帝国が生まれる前、13世紀の段階で、仏教はインドから消滅していたともされる。

ヒンドゥー教は、バラモン教から生まれた仏教を吸収してしまったが、異質な宗教であるイスラム教を取り込むことはできなかった。イスラム教は、唯一神への絶対的な信仰を強調し、偶像崇拝を徹底して退ける。

それに対して、ヒンドゥー教は多神教であり、仏教の影響によって生まれたヒンドゥー教の神像が信仰の対象になっている。それは、イスラム教徒からすれば、偶像崇拝にほかならない。

そのため、根本的に性格の異なる二つの宗教が融合していくことにはならなかった。

多神教国家と一神教国家に生まれた衝突

ヒンドゥー教とイスラム教は常に対立関係におかれ、ついにはイスラム教の国家であるパキスタンとバングラデシュのインドからの独立という事態を生む。さらには、武力を伴った衝突もくり返されてきた。

しかも、インドには、多くのイスラム教徒が残っている。信者の数で、インドは、インドネシア、パキスタンに次ぐ、イスラム大国なのである。

ヒンドゥー教は、経済的な発展が著しい現代のインドにおいても、生きた信仰として機能しており、多くの神々が信仰の対象となるとともに、各種の儀礼や祭、占いなどが実践されている。出家して修行に専念する「サドゥー」と呼ばれる苦行者も多く、立ち続けたり、爪を伸ばし続けるなど特異な修行を売り物にしていたりする。

あるいは、インドの独立に貢献したマハトマ・ガンジーは、「非暴力」の思想を掲げたが、その思想は、ヒンドゥー教において重視される不殺生の考え方に基づいている。

また、ヒンドゥー教の下でも、バラモン教以来のカーストが存続するなど、その封建的な性格が問題になってくる。

さらに現代においては、イスラム教原理主義に対抗する形でヒンドゥー教原理主義が台頭するなど、新たな問題も生まれているのである。

第9章

中国の諸宗教はどのように展開したか

——民衆の宗教需要と仏教

1 儒教と道教は宗教といえるか

「天」はあるが創造神はいない

中国には、固有の宗教として儒教と道教が存在する。ともに古代に生まれ、現代にまで受け継がれている。儒教には、孔子という開祖がいる。道教にも、老子という開祖がいる。孔子のことばは論語という聖典に記され、一方、老子の教えは道徳経に記されている。道徳経は老子とも呼ばれる。

道教では、老子とともに、荘子が創始者と見なされており、二人の名前から道教の思想は「老荘思想」とも呼ばれる。孔子や老子は紀元前6世紀、荘子は紀元前4世紀から3世紀の人物とされるが、その歴史性にかんしては、他の古代の宗教家、たとえばブッダの場合と同様に確かなことは言えない。

儒教と道教には開祖と聖典があり、その点では宗教としての十分な資格を備えている。だが、この二つを宗教としてとらえていいものなのかどうか、判断は分かれてきた。

それは、どちらにおいても、教師や信者によって構成される教団や、聖職者と言えるような専門の指導者が存在しないからである。道教の場合には、後の時代に教団が組織されるようになる。2世紀の太平道や五斗米道である。だが、それ以降、道教の信者の多くが教団に組織されるという形にはならなかった。道士という専門家も生まれたが、神秘主義的な実践を行う民間の宗教家という範囲を出ることはなかった。

また、儒教は「儒家」、道教は「道家」と呼ばれることも多く、それぞれが思想の系譜、あるいは思想家集団と見なされることも少なくない。さらに、儒教や道教の信仰をもつということがいかなることなのか、入信するための形式が必ずしも明確ではなく、その点でも宗教としてとらえることが難しい。

それも、中国人特有の世界観が影響している可能性が考えられる。儒教には「天」の観念がある。だが、天にあって人間に対して強い影響を与える神といった存在は想定されない。創造神話は存在するものの、世界全体を無から作り上げる創造神の観念は欠けている。儒教が関心を寄せるのは、あくまで現世であり、現実の世界なのである。

道教では、陰陽五行説に基づく宇宙観が説かれ、神仙や鬼などの実在が想定されてはいるものの、その主たる関心は現世利益の実現におかれており、現実を超越した世界への関心はやはり薄い。

儒教にしても道教にしても、一方では哲学や思想、倫理としての側面が強く、もう一方では民間信仰的な側面が強い。宗教の本質をなすともいえる超越性には乏しいのである。

天の思想を体系化した孔子

中国では、紀元前17世紀というかなり古い段階で殷王朝が樹立され、独自の文明が花開く。その時代には、天空神に対する信仰が生まれ、祖先神も信仰の対象になっていた。そして、天命によって王座についた王は神聖な存在と見なされ、王に十分な徳が備わり、正しい政治を行うならば、世界の秩序は保たれるといった考え方が確立されるようになる。

そうした中国文明の思想を背景に、それを体系化したのが孔子であったとも言える。孔子は、宗教体験を通して神のメッセージを伝えたり、自ら修行して悟りを開くといった経験をしたとは伝えられておらず、その点で宗教家と言うよりも思想家であり、むしろ道徳家としての側面が強い。ただ、論語にまとめられたその教えは高い精神性をもつもので、伝統的な天空神や祖先崇拝を否定せず、むしろそれに忠実に従うことを説いた。

孔子と儒教が重視した「道」と「五常」

孔子の場合、その伝記は、司馬遷の「史記」に記されている。司馬遷は、紀元前145年ないしは135年に生まれ、紀元前86年か85年に没したと考えられている。孔子の時代と司馬遷の時代とでは400年以上の開きがある。「史記」に書かれていることをそのまま歴史上の事実として受けとるわけにはいかない。

論語にしても、果たして一人の人物の言行録であると言い切れるのかどうか、それについては疑いを持たれている。論語は、複数の思想家の教えをまとめたものだとも考えられる。その点では、ブッダの場合と似ている。

儒教においてとくに重要な概念が、「道」である。これは儒教にかぎらず中国の宗教全般の基本となる考え方であり、後にはインドから伝えられた仏教にも大きな影響を与えた。その点は、仏教が「仏道」と呼ばれていたところに示されている。道とは、天によって定められ、人がそれを実践しなければならない生き方であり、規範である。

孔子は、人が道を実践するにあたって、仁、義、礼、智、信からなる「五常」を重視した。仁とは人に対する思いやりであり、義は自己の利益にとらわれないことであり、礼は上下の関係を重視することであり、智は学問に励むことであり、信は信頼に値する行動をとることを意味する。

この五常のうち、孔子がとくに関心を寄せたのが仁である。仁は、思いやりやいつくしみを意味するわけだが、孔子は、国を治める君主は、仁を体現した「仁者」であり、「聖人」でなければならないと主張した。仁者や聖人が治めることで、国全体に道徳が行き渡り、それで社会は安定し、平和が実現されるとしたのである。

論語に示された仁の具体的な例としては、たとえば、「樊遅《はんち》、仁を問う。子の曰く、人を愛す」（顔淵22）があげられる。子が孔子のことをさすが、ここでは仁の本質が愛することに求められている。

ただし、ここで言われる愛を、現代的な意味で解釈することには問題がある。孔子はあくまで、為政者の愛を問題にしているのであり、それは政治を行うときのあるべき姿勢を示したものである。

また、「仁に当たりては、師にも譲らず」ということばもある。儒教では、仁とは別に「礼」が重視されており、師は礼の対象になるはずだが、仁は、師に対する配慮よりも優先されるというのである。ここには、いかに仁が重視されていたかが示されている。

孔子の死にはどのような意味があるか

では、儒教において、死はどのようにとらえられるのだろうか。

この点について、哲学者の和辻哲郎は、『孔子』（岩波文庫）という著作の中で、次のように述べている。

「孔子は病気の際にもそのために禱《いの》ろうとはしなかった。また疾篤《やまいあつ》きに当たって死後の備えをする弟子に対し自分は身分あるものとしてよりはただ一夫子として、門人たちの手に死ぬることを欲すると言った。ただそれだけである」

和辻は、「これが孔子の死についての比較的確実な言い伝えのすべてなのである」と述べている。論語には、孔子がいかにして亡くなったのか、その記録はまったく含まれていない。これは、創唱者であるブッダやイエスの死が重要な意味をもつ仏教やキリスト教においてはあり得ないことである。ただ、イスラム教には近い。預言者ムハンマドの死が自然死だったこともあり、イスラム教で開祖の死は格別重要視されていない。

儒教は死をテーマにしない

和辻が指摘するように、孔子は死のことについては語っていない。論語の「先進篇」には、次のような問答が記録されている。

「季路、鬼神に事《つか》えんことを問う。子曰く、未だ人に事うる能わず、焉《いずく》んぞ能く鬼に事えん。曰く、敢えて死を問う。曰く、未だ生を知らず、焉んぞ死を知らん」

これは有名な問答だが、鬼神とは死者の霊のことをさす。これに関連する箇所は他にもあり、「雍也篇《ようや》」には、「鬼神を敬してこれを遠ざく」とあるし、「述而篇」には、「子、怪力乱神を語らず」とある。孔子は、死者の霊など怪異なものが存在することは認めているものの、それについてはあえて語ろうとはしなかったというのだ。

それは、死についても同様で、生がいかなるものかも分かっていないのに、経験もしていない死がどういうものか、それが分かるはずもないというのが孔子の立場であった。

一般に宗教は死と深く結びついている。それは、仏教やキリスト教のことを考えてみれば明らかになることである。死があるからこそ宗教が生まれた。そうした主張さえ展開されてきた。その点では、死を視野に収めていない儒教は特異な性格を示している。この点が、儒教が宗教と見なされない一つの原因になっている。

「目上の人を敬う」という新しい価値観

儒教には「孝」という観念がある。これは、一つの徳目としてとらえられており、類似のものとしては「悌《てい》」がある。孝が親に従うことであるのに対して、悌は兄や年長者に従うことである。「孝悌」という表現もよく使われる。要は、自分よりも立場が上の人間に対して忠実に従うことが勧められているのである。私たちは、こうした儒教の孝の考え方に影響され、「親孝行」を子どもの当然の義務と考えているが、人間の間に上下の関係があるという認識は、必ずしもすべての文化に共有されているわけではない。

イスラム教が広まった地域では、神が絶対視され、それに比較して人間は誰もが平等であるという感覚が強い。日本では敬語が発達していて、自ずから上下の関係に配慮することになるが、それは、元をたどれば儒教が背景になっている。

論語の「子路篇」には、「父は子の為に隠し、子は父の為に隠す」ということばさえある。これは、たとえ犯罪を犯しても、親子は、それを世間に対して隠そうとすることを指摘したものである。孝が絶対化されれば、法律さえ無視する。儒教では、それほど孝は重要な規範と位置づけられている。

ただ、この孝について詳しく述べているのは論語ではなく、「孝経」である。孝経は、孔子がその弟子である曽子に対して孝について語るという体裁をとっているが、作者についてははっきりしない。孔子や曽子の作ではなく、後世に作られたものである可能性が高い。しかし、その影響力はかなり大きかった。

孝経の有名なことばとしては、「開宗明義章第一」にある「身体髪膚《しんたいはっぷ》、之を父母に受く。敢えて毀傷《きしょう》せざるは、孝の始めなり。身を立て道を行い、名を後世に揚げ、以って父母を顕わすは、孝の終わりなり」や、「五刑章第十一」の「子曰く、五刑の属に三千あり。而れども罪の不孝より大なるもの莫し。君を要《おびや》かす者は上を無《なみ》し、聖人を非《そし》る者は法を無し、孝を非る者は親を無す。此れ大乱の道なり」といったものがある。

孝経の「喪親章第十八」は、親を亡くしたときのことについて触れたものであり、そこでは、「孝子の親を喪《うしな》うや、哭《こく》して偯《い》せず。礼は容《かたちつくろ》う無く、言は文《かざ》らず」とか、「喪、三年を過ぎざるは、民に終わり有るを示すなり」、あるいは、「生けるに事《つか》うるに愛敬もてし、死せるには事うるに哀戚《あいせき》もてす」といったことが言われている。親の死に接して喪に服すという考え方がここにはっきりと示されている。

親に対する孝は、親が生きている間のことには限られず、親が亡くなった後も続くとされているわけである。そこから、祖先祭祀が重要視されることになる。

論語の「為政篇」には、「生には、これを事うるに礼をもってし、死には、これを葬るに礼をもってし、これを祭るに礼をもってす」とある。ここで言う「祭る」とは、めでたい祭事のことではなく、死者を供養するための儀礼のことである。冠婚葬祭の祭も、実はそうした祖先祭祀を意味し、日本では仏教の法事、法要をさしている。儒教では、個人の死ということは重要な問題としてはとらえられていないが、個人にとって一番重要な人物、とくに親の死は極めて重要な意味をもち、死後も祭祀を続けることが勧められている。

神秘主義と現世利益を志向する道教の思想

いま述べた儒教以上に民間信仰的な要素を取り入れ、神秘主義的な傾向を強く見せているのが道教である。

道教においても、その呼称が示しているように、道の観念が重視された。しかし、道教における道は、儒教におけるような規範的な意味合いはなく、宇宙の究極的な本源、本質といった意味をもっている。道徳経（老子）の冒頭では、「ことばで表現できる道は、永遠の道ではない」とされ、その神秘性が強調されている。

道教における宗教的な実践では、不老不死の霊薬を作ることや、神秘的な力をもつ「仙人」になることなどもめざされた。ただ、中国の民衆が道教に期待したのは、あくまで現世利益の実現であり、現世における苦難を取り除き、幸福をもたらしてくれることであった。そのため、道教は民間信仰を集大成したものへと発展していく。そもそも道教については、老子を創唱者とする宗教であるととらえる見方とともに、老子が唱えたのはあくまで道家という思想であり、宗教としての道教とは異なるものだという見解がある。

道教の方は、中国に土着の宗教であり、宇宙を動かす根源的な真理である「道」の存在を想定し、その道と一体化することによって不老不死を実現したり、仙人になることを志向するものであるとされる。ミルチア・エリアーデは、道教について、「道士の究極目標は、肉体的な不死を獲得することであった。不死の人（仙人）を意味する『仙』という漢字は、人と山の形からきているが、それは隠者のことをさしている」と述べている（『世界宗教史』3）。

不老不死のための方法を追求

不老不死を求めるということは、中国の道教に限られない。古代メソポタミア文明が生んだ「ギルガメシュ叙事詩」には、伝説の王ギルガメシュが、不老不死の秘薬を求めて旅に出る話がある。また、ギリシア神話では、神々は不老不死であるとされている。

神々はまだしも、人間が不老不死を求めても、それが実現されるわけもない。しかし、道教では、不老不死を実現するための具体的な方法がさまざまな形で試みられていた。

その一つとして、エリアーデがあげているのが、「生気を養うこと」(養生)である。人体は大宇宙と対応し、体の中の9つの穴を通して生気が出入りするため、それが出ていかないよう、寝ないで見張っていなければならない。

しかも、人体は三つの「丹田」に分かれていて、そこには「三尸《さんし》」と呼ばれる三匹の虫がいる。この虫が道士の生気を吸い取ってしまうので、食事に注意し、その虫を殺さなければならないとされている。これは、日本では「庚申信仰」として受容された。

道教において、仙人になることは「羽化登仙」と呼ばれ、羽が生えて仙界まで飛んでいくと考えられている。仙人は、一般に、白い髭を伸ばした老人として描かれており、その点では、人生における究極の理想を示したものと考えられる。

仙人が住む世界が「仙境」である。俗界から遠く離れた清浄な場所と考えられており、具体的には、中国の東海にある蓬莱、方丈、瀛洲《えいしゅう》の島がそれにあたると考えられてきた。

4世紀から5世紀にかけての詩人、陶淵明の「桃花源記」は、一人の漁師が、仙境と同様に理想の世界である桃源郷に迷い込む話だが、いったんそこを去ってしまえば、二度と戻ることはできないとされている。こうした点で、道教の想定する仙境は、あくまで地続きで、現実の世界のどこかに存在するものと考えられている。仙人は老人だが、仙境は死後に赴く世界としてはとらえられていない。その点では、天国や極楽とは異なる。

死後に仙人になる方法というものも開拓されていて、それは「尸解《しかい》」と呼ばれる。これは、特殊な仙術によって、死後に魂を肉体から抜け出させ、仙境へと赴かせるものである。これは、仙術を操る仙人だけに可能な方法であり、一般の人間には不可能である。

2 中国の仏教は老子が持ち帰った⁉

老子が仏教を説いたとする「老子化胡《かこ》説」

中国にインドから仏教が伝えられた時期については必ずしも明確ではないが、紀元前後のことだったのではないかと推測されている。重要な点は、仏教が取り入れられた時点では、すでに儒教や道教といった、体系性をもつ宗教思想が存在したことにある。

とくに、仏教が説く教えの内容は、道教の老荘思想と似たところをもっていた。たとえば、大乗仏教においては、空の考え方が強調され、すべてを空としてとらえることが求められる。道教には、この空と似たものとして、「無」の考え方があった。つまり、中国の人々は、仏教の空を知る前に道教の無を知っていたわけで、空を無として受け入れることができたのである。

それに関連して、「老子化胡説」というものがあった。これは、晩年の老子がインドに向かい、ブッダとなって仏教を興したという説である。文献上の初出は、後漢時代の襄楷《じょうかい》の上疏《じょうそ》（主君や上官への意見文）（１６６年）の中にあり、そこでは、「或いは言く、老子、夷狄に入りて、浮屠と為る」とある。浮屠とはブッダのことである。

この説を仏典の形にまとめたものが老子化胡経である。これは西晉《せいしん》の惠帝の時代、４世紀初期に、道士の王浮という人物が創作したもので、西域やインドへ出掛けた老子が、そうした国々を教化したとするものである。その点では、老子化胡説は、道教の側が仏教に対する優位性を強調するためのものであったことになるが、新来の仏教を根づかせるために、仏教の側が道教との共通性を示すために広めたという説もある。

老子化胡経の成立にかんしては、作者の王浮が、仏教の高僧である帛遠《はくえん》（もしくは白法祖）にやりこめられた結果、作ったものだとも言われる。中国初期の高僧たちの伝記を集めた慧皎《えこう》の『高僧伝』（吉川忠夫・船山徹訳、岩波文庫）巻一には、帛遠についての項目があり、そこでは、「王浮といつも道教と仏教の邪正について言い争ったが、王浮は何度もやりこめられたため、怒りの気持ちを抑えきれなくなって、そこで『老子化胡経』をでっち上げて仏法を誹謗した。その罪のたたりがその身に帰し、それで死後になってやっと懺悔していたのである」と述べられている。

対抗する仏教は老子を菩薩に仕立てる

そうした成立の事情があったものの、老子化胡経は、道教の側が仏教に対する優位を強調する上で重要な役割を果たした。そのため、仏教の側も、それに対抗するために、老子大権菩薩経といった経典をでっち上げた。この経自体は今日に伝わっていないが、そのなかでは、老子が実は涅槃経に登場する迦葉《かしょう》菩薩だとされている。あるいは、老子や孔子などはすべてブッダの弟子とする経典もいくつか作られた。

しかし、信憑性をもって受け入れられたのは老子化胡説の方で、それに仏教徒は恐怖を感じたらしい。そこで、この説を否定するために、盛んに老子化胡経の偽作説を主張した。南北朝から唐の時代にかけて、その問題は、道教と仏教とどちらが優位かを争う議論の主要なテーマになったほどである。

そのため、唐の皇帝である高宗は、668年に仏教の僧侶と道教の道士を宮中に呼び出し、老子化胡経の真偽を巡って対決させた。その議論では、仏教の僧侶の側が、老子化胡経が偽の経典であることを論証したのに対して、道士の側がそれに答えられなかったため、仏教側が勝利を収めた。そこで高宗は、すべての老子化胡経の焼却を命じた。

ところが、この皇帝の命令は、完全には実施されず、再び宮中で真偽を議論する機会が設けられたりした。そのときには、学者たちが、必ずしも捏造とは言えないという議論を展開したため、老子化胡説は息を吹き返した。

その後、皇帝が再び焼却を命じ、その際にはかなり徹底された。そのため、当時の老子化胡経自体はそのままでは今日に伝わっていない。それでも、元の時代には再び仏教と道教の間で論争が起こった。このように、老子化胡経は後世にまで影響を及ぼしたのである。

中国で仏教はどのように変化したか

老子化胡説は道教と仏教の対立が長く続いたことを示しているが、道教や儒教といった中国土着の宗教は、仏教の変容という事態を生むこととなった。

インドにおいては、仏教にかぎらず、現実の世界に生きることは苦として認識されていた。しかも、輪廻の思想があり、輪廻することで動物や餓鬼などに生まれ変わる可能性があり、苦はいっそう強まると考えられていた。したがって、宗教的実践の目的は輪廻から脱することにおかれ、インド仏教は現世否定の側面を強くもっていた。

ところが、中国においては、ここまで見てきたように、儒教においても道教においても、現世の価値は否定されず、いかに現世においてよりよい世を生きるかに重点がおかれていた。道教では、世俗を離れる遁世が説かれ、隠者としての宗教の側面をもつが、その際にも、現世そのものの価値が全面的に否定されたわけではなかった。

中国仏教は、インド仏教に見られる現世否定の側面をそぎ落とし、むしろ現世に生きることに価値を見出す教えを築き上げていった。あるいは、死後の生まれ変わりについても、それを苦としてとらえるのではなく、浄土に生まれ変わることをめざす来世信仰へと変容させていったのだ。

現世中心主義の代表が、唐の時代に智顗《ちぎ》によって開かれた天台宗である。智顗は、法華経をもっとも重視し、そこにこそ釈迦の真実の教えが説かれているという立場をとった。法華経は、すべての衆生の救済を強調する経典であり、現世における救いの可能性を切り開くものであった。

また智顗は、「摩訶止観」といった書物において、瞑想の技法としての禅についても説いており、中国において禅宗が確立される基礎を形作った。禅宗もまたインドにはない中国独自の宗派である。

一方、来世信仰の代表が浄土教信仰である。浄土教信仰を説いたのは、5世紀から6世紀にかけて活躍した曇鸞《どんらん》で、阿弥陀仏の住まう西方極楽浄土に往生し、成仏することを説いた。

キリスト教の場合には、イエス・キリストの教えが「福音（良き知らせという意味）」と呼ばれ、福音を広く伝えていくことが信者の務めであると考えられている。そのため、キリスト教の教えを広める「宣教」という活動が重視される。

これに対して、仏教で重視されるのは、「求法」である。求法とは、仏法を求めることである。仏教には、「弘法」ということばもあり、それは仏の教えを広めることを意味する。また、日本の日蓮が強調したように、強引な布教の手段を辞さない「折伏《しゃくぶく》」といった方法もある。だが、日本仏教にも多大な影響を与えることになる中国仏教の歴史を見てみると、それは求法の歴史にほかならないのである。

3 僧侶たちはどのように信仰を深めたか

求法の歴史は「西遊記」のモチーフに

布教とは、その宗教を信仰している人間が、未だに信仰を持たない人間に対して働きかけるのに対して、求法とは、信仰をすでにもっている人間が、その信仰をさらに深めるために実践する行為をさす。中国の僧侶たちは、求法のためにインドに向かったのである。

インドに向かった中国人の僧侶のなかには、旅行記を残している者がある。その先駆となったのが東晋時代（317〜420年）の法顕《ほっけん》である。法顕の旅行記は「仏国記」（または「歴遊天竺記伝」）と題されていた。天竺とはインドのことをさす。

法顕の旅行記はかなり貴重なもので、4世紀末から5世紀初めの法顕が訪れた各地域の状況を伝える資料にもなっている。

だが、それ以上に有名な旅行記が玄奘《げんじょう》の「大唐西域記」である。

玄奘は、玄奘三蔵、あるいは三蔵法師とも呼ばれ、中国の古典的な読み物である「西遊記」の登場人物にもなった。「西遊記」は、「大唐西域記」や玄奘の伝記である「慈恩伝」を踏まえて書かれた物語である。

玄奘は、7世紀の初めに長安に移るまで唐の都のあった洛陽に生まれた。5歳のときに母を、10歳のときに父を失う。兄が洛陽で出家したので、玄奘も同じ寺に住むようになり、そこで仏教の教えを学んだ。その後、20歳で具足戒を受けて正式な僧侶となり、さらに教えを学ぶなかで、インドに向かうことを考えるようになる。

その第一の目的は、無著《むじゃく》の説いた唯識思想を学ぶことにあった。無著という名前を聞いても、多くの人はピンとこないかもしれない。けれども、奈良の興福寺の北円堂に安置された鎌倉時代の無著の仏像は広く知られている。弟の世親《せしん》と対になったもので、この二人は、唯識思想を根幹とする法相宗を確立した人物だった。興福寺は法相宗である。

唯識思想は、すべての存在はこころに発しているとする教えで、現代で言えば、唯心論、あるいは深層心理学に近い。唯識思想は、当時の仏教界では最新の教えであり、玄奘もそれに強い関心をもった。インド国内にある仏跡を訪れることも、玄奘がインドへ向かうことを考えたもう一つの目的であった。

仏典の漢訳は日本にも伝わる

　インドから中国に仏教が伝えられて以来、さまざまな仏典がサンスクリット語から中国語に翻訳された。それが日本でも用いられてきた漢訳仏典である。ただし、初期に翻訳の作業を担ったのは、中国人の僧侶ではなく、主にインドからやってきた渡来僧たちであった。なかでももっとも名高いのが鳩摩羅什《くまらじゅう》である。鳩摩羅什は4世紀の半ばに、インド人を父に、亀茲《きじ》国の国王の妹を母に亀茲国に生まれた。亀茲国とは、現在の新疆ウイグル自治区のクチャのことである。

　鳩摩羅什は7歳で出家し、最初は阿含経や阿毘達磨仏教など、小乗の教えを学んでいた。けれども、途中から大乗仏教を学び出し、空の理論を重視する中観派に転じた。

　羅什が行った仏典の翻訳は３００巻以上にも及ぶ。主なものとしては、大品般若経、妙法蓮華経、阿弥陀経、維摩経、金剛経などの大乗経典、坐禅三昧経といった禅の経典、十《じゅう》誦律《じゅりつ》など戒律について説いたもの、中論、大智度論、成実論《じょうじつ》などの理論書があった。特に空を強調する般若系の経典や理論書の翻訳に務めた。日本で広く読まれている般若心経も、現存する漢訳のなかでは羅什訳がもっとも古い。

やがて中国で仏教が盛んになっていくことで、中国からインドへと向かう僧侶も出現する。ただし、中国からインドへと至るには、険しい高山が続く天山北路、いわゆるシルクロードを越えていかなければならず、その旅は困難を極めた。

たとえば法顕の場合には、長安を出発し、帰りはセイロン（スリランカ）から船で戻るまでに14年もの歳月を要している。同行した11名は亡くなったり、インドなどに留まったため、最終的に帰還したのは法顕本人だけだった。

玄奘の旅も、同様に過酷なものとなった。玄奘は求法の旅に出ようとするに際して、国境を越えるための許可を求めた。ところが、当時は治安が乱れ、国境の往来は厳しく制限されていた。玄奘とその一行は、国の掟を破る形で長安を旅立った。

玄奘には40名、あるいは100名の同行者があったものの、途中で猛獣に襲われたり、雪崩や急流に巻き込まれたりして、命を失い、唐に戻ったのは、玄奘のほかにはあと1名だった。玄奘自身も矢を射掛けられ、あやうく殺されそうになった。

それほど旅が過酷なものであるにもかかわらず、多くの中国の人間がインドへと向かった。それだけ、求法にかける強い情熱を持っていたことになる。

翻訳を通して「中国的」仏教が深まる

玄奘がインドから持ち帰った仏典は、その時点でほとんどが中国語に翻訳されていたが、彼は新たにそれを翻訳し直した。中国の人間がサンスクリット語から漢訳を試みたところに意義があり、玄奘の訳は「新訳」と呼ばれ、高い評価を受けた。これによって鳩摩羅什のものを含め、玄奘以前に翻訳されたものは「旧訳」と呼ばれるようになる。

玄奘が訳した経典の量は膨大で、旧訳が全部で469部1222巻であったのに対して、玄奘一人で76部1347巻も漢訳している。玄奘訳のなかには、般若心経や維摩経のように、鳩摩羅什訳をほとんどそのまま下敷きにしているようなものもあるが、中国における仏典の世界を大きく変えたことは間違いない。なお、玄奘が生前に翻訳できたのは、インドから持ち帰った仏典のおよそ3分の1に過ぎなかった。

玄奘がインドへの求法の旅を行ったのは、日本では飛鳥時代に相当する。すでに日本には仏教が伝えられ、次第に興隆するようになっていた。日本からは、遣隋使や遣唐使が中国に派遣され、そのなかには僧侶も含まれていた。これも求法の旅ということになる。

653年に出発し、翌年帰国した第2次遣唐使船には、道昭という法相宗の僧侶が乗船していた。彼は長安に赴き、玄奘から直接法相宗の教学を学んでいる。玄奘自身が、日本仏教の発展に大きく貢献したのである。

翻訳を行うということは、もともとの文章を正確に異なる言語に移し替えることを意味する。大乗仏典の翻訳は、サンスクリット語から中国語に移す作業である。

翻訳が難しいのは、翻訳の対象となった言語を使っている人々、この場合にはインドの人々の思想や考え方と、それを翻訳する中国の人々の思想や考え方に違いがあるからである。ある一つのことばを翻訳するにも、訳語としてどれを選択するか慎重に吟味しなければならない。もっとも大きな問題が生まれるのは、適切な訳語が存在しないときである。

たとえば、フランシスコ・ザビエルが日本にやってきてキリスト教を伝えようとしたとき、神を意味する「デウス」をどう日本語に訳すかで苦労した。最初は、「大日」ということばを使った。大日とは、密教の本尊、大日如来のことである。これを選ばなければならなかったのは、ほかに適切な日本語が存在しなかったからである。

そのため、当初、キリスト教は仏教の一派、仏教の新しい流れと見なされ、その分、僧侶たちからは歓迎された。ところが、ザビエルは、それではキリスト教を伝えたことにはならないと気づき、途中から、デウスを直接使うようになった。仏教と誤解されるのを防ごうとしてのことである。

明治に時代が変わるとき、日本は近代化を進めるために、欧米の先進国からさまざまなモノや制度を取り入れた。その際に、それまでの日本語では表現できないものについて、翻訳する作業が必要となった。それによって、新たな造語の作業が行われ、江戸時代までは存在しなかったことばが次々と生み出されていった。

そのなかに、「宗教」や「仏教」ということばも含まれていた。宗教や仏教ということばが、それまで日本に存在しなかったわけではない。ただ、宗教は宗派の教えの意味で、仏教も仏の教えという意味だった。そうした既成のことばが、教団組織を持つ一つの独立した信仰集団、あるいは仏教を信奉する組織という意味で明治以降に使われるようになった。

宗教ということばが存在しない時代には、神道も仏教も、さまざまに存在する宗教の一つとしてはとらえられていなかった。そうしたとらえ方は、明治以降のものなのである。

中国に仏教が伝えられ、中国人の僧侶たちがインドへ求法の旅を行っていたとき、中国にはすでに儒教や道教といった土着の宗教が存在した。中国人は、仏教をまったく白紙の状態で受け入れたわけではない。すでに儒教や道教の考え方が浸透した中国社会に、後から仏教が受容された。そこに、すでに述べたように、仏教の変容という事態が生まれた。

偽経によって定着した儀礼と教義

これは、仏教の世界での約束事ということになるが、「真経（または正経）」と「偽経」の区別がある。これを区別したのは中国の人々で、真経の方はサンスクリット語から翻訳された経典のことを言い、偽経とは中国や中央アジア、あるいは朝鮮、日本で作られた経典のことをさす。真経こそがブッダの教えであり、偽経はそれを歪めたものであるというわけだ。

もちろん、現代の考え方からすれば、真経であっても、ブッダが説いた教えをそのままつづったものではない。大乗仏典は、ブッダが亡くなってから数世紀後に編纂されたものである。その点で、真経と偽経の区別などできないはずだが、偽経というとらえ方は中国の仏教界、あるいは日本の仏教界では常識として受け継がれてきた。

偽経の代表となるものに、盆の行事のいわれについて語った盂蘭盆経《うらぼんきょう》がある。ブッダの弟子である目連尊者が、亡くなった自分の母親が餓鬼の世界で苦しんでいるのを発見し、ブッダにその解決策を求めた。するとブッダは、食べ物などを布施すれば、巡り巡って母親も救われると教える。目連はこれに従い、それが盆の行事の始まりとなる。盂蘭盆経は中国や日本でとても重要視された。

盂蘭盆経に示された考え方は、子どもが親の死後のあり方を心配し、苦しみから解放されることを願うもので、すでに述べた儒教の孝の考え方にもとづいている。

もう一つ、偽経の可能性が高いのが観無量寿経である。これは無量寿経と阿弥陀経とともに「浄土三部経」と呼ばれ、浄土教信仰の根本経典と見なされてきた。

ところが、観無量寿経については、インドで作られたことを示すサンスクリット語の原典が伝えられていない。その上、漢訳も一つだけしか伝えられていない。ほかに異なる訳がないため、インドで作られたものではなく、中国や中央アジアで作られたものではないかとも言われている。

観無量寿経が偽経であるとすると、そこからかなり難しい問題が生まれてくる。観無量寿経に注釈を加えたものに、「観無量寿経疏《しょ》」がある。これは、中国で浄土教信仰を大成したとされる善導が記したものである。この注釈書は、日本で浄土教信仰が確立されていくうえで極めて重要な役割を果たした。

いかに極楽往生を果たすのか、そのガイドブックの性格を持つ「往生要集」を著した平安時代の源信は、「観無量寿経疏」を重視した。また、浄土宗を開いた法然も、「もっぱら善導による」(「偏《ひとえ》に善導大師に依る」「選択本願念仏集」)という立場をとった。さらに、法然の弟子で、のちに浄土真宗の開祖と位置づけられる親鸞も、善導のことを高く評価した。二人が善導を評価したのは、「観無量寿経疏」の著者だったからである。

ところが、この善導の注釈書は、中国ではそれほど重視されず、注目もされなかった。にもかかわらず、日本の浄土教信仰が確立されていく上では決定的な役割を果たした。

なぜ、そうしたことが起こったのかは、中国と日本の精神風土の違いを考えなければならないが、「観無量寿経疏」には、悪人が念仏を唱える「称名《しょうみょう》念仏」によって救われるという教えが説かれている。これは、親鸞の唱えた「悪人正機」の考え方に通じており、注目されるところである。

また、中将姫が蓮の糸で織ったとされる「當麻《たいま》曼荼羅」が奈良の當麻寺に伝えられているが、そこに描かれた極楽浄土の光景は、善導の「観無量寿経疏」を元にしているともされる。「當麻曼荼羅」は、実際には蓮の糸で織られたものではなく、錦の綴織りである。実物は損傷が著しく、直接それを見ても、そこにどういった浄土の光景が描かれているのか、それは分からない。だが、いくつも複製があり、それを見ると、そこには壮麗な浄土の姿が描き出されている。日本人は、こうした浄土を描いた曼荼羅の影響もあり、「観無量寿経疏」に強い魅力を感じ、そこから浄土教信仰に強く惹かれていったのである。「観無量寿経疏」の依拠した観無量寿経が中国で作られた偽経だったなら、浄土教信仰は正しい仏教の教えと言えるのだろうか。そうした疑問も生まれてくる。だが、中国の人々は、死後に生まれ変わる浄土の姿を至高のものとして描きだそうとしたのである。

こうした偽経が生まれることで、仏教は中国においてかなり変容した。それは、インド仏教の根幹にある輪廻の考え方を大きく変えたということで、「変質」と表現してもいいかもしれない。中国の人々は、過酷な求法の旅を行うことで、多くの仏典を中国にもたらし、それを精力的に翻訳していったのだが、根本的な宗教観は元のままで変わらなかった。その点で、インド仏教と中国仏教とは同じものとは言えなくなったのである。

多数の宗派の誕生とくり返された廃仏で衰退へ

ほかにもインドにはなく、中国で生まれたものとして、「宗派」の存在がある。宗派としてあげられるのが、天台宗、三論宗、唯識宗（法相宗）、華厳宗、律宗、密宗（密教）、禅宗、浄土宗であり、これは「八大宗派」と呼ばれた。これに、部派仏教の流れに属している倶舎《くしゃ》宗と成実《じょうじつ》宗を加えて「十大宗派」とも言われるが、さらに地論宗、摂論《しょうろん》宗、涅槃宗を加えて「中国十三宗」と呼ばれることもある。

ただ、中国で生まれた宗派は、学派としての性格が強く、個々に教団を組織する現在の日本の宗派とは異なっている。

また中国では、漢民族以外の異民族が侵入し、王朝を築くといった事態がくり返され、それも仏教を変容させ、ついには衰退させる要因となっていく。たとえば、13世紀から14世紀にかけての元王朝はモンゴル人の王朝であり、その時代には、チベットで仏教と民間信仰が融合することによって生まれたラマ教が国教となった。

イスラム教の場合にも、「回教」としてウイグルの地域などに広まり、また、漢民族の社会にも一定程度の改宗者を生んだ。しかし、インドのように、イスラム教が広く浸透し、一大勢力になることはなかった。それは、近世から近代に入って伝えられたキリスト教についても同様である。

仏教が中国社会に浸透したことで、伝統的な儒教や道教もその影響を受けることになる。儒教においては、勢いを得た仏教と対抗するために、儒教を時代に即した形で再解釈していくことが求められる。宋の時代に発展した朱子による朱子学などがその典型で、そこには禅宗などの影響があり、理と気から宇宙の原理を説明し、その上で人間のあり方を把握することが試みられた。

道教において教団が組織されたのも仏教の影響であり、道教の寺院である「道観」の形成や道士の誕生も、仏教に対抗するための手立てにほかならなかった。そのような形で組織化された道教は仏教を弾圧する方向に向かい、中国では、「三武一宗の法難」と呼ばれる大規模な廃仏が起こった。

もう一つ、中国の宗教について指摘すべきことは、戦後における共産主義化の影響である。中国全体を支配するようになった中国共産党は、信教の自由を認めてはいるものの、布教活動については制限を加えるなど、宗教を国家の管理下におく政策をとってきた。

特に1960年代に起こった文化大革命の時代には、伝統的な宗教は封建的なものとして排撃の対象となり、それぞれの宗教は大きな打撃を被った。文化大革命の担い手となった紅衛兵は、「批林批孔運動」を展開し、国家主席である毛沢東の政敵となった林彪《りんぴょう》とともに孔子を批判の対象とし、儒教からの脱却を唱えた。

しかし、儒教の伝統は根強く、中国に市場経済が導入されて以降は、その見直しが行われるようになってきた。仏教にかんしても、現世利益を説く道教の影響を色濃く受けたものが再び信仰の対象として注目されるようになり、寺院の復興なども進んでいる。

第10章

ヒンドゥー教と仏教はアジア諸国にいかに伝播したか

——東南アジアでの展開

1 海を渡った二つの宗教はどんな運命をたどったのか

ヒンドゥー教と大乗仏教はほとんど廃れる

アジアにおける大国と言えば、インドと中国である。この二つの国は領土も広く、人口も圧倒的に多い。宗教的な面でも、周辺諸国に対して強い影響を与えてきた。

ヒンドゥー教の場合には、すでに述べたインドの周辺地域だけではなく、一時は東南アジアにも広まった。「マハーバーラタ」や「ラーマーヤナ」といった英雄を主人公とする叙事詩は、そうした地域において神話的な物語として受容された。

カンボジアにあるアンコール・ワットなどの遺跡は、もともとは12世紀にヒンドゥー教の寺院として建立されたもので、その壁面には、「マハーバーラタ」や「ラーマーヤナ」に登場する場面が彫刻されている。その後、仏教寺院に改修されており、ヒンドゥー教から仏教への改宗が進んだことが示されている。

東南アジアにおいて今日でもヒンドゥー教が信仰として受け継がれているのは、インドネシアのバリ島に限られる。バリ島におけるヒンドゥー教は「バリ・ヒンドゥー」と呼ばれ、独特な舞踊や音楽を生み出してきた。しかし、東南アジア全体を考えると、ヒンドゥー教は根づかなかったと言える。

もう一つ、東南アジアに根づかなかったものが大乗仏教である。

東南アジアには、インドから仏教が伝えられ、大乗仏教が信仰された時代もあった。だが、イスラム教の侵入などもあり、大乗仏教は衰えた。その後、東南アジアには上座部仏教が改めて伝えられ、それがスリランカ、ビルマ（現ミャンマー）、タイなどで定着していく。

上座部仏教の特徴は、厳格な出家主義が守られている点にあり、その点で、在家仏教の傾向が強い大乗仏教とは異なっている。上座部仏教の僧侶は、僧院で集団生活を営み、生産活動はいっさい行わない。食事は一日一度托鉢を行い、在家信者からの布施を受ける。

布施をする在家の側は、それによって徳を積むことができると考えられており、そこに僧侶と在家との相互関係が作り上げられている。

上座部仏教が信仰されている国々では、サンスクリット語ではなく、パーリ語の経典が共通に読まれ、そこに記された教えが実践されている。こうした形態は、初期の仏教に近いのではないかとも考えられる。

上座部仏教は、思想的な面では、大乗仏教ほど多様で華々しい展開を示さなかった。しかし、出家した僧侶は戒律に則った生活を実践し、在家信者からの尊敬を集めてきたことから、人々の生活に根差し、永続性をもった。また、在家の信者であっても、青年期に寺に入り、僧侶としての生活と修行を実践する体制も作られており、青年が大人になるためのイニシエーションとしての性格をもってきたことから、重要な社会的な機能も果たしてきている。

チベットで展開された独自の密教

インドから直接仏教が伝えられたもう一つの地域がチベットである。チベットには中国からも仏教が伝えられており、他の地域には見られない特異な発展をとげていく。

7世紀の時点で、ソンチェンガンパ王がチベット全体を統一し、あわせて仏教に帰依するようになる。王は重臣の一人をインドに送り、仏典を請来させた。求法である。その際に、文字も伝えられ、サンスクリット語の仏典がチベット語に翻訳される。その後、チベットには、インドから高僧が迎えられると同時に、中国からも禅僧が迎えられた。しかし、両者の間の法論によって、インド僧が勝利を収めたことから、それ以降は、インド仏教が中心になっていく。

一時仏教は衰退し、およそ100年にわたって廃仏の時代が続くものの、11世紀になると、再びインドから仏教が伝えられ、その再興が図られる。如来蔵思想や唯識、あるいは空を重視する中観派の教えなどが取り入れられ、戒律の復興運動も起こった。

しかし、チベットの仏教において重要なことは、そうした顕教だけではなく、密教が伝えられたことにある。しかもその密教は、中国や日本に伝来した初期密教、あるいは中期密教ではなく、後期密教だった。すでに見たように、後期密教はヒンドゥー教の神秘思想、とくにシャクティ信仰の影響を受け、ヨーガの技法を用いた修行の実践を重視した。男女が合体した歓喜仏が信仰の対象となったこともその一つの特徴で、高地にあるチベットには官能的な要素を含んだ密教文化が花開き、それが今日まで受け継がれている。

もう一つ、チベット仏教の特徴は「活仏」の信仰にある。活仏は、如来や菩薩が人間に化身したもので、その人間が亡くなると別の人間に転生すると考えられている。そうした活仏の思想から生まれたのがダライ・ラマやパンチェン・ラマといった高僧の制度で、ダライ・ラマは、政治的な支配者を兼ね、チベットの社会に君臨することになった。

中国仏教が朝鮮、日本、ベトナムに伝播

中国から仏教が伝わった地域としては、漢字文化圏に属する朝鮮半島、日本、それにベトナムが該当する。

朝鮮半島は、中国と地続きであるために、日本より早く仏教が伝来した。北部の高句麗に初めて仏教が中国から伝えられたのは372年のことであったとされ、それから5世紀の初めまでに他の地域にも伝えられる。

それ以降、朝鮮半島における仏教は、中国の影響を受けつつ、隆盛に向かっていく。日本と同様に、法相や華厳の教えから始まって密教や浄土教信仰、観音信仰や弥勒信仰、あるいは天台や禅宗の教えが盛んに取り入れられ、各種の仏像も造立されていった。朝鮮半島では、やはり中国から伝えられた道教との習合も進み、現世利益をもたらす祈禱なども

実践されるようになる。

日本に仏教を伝えたのは百済の聖明王であったとされるが、その後も朝鮮仏教は日本仏教の形成に大きな影響を与えていく。ただ、日本との大きな違いは、14世紀の終わりに朝鮮半島を統一した朝鮮王朝（李氏朝鮮）のとった宗教政策である。朝鮮王朝は儒教を国教とし、くり返し廃仏を行ったため、中世の朝鮮半島において仏教は衰退していった。

日本については、章を改めて述べるが、もう一つ、中国から大乗仏教が伝えられたのがベトナムである。今日のベトナムでは漢字は使われていないが、かつては漢字文化圏に属していた。特に重要な点は、中国の官吏登用の制度である「科挙」が11世紀から開始され、1919年まで継続されたことである。

そうした中国との密接な関係から、ベトナムには大乗仏教が伝えられ、それが今日にまで受け継がれている。上座部仏教の影響はそれほど受けていないものの、僧侶が戒律を守り、独身を通して菜食や禁酒を実践する点で、その形態はむしろ上座部仏教に近い。

2 イスラム教とキリスト教はどのように広がったか

インドネシアはイスラム教国に、フィリピンはキリスト教国に

ヒンドゥー教や仏教とは別に、アジアに浸透した宗教としては、イスラム教とキリスト教があげられる。

イスラム教は中東から発し、中央アジアや南アジア、東南アジアに広範に広がり、今日までの間に一大勢力を築き上げてきた。インドネシアは人口が多いため、世界で最大のイスラム教国となっている。ただし、一神教的な性格が強いため、アジア土着の宗教と対立関係に陥ることも少なくない。

キリスト教は、アジア各地にさまざまな形で影響を与え、信者を獲得していったものの、それが支配的な宗教となっている国はフィリピンに限られる。フィリピンにキリスト教が広まるのは、スペインによって植民地化された16世紀からのことである。次いでフィリピンを統治したアメリカがキリスト教国であったこともあり、国民の90パーセントがキリスト教徒で、大半がカトリックの信仰を持っている。

フィリピンは、植民地化される以前の段階でインドや中国の影響を受けることが少なく、文化的あるいは宗教的な意味で空白地帯であった。そのために、キリスト教が伝えられると、国全体に広がったのである。

韓国でキリスト教が地位を高めたわけ

同じことが、今日の韓国についても言える。

儒教が一時国教化されることで、朝鮮半島では仏教が衰え、宗教的な空白ができた。戦後の経済発展のなかで、その空白を埋める形でキリスト教が広まった。現在、韓国ではキリスト教徒の占める割合は30パーセント程度とされている。ただし、韓国のキリスト教には、伝統的なシャーマニズムや新宗教的な要素が取り入れられ、布教師が神憑《かみがか》りするなど、日本人がイメージする知的なキリスト教からは遠い部分がある。

ほかに、ここまで触れてこなかったアジア生まれの宗教としては、16世紀にグル・ナーナクがインドで始めたシク教がある。シク教はインドに生まれた宗教ではあるが、一神教的な性格があり、あらゆる宗教で信仰されている神は同一であるという立場をとる。

ベトナムには、20世紀に誕生した新興の宗教としてホアハオ教とカオダイ教がある。前者は、仏教を基盤に、儒教の先祖祭祀の影響を受けている。後者は、「天眼」と呼ばれる目がシンボルで、世界の諸宗教の開祖や、李白、ソクラテス、トルストイ、ヴィクトル・ユゴーなどを聖人として崇拝の対象としている。ユゴーが含まれるのは、フランスによって植民地支配されていたからである。

このように、アジアにおいては、さまざまな宗教が共存し、混淆《こんこう》することで、複雑な信仰世界が作り上げられている。そのことは、宗教世界の豊穣さにも結びついている。ただし、地域全体に共通する単一の宗教が存在しないことで、宗教が文化的にアジア全体を統合する機能を果たすことがない。それは、アジアを政治的、経済的に統合しようとする際の足枷にもなっている。

第11章

日本では諸宗教はどのように展開したのか

――混ざり合う神道と仏教

1 日本人と諸宗教はどのような関係にあるか

日本人は無宗教で宗教的

世界の宗教について概観してきたが、最後に日本の宗教について触れたい。いったい日本の宗教は、これまで見てきた世界の宗教とどうかかわるのだろうか。また、どう位置づけられるのだろうか。その特徴と影響関係について考えてみたい。

日本人は、自分たちのことを「無宗教」と表現することが多い。実は、無宗教という言葉は、外国語に翻訳することが難しい。神の存在を否定する無神論とは違うし、宗教は科学に反しているとする宗教否定とも違う。日本人は宗教と関係をもたないわけではなく、むしろ密接な関係をもっている。ところが、多くの人は特定の宗教教団に所属しているという意識が乏しいのであろう、どの宗教にも入信していないという意味で無宗教という言い方をよく使うのである。

ところが、そうした日本人の自己認識とは相いれないようにも見えるが、日本では宗教的な伝統が長く受け継がれてきている。

土着の信仰である神道は、古代以来数千年の歴史を経ている。外来の仏教も6世紀に伝えられて以来、すでに千五百年近い間、日本人の信仰を集めてきた。日本に伝えられた仏教は大乗仏教だが、これだけ確固とした形で大乗仏教を受け継いでいる国は珍しい。他にはベトナムくらいだろうか。そして神道と仏教は、その長い歴史のなかで融合し、日本人の精神文化のなかに深く根を下ろしている。

一方で、キリスト教やイスラム教といった一神教にかんしては、他の国に比べてそれほど浸透しているとは言えない。キリスト教は、とくにインテリ層を中心に教育や医療、文学などの方面で多大な影響を与えてきたものの、信者の数は現在でも人口の1・5パーセント程度にとどまっている。先進国のなかでこれほどキリスト教徒の割合が小さい国はほかにない。イスラム教については、イスラム教徒と結婚でもしないかぎり、その信仰をもつことはない。

神道と仏教が深く結びつき、社会階層全体に浸透してきたからこそ、一神教が取り入れられる余地がなかったと言える。一神教をほぼ排除してしまった宗教的な環境は、世界のなかで特異である。

神道は仏教と重なり独自の信仰対象を生む

神道については、いったいいつからその歴史が始まるものなのか、その時期を特定することは難しい。文字資料が欠けていることが決定的である。8世紀に成立した古事記や日本書紀には、日本列島の創造にもかかわる物語が語られているが、それは歴史をつづったものではなく、あくまで神話である。また、物語には政治的な面からの修正も施されており、そこから神道が生み出されてきた過程をたどることは難しい。

考古学的な資料にしても、必ずしも古代の日本人の宗教生活を明らかにしてくれるわけではない。たとえば、縄文時代の人々の信仰にかかわるものとして「土偶」が存在するが、土偶がいったいどういった用いられ方をしたのか、それが当時の人々の信仰とどのようにかかわったのかについては、必ずしも定説があるわけではない。

弥生時代の吉野ヶ里遺跡などは復元が進められ、そのなかには神殿と考えられる建物も含まれている。ただし神道の最初期の段階では、屋内で祭祀を行うのではなく、屋外にある磐座《いわくら》などの前に臨時の祭場を設けて、そこで祭祀を行った可能性が高い。玄界灘の孤島、沖ノ島にはいくつもの巨大な磐座があり、そこでは4世紀から10世紀にかけて祭祀が営まれていた。古代の吉野ヶ里に神殿があったかはかなり怪しい。

神道が一つの宗教として体系性をもち、組織化されていくのは仏教の影響を受けたからである。それは神道の教義を作り上げたのが、仏教側の人間たちであったところに示されている。

その結果、神道と仏教とはその役割を分担しつつ、深い結びつきをもっていくことになる。その事態をさして、「神仏習合」と呼ばれるが、同じ境内の中に神社と寺院が併存したり、神と仏が融合して、日本に独自な信仰対象が生み出されたりした。

八幡権現や蔵王権現など、「権現号」をもつものがその典型だが、そうした存在を信仰対象とする宗教的な実践が修験道である。修験道は、神仏習合の信仰の上に成立した日本独自の宗教的実践である。

2 日本の仏教はどのように発展したか

日本仏教は五層の歴史で発展した

仏教は最初、百済から公式に日本の朝廷に伝えられたとされる。その点で、朝鮮半島の影響は大きいが、それ以降はむしろ朝鮮半島に仏教を伝えた中国からの影響を強く受けながら日本仏教は発展を遂げていく。基本的な流れとしては、中国で流行している最新の仏教が日本にも伝えられ、それが日本でも広まっていったと見ることができる。

日本に仏教が伝えられた時代には、まだインドでも仏教は栄えていた。しかし、距離的に遠いということもあり、インドから直接仏教の教えを取り入れようとする動きはほとんど生まれなかった。

それでも、中国に滞在していたインドの僧侶が日本にやってくることはあった。東大寺の大仏開眼供養の際に、その導師を務めた菩提遷那はインド人の僧侶であった。また、日本でもっとも広く読まれている仏典、般若心経のサンスクリット語原本はインドに残されておらず、日本の法隆寺にのみ伝えられている。ほかにも、稲荷と習合したダキニーのように、ヒンドゥー教の神々が日本に取り入れられたような例もある。

日本における仏教は、最終的に五層構造をとることになった。

基層には、飛鳥時代から奈良時代にかけて伝えられた南都六宗（三論宗・成実宗・法相宗・倶舎宗・華厳宗・律宗）の仏教がある。それは国家仏教としての性格をもつとともに、専門の僧侶が学問的な研鑽を重ねる学問仏教としての性格をもった。

その上に法華信仰が取り入れられた。法華信仰は、大乗仏典の一つである法華経への信仰を核とするもので、すべての衆生の救済を説くところに特徴があった。聖徳太子が自ら筆を執ったとされてきた「法華義疏」は法華経に対する注釈書であり、太子は法華経の講義を行ったとも伝えられている。「法華義疏」は実際には太子の著述ではない可能性もあるが、こうした話が生まれたのも、仏教が伝来した当初の段階から法華信仰が重視されていたことの反映である。

法華信仰はその後も受け継がれ、最澄の開いた天台宗では法華信仰がその核にある。また、平家一門が安芸の厳島神社に奉納した「平家納経」は、法華経を美しい料紙に書写したものであった。さらに、鎌倉時代には日蓮が法華経にこそブッダの真実の教えが示されていると主張し、法華宗（現在の日蓮宗）という新たな宗派の成立に結びついた。その影響は近代にまで及び、天皇を世界の中心に位置づける皇国史観と法華信仰を合体させた「日蓮主義」や、創価学会をはじめとする日蓮系の新宗教を生むまでに至った。

空海らが持ち帰った密教は仏教界を席捲

法華信仰の後に日本に取り入れられたのが密教である。奈良時代から、「雑密」とも呼ばれる初期密教が日本に伝えられ、密教関係の仏典の請来や仏像の造立も行われていたが、その後に生まれた中期密教を体系的な形で伝えたのが、9世紀の初めに唐に渡った最澄であり、空海であった。

特に空海は、唐の都長安で真言密教の正統的な継承者である青龍寺の恵果に学び、多くのものを日本にもたらした。最澄も唐に滞在していた最後の段階で密教の重要性に気づき、それを学んだものの、十分なものを日本に持ち帰ることができなかった。空海の真言宗に比べて密教受容の面で劣勢になった天台宗では、その後、最澄の後継者である円仁や円珍が入唐し、改めて密教を請来している。

その結果、密教は日本の仏教界を席捲した。

密教は国家鎮護や現世利益をもたらす具体的な方法を示しており、朝廷や貴族層を中心に大きな期待を集めることになる。また神秘的な要素をもつことから土着の信仰と習合しやすく、そこからは修験道の信仰が作り上げられていく。後のことになるが、本来密教とは関係をもたないはずの禅宗や日蓮宗などでも、結局は密教が取り入れられていく。

その次の、下から4番目の層が、平安時代末期から流行する浄土教信仰で、その背景には「末法思想」の流行があった。末法思想はインドにはなく中国で発達した考え方で、仏の教えのみが存在し、修行しても悟りに至れない時代のことをさしている。日本では、永承7（1052）年から末法の時代に入ったと認識され、天変地異や戦乱などもあり危機意識が高まった。

そのなかで、阿弥陀仏の住まう西方極楽浄土へ往生することをめざす浄土教信仰が盛んになっていった。浄土教信仰の核となる念仏は、最初密教の行である念仏行として円仁によって伝えられるが、鎌倉時代に入ると、法然が、念仏以外の行を必要としない「専修念仏《せんじゅ》」の教えを説き、浄土教信仰が民衆にまで広がっていく端緒が切り開かれた。それは、浄土真宗の開祖となる親鸞に受け継がれていく。

最後の一番上の層が禅である。坐禅の方法自体については中国天台宗を開いた智顗《ちぎ》がその著書の中で触れていたが、鎌倉時代以降、中国から数多くの禅僧が来日し、また日本の禅僧が中国にわたることで、禅は広がりを見せていった。

ただし、密教や浄土教信仰とは異なり、武士や文人などには広まったものの、現世利益をもたらしてくれるものではなかったため、庶民層には広まらなかった。それでも禅は茶道や華道、武士道などに影響を与え、日本独自の文化の形成に大いに貢献していく。

神道と仏教が重なった神仏習合の時代

このように、中国から伝えられた仏教は五層構造をもつ厚みのあるものとして日本に定着した。その背景には中国との活発な交流があったわけだが、中国で仏教が衰退の方向に向かってからは、日本の仏教も新たな流行を取り入れることができなくなり、その面では停滞した。しかし、一方では神道と仏教が融合した神仏習合の信仰が生まれ、それが日本に独自な宗教文化を築き上げていくことに貢献した。

仏教が伝えられた当初の段階では、受容の是非をめぐり有力豪族の蘇我氏と物部氏が争ったとも伝えられている。だがこうした対立はその時期に限られ、それ以降は仏教を移入することに抵抗は生まれなかった。仏教の背後には、日本よりもはるかに歴史が古い中国の高度な文明があり、仏教の受容が優れた文明の摂取という意味合いをもったからである。

神仏習合の具体的な形としては、8世紀初めからの「神宮寺」の建立という動きがあった。これは神社の境内に仏教寺院を建立するもので、「神願寺」や「神護寺」などとも呼ばれた。寺院に所属する僧侶は、神前で読経や加持祈禱を行った。神宮寺は、明治の廃仏毀釈によって軒並み衰微し、今日では、その痕跡が残されるだけになっている。

神宮寺誕生の背景には、たとえ神であってもその境遇に生まれたのは前世からの業によるもので、仏の力によって解脱したいという願望をもっているという考え方があった。僧《そう》形八幡神《ぎょうはちまんしん》といった僧の姿をとった神像が作られるのも、その考え方による。またそれとは反対に、寺院の境内に神社が祀られ、神々が仏法を守護するという「護法善神《ごほうぜんじん》」の考え方も広まった。

こうした考え方が発展することで生まれたのが「本地垂迹説《ほんじすいじゃく》」である。これは仏教の仏が衆生をあまねく救済するために仮に神道の神の姿をとって現れたとする考え方で、そうした神には八幡大権現のように権現号が与えられた。

この本地垂迹説から、それを絵画的に表現した各種の「宮曼荼羅」が作られるようになっていく。神社の境内を描き、そこにその本来の姿で本地となる仏を添えるもので、春日大社なら春日宮曼荼羅が作られた。本地垂迹説が確立されることで、仏と神、仏教と神道は相互依存の関係に置かれ、両者は対立することなく融合し、調和した関係が築き上げられていく。

ただ、本地垂迹説は、仏を本地とする点で仏教優位の考え方である。したがって、後に神道の側からは、日本の神を本地として仏を仮の姿をとったものととらえる「神本仏迹説《しんほんぶつじゃく》」も唱えられる。どちらにしても神仏習合の考え方は近代になるまで受け継がれ、神道と仏教とは分かち難く結びついていった。その歴史は一千年以上に及んでおり、だからこそ日本人は、自分たちを神道の信者とも、仏教の信者とも規定できないのである。

僧侶を認定する得度制度の展開

仏教の僧侶は最初、出家し、得度するには国家の許可を必要とし、宗派ごとに、その数が定められていた。そうした許可を得ないで出家した者は「私度僧」と呼ばれ、正式な僧侶とは見なされなかった。これは、中国から伝えられた考え方であり、出家という行為を世俗からの完全な離脱とするインドにはないものだった。

奈良時代に中国から鑑真が来日したのは、当時の日本には、正式に戒を授けることができる「戒師」が不在だったからである。戒師から戒を授かっていなければ、正式な僧侶とは言えない。鑑真の来日によって、東大寺などにその式場にあたる戒壇が設けられ、日本でも僧侶を正式に得度させる仕組みが整えられた。

ところが、奈良の仏教の影響から逃れようとした最澄は、鑑真がもたらした天台宗関係の書籍から学ぶことで、新たに大乗戒壇の建立を思いつく。

大乗戒壇で与えられる戒律は、東大寺などで与えられるものよりもはるかに緩い。最澄としてみれば、大乗戒壇の建立によって天台宗が独自に僧侶を生む仕組みを作り出そうとしたのだが、当然、奈良の仏教界から強く反発され、大乗戒壇が勅許されたのは最澄の死の直後のことだった。

だが、時代が進んでいくと、国家による統制は効かなくなり、天台宗だけではなく、それぞれの宗派や寺で出家し修行した者が僧侶として社会的にも認められるようになっていく。さらに、鎌倉時代の親鸞のように妻帯し、子どもを儲け、俗人に近い「非僧非俗」の生活を営む人間も現れ、在家主義の傾向がより強くなっていく。

江戸時代に広がった「葬式仏教」

仏教が伝えられた当初の段階では、僧侶が葬儀を担うことはなかった。

しかし、浄土教信仰が広まるなかで、僧侶が貴族の死後の供養を行うようになり、しだいに仏教と葬儀との関係が密接なものになっていった。鎌倉時代になって禅宗が生まれると、とくに曹洞宗において、今日行われている仏教式の葬儀の基本的な形式が確立されるようになる。そこには、雲水が修行する修行道場の経営を成り立たせるという目的があったが、曹洞宗の開発した葬儀のやり方は他の宗派にも広まっていく。それを取り入れなかったのは、戒律を重視しない日蓮宗と浄土真宗だけだった。

仏教式の葬儀には儒教の影響があった。儒教では、親に対して孝を尽くすことが重視され、子孫が供養を重ねることで、速やかに先祖を成仏させる追善供養という仕組みが整えられた。仏壇は、本来それぞれの宗派の本尊を祀るものだが、そこに先祖の位牌を祀る慣習が確立されていく。こうした経緯を経て、いわゆる「葬式仏教」が成立する。そこには、儒教と仏教が融合する「儒仏習合」という事態が生まれた。

葬式仏教が一般民衆にまで広まるのは、江戸時代に入ってからである。江戸幕府は当初、禁教としたキリシタンや日蓮宗の不受不施派でない証として、村のなかにある菩提寺の檀家になることを強制する「寺請制」を設け、やがてその対象は村人全体に及ぶようになる。

寺請制は結果的に神道や儒教と習合した仏教の信仰を民衆に広めることに貢献し、葬儀は檀那寺に依頼するという慣習が成立し浸透する。村には檀那寺の他に、地域の信仰を集める氏神が祀られ、村人は日常的に仏教と神道の双方に同時にかかわることとなった。

3 近代日本に生まれた宗教の姿とは

日本人が神道にも仏教にもかかわるわけ

日本は島国であり、辺境に位置しているという地理的な特徴がある。他国と国境を接していないことから侵略を受けることがなく、異民族による支配や王朝の交代ということが起こらなかった。そのため、神道や仏教以外の宗教を信仰する王朝の手によって異なる信仰が強制され、伝統的な信仰が排斥されるという事態に至っていない。それは神仏習合の信仰が継承されることに貢献し、独自の宗教文化が花開くことになった。

キリスト教については、16世紀にポルトガルから伝えられ、各種の修道会が宣教活動を行うことによって、九州などでは一時期広がりを見せた。しかし、朝廷なり幕府なりといった社会の最上位に位置する支配層がキリスト教に改宗しなかったこともあり、禁教の政策がとられ、キリスト教徒は取り締まりの対象となった。やがて、一部が「かくれキリシタン」となったほかは、日本から一掃された。イスラム教にかんしては、近代になるまで日本に伝えられることさえなかった。

その点では、明治時代に入っての近代化の始まりは、神仏習合の体制に大きな打撃を与え、宗教環境の変容を迫ることになる。

明治維新を推進し、徳川幕府に代わって国政を担うようになった明治新政府において、当初大きな力をもったのが国学者や神道家で、彼らは復古を理念として掲げ、天皇親政による祭政一致の国家建設をめざした。その際に、神道と仏教とが融合した神仏習合の信仰体制は復古主義に合致しないため、排撃の対象となり、神仏分離が促進された。

これによって、神宮寺の廃止や、そこに属する僧侶の還俗といったことが行われたが、それは仏教を排斥する廃仏毀釈に結びつく。多くの寺院がその被害に遭い、廃寺になるところさえ出た。また寺院の経営を支えていた寺領が没収され、経営基盤を失うところも出た。それは、葬式による布施に依存する葬式仏教化を促進することに結びついた。

祭政一致の国家建設という試みはすぐに頓挫するものの、明治時代においては新たに導入された皇室祭祀を実践する天皇が国の中心に据えられ、皇統の正統性を保証するものとして記紀神話が重視された。

やがて制定される大日本帝国憲法では、信教の自由は保障されたものの、社会秩序を乱さない範囲でと制限が加えられる。そして、神道の祭祀については「宗教にあらず」とされ、伝統的な習俗として国民全体に強制された。これによって日本国民は、依然として習俗としての神道と宗教としての仏教に同時にかかわり、神道と仏教はその役割を分担しつつ併存することとなったのである。

さまざまな新宗教の誕生

日本に「宗教」という概念が伝えられるのは、明治に近代化が始まってからのことで、それによって神道と仏教はそれぞれ独立した宗教として認識されるようになる。だが、神仏分離を経ても、日本人の多くは双方の宗教と、あるいは習俗とかかわりをもち、どちらか一つを自らの信仰として選択することにはならなかった。やがて無宗教という認識が生まれる背景には、こうした近代化による宗教環境の変化ということがあった。

廃仏毀釈によって、神仏習合の傾向が強い修験道系の宗教は大きな打撃を受けた。それに代わって登場し、民衆の救済にあたったのが、今日で言う「新宗教」である。新宗教の信仰は、元来神仏習合の形態をもとにしたものではあったが、「国家神道」の体制が築かれていくなかで、神道の方向に寄っていくようになり、神社神道とは区別される「教派神道」として公認されるようになっていく。黒住教や天理教、金光教などがその代表である。

なかでも天理教は、警察による度重なる弾圧を受けたものの、明治時代の終わりから大阪などの都市部でその勢力を拡大し、やがては各地に支部教会を設けていく。教祖である中山みきの自宅から発展した天理教教会本部の中心にある「ぢば」は、人類発祥の地と位置づけられ、多くの信者がそこを訪れるようになる。それは、日本では珍しい宗教都市を生むことに結びついた。

日本が戦争の時代に突入し、植民地建設をめざして大陸に進出するようになっていくと、新宗教のなかにはナショナリズムの傾向を強く打ち出すものが現れる。

大本《おおもと》は、皇道大本と称した時代もあり、大正維新や昭和維新をスローガンに掲げ、皇国主義の運動として影響力をもつに至ったが、大正と昭和の二度にわたって弾圧され、壊滅的な打撃を被った。また、田中智学の国柱会を中心とした「日蓮主義」の運動は、皇国史観と法華信仰、日蓮信仰を合体させたもので、知識人や軍人にも支持者を広げていった。

国家神道が崩れた戦後日本の宗教地図

戦後においては、国家神道の体制が崩れ、国家の管理下にあった神社神道は民間の宗教法人へと移行し、新しい日本国憲法の下では信教の自由が全面的に保障された。

そうした状況のなかで、昭和30年代に入って高度経済成長の時代が訪れると、産業構造の転換に伴って地方の農村部から都会に出てきた中下層の人間を信者として取り込むことにより新宗教が台頭する。創価学会や立正佼成会、霊友会といった日蓮系・法華系、あるいは神道系のPL教団などが巨大教団へと発展していった。

創価学会の特徴は現世利益の実現を強く主張したことにあるが、祖先崇拝の観念が希薄である点も特徴的である。他の新宗教の場合には、立正佼成会や霊友会といった同じ日蓮系の教団であっても、祖先崇拝の重要性が強調される。その点で創価学会の信仰は極めて都市的なもので、日本人全体の信仰の変容を予感させる部分をもっていた。

戦後、都市化が著しく進展したことで、国民の生活スタイルは大きく変わっていく。農村社会においては家のもつ意味が大きい。その家を築いた祖先を祀る祖先崇拝の観念が強く、それを元に信仰世界が形作られていた。

ところが、都市では、多くの人間が企業などに雇用されるようになり、個人にとって家のもつ意味ははるかに低下した。家を継承する必要性はなくなり、祖先崇拝の観念は薄れた。それは、都市に住む人々の宗教生活を大きく変容させることになる。

宗教の変容という出来事自体はどの国でも起こる普遍的な現象で、日本だけが特殊なわけではない。ただ、多くの国では、外来の宗教が新たにもたらされることで変容が促進される面が強い。日本でも、仏教の伝来はそうした意味をもった。だが、それは古代の出来事である。その後、仏教の新しい流れが主に中国から伝えられたものの、新たな宗教が伝えられ、それが国全体の宗教状況を根本的に変化させるという事態は起こらなかった。

特に、キリスト教の浸透と影響がそれほど大きな規模に達しなかったことの意味は大きい。キリスト教は東洋に発する神道や仏教とは異質な宗教であり、もしそれが日本に広まっていたとしたら、その後の日本の宗教世界は現在とはまったく違ったものになっていたことであろう。

日本人にとって、ユダヤ教から始まりキリスト教、イスラム教へ受け継がれていく一神教の世界は遠い。仏教を生んだインドの宗教についても、直接的な影響はそれほど大きくはない。まして、二元論を基本としたイラン系の宗教からはまったく影響を受けていない。

もっとも影響を受けたのは、中国を経由して伝えられた中国仏教だということになるが、求めたのは日本人の側であり、中国仏教を信仰する人々が大挙して大陸から日本にわたってきたわけではない。そして、仏教は土着の神道と習合し独自の発展を示していった。そこにはさらに儒教や道教が影響し、日本人の生活に即した信仰のスタイルが長い時間をかけて確立されていった。

そして、現在の日本人は自分たちのことを無宗教と言いつつ、依然として神道と仏教が混淆した信仰世界に生きている。結婚式をキリスト教式でやる習俗は広まったものの、それがきっかけでキリスト教の信仰をもつようになる人間もほとんどいない。

ただ最近の変化としては、日本人の信仰の核にあると言われてきた祖先祭祀が衰退の傾向を見せていることが挙げられる。それは必然的に葬式仏教のあり方に対する批判や、葬儀の簡略化、脱仏教化という方向に結びついているのである。

4 日本政界にも影響を及ぼした旧統一教会とは

戦後、都市部を中心にキリスト教が浸透した韓国

2022年7月8日、安倍晋三元首相が狙撃され、亡くなった。容疑者の母親は旧統一教会(現在の世界平和統一家庭連合)の信者で、教団に多額の献金をしたため、容疑者は悲惨な目に遭い、それを恨みに思っての犯行だという。この事件をきっかけに、旧統一教会の問題点がさまざまに指摘され、安倍元首相の率いていた自由民主党との関係についても、政治と宗教の癒着として強く批判されるようになった。

最後に、この事件と世界宗教史との関連について見ていきたい。

まず、旧統一教会は、韓国で生まれたキリスト教系の新宗教である。韓国では、すでに見たように、戦後、キリスト教の信者が爆発的に増えていった。

そもそも朝鮮半島には、中国から仏教や儒教がもたらされ、伝統的にはこの二つの宗教がせめぎ合ってきた。仏教が日本に伝えられたのも、朝鮮半島を経てのことで、仏教を伝えるために使者を送ってきたのは、朝鮮半島にできた王国の一つ、百済の聖明王であった。

ただ、14世紀終わりから20世紀はじめまで続いた李氏朝鮮の時代には、儒教が重んじられ、儒教を崇拝し仏教を排斥する「崇儒廃仏」の政策がとられた結果、仏教の力は衰えた。

また、朝鮮半島には、「ムーダン」と呼ばれる巫女がいて、シャーマニズムを実践してきた。儒教は支配者のための宗教であり、男性中心で、女性は排除されたため、彼女たちはムーダンに救いを求めるしかなかったのだ。

こうした宗教環境にあった朝鮮半島にキリスト教が本格的に伝えられたのは18世紀になってからで、布教が本格化するのは19世紀に入ってからである。

しかし、儒教の壁は厚かった。また、１９１０年の「日韓併合」で、日本の国家権力による強い規制もかかり、キリスト教はそれほど大きくは発展しなかった。

それが戦後、日本からの独立を果たすことで、キリスト教の布教も自由にできるようになり、儒教の弱体化という現象も起こって、キリスト教は社会に浸透しやすくなった。

さらに、朝鮮戦争の後、アメリカを中心とした国連軍が入ってくることで、キリスト教が韓国社会により浸透しやすくなった。そのため、１９６０年代なかばからの「漢江の奇跡」と呼ばれる驚異的な経済成長の時代に入ると、キリスト教が急激に信者数を増やしていったのである。

経済が飛躍的に成長すれば、地方から都市部への人口の大量移動が必然的に起こる。韓国の場合には、首都であるソウルを中心とした地域に一極集中する傾向が見られた。地方では、社会道徳としては儒教の影響が強く、信仰としては仏教が主体であった。しかし、都会に出てきた時点で、都市部への移住者たちは、地方での信仰を持ちこまなかった。そのとき、キリスト教が彼らを信者として取り込んでいったのである。

日本と韓国におけるキリスト教の違い

ここで一つ重要なことは、日本で広がっているキリスト教と、韓国で広がっているキリスト教のあいだには大きな違いがあるということである。

日本のキリスト教は、19世紀に近代化を進めていくなかで、欧米から取り入れられたもので、キリスト教の信者のなかには知識人階級が多かった。彼らは、西欧の進んだ文明や文化に対する強い憧れがあり、その背後にキリスト教の存在を見ようとした。キリスト教は、日本の神道や仏教に比較して、知的で体系的、さらに言えば合理的な信仰であると理解され、知識人階級がとくに関心をもったのである。逆に日本では、キリスト教にそうしたイメージがつきまとうようになった結果、一般の庶民層にまで浸透していくことにならなかった。

ところが、韓国では、キリスト教は土着のシャーマニズムの文化と融合し、習合することによって、庶民層にまで広がっていった。それは、日本のキリスト教には起こらなかったことである。

韓国のキリスト教、とくにプロテスタントの宣教師のなかには、説教壇で神憑りするような、日本で言えば新宗教の教祖にあたるような人間たちも少なくない。あるいは、宣教師の熱狂的な説教によって、信者たちが神憑り状態に陥ることもある。そうしたシャーマニズムと習合したキリスト教は、病気治療などの現世利益の実現を約束して庶民の信仰を集めていったのである。

要するにそれは、日本の戦後社会において、日蓮系・法華系の新宗教が、現世利益の実現を掲げ、病気直しなどによって信者を増やしていったのと同じ現象である。そうした信仰でなければ、庶民にまでキリスト教が浸透することは考えられない。

アメリカ合衆国中央情報局(CIA)が編纂した『ザ・ワールド・ファクトブック』では、韓国ではキリスト教が31・6パーセント、仏教が24・2パーセントという数字が掲載されている。無宗教が43・3パーセントともっとも多くはなっているものの、キリスト教は仏教を凌駕している。この数字は、日本のキリスト教徒が1パーセントにも満たないことと比較すれば、驚異的な数字である。

そして、韓国では、キリスト教系の新宗教が数多く生まれることになった。

そのなかで、もっとも強い勢力を誇っているのが、汝矣島《ヨイド》純福音教会であり、現在では、70万人を超える信者を抱えているとも言われる。この教会は、1958年に趙鏞基(チョー・ヨンギ)という人物が創始したもので、経済成長の続くなかで、その勢力を大きく伸ばしていった。ソウルの汝矣島に大規模な教会堂を設け、『国民日報』という日刊の新聞まで刊行している。

反共運動からも見える旧統一教会の善悪二元論

旧統一教会も、韓国に生まれたキリスト教系の新宗教である。キリスト教系とされるのは、聖典である『原理講論』において、聖書について独自の解釈を施しているからである。そこで強調されるのは、人類の堕落で、そこには、本書で強調したキリスト教の原罪の観念が影響を与えている。旧統一教会では、そこから、現代社会の乱れた性関係を批判して、「純潔」の重要性を打ち出している。問題になってきた合同結婚式は、教祖である文鮮明が相手を決めることで、神聖な結婚が実現されると説かれた。なお、旧統一教会では、合同結婚式を「祝福」と呼んでいる。

1992年、その合同結婚式に、新体操の元オリンピック選手だった山崎浩子や歌手で女優としても活躍していた桜田淳子などが参加を表明したことから、大きな話題になり、それは騒動に発展していく。

桜田淳子の場合には、少女の時代には、山口百恵や森昌子とともに「花の中三トリオ」と呼ばれ、国民的アイドルとして人気を博していた。それだけに、彼女が統一教会に入信していたこと自体が世間に大きな衝撃を与えた。

その翌年には、山崎浩子が記者会見を開き、旧統一教会からの脱会を表明するという事件が起こる。その際に、彼女は、旧統一教会によって「マインドコントロール」されていたことが強調され、脱会はマインドコントロールを解いたことで実現したと言われた。また、この時期には教団が行っている「霊感商法」についても、強い批判が寄せられた。

旧統一教会に関して、もう一つ注目しなければならないのは、反共運動としての性格を持ってきたことで、しかも、反共の主張はこの教団の教義と深くかかわっている。

旧統一教会の教祖であった文鮮明は1968年、韓国と日本で反共組織として国際勝共連合を誕生させる。日本の勝共連合には、当初、安倍元首相の祖父である岸信介元首相が発起人の一人になっており、この関係が安倍元首相と旧統一教会とを近づけることになった。

戦後は、冷戦構造が確立され、西の自由主義陣営と東の共産主義陣営が対立することになったが、とくに旧統一教会が生まれた朝鮮半島は、南北に分断され、韓国は北朝鮮と対峙する形になった。

旧統一教会の教義では、世界では神とサタンとの戦いが展開されており、共産主義国や共産主義者はサタン側ととらえられている。旧統一教会・勝共連合は、それとは反対の神側に位置づけられている。

世界を善と悪の対立としてとらえる善悪二元論は、ここまで見てきたように、イランに生まれた宗教の特徴であり、神の絶対性を強調するキリスト教の世界では異端と見なされてきた。その点では、旧統一教会は、一般のキリスト教会からは異端として扱われる。

旧統一教会では、カトリック教会のマリア崇敬から生まれた無原罪の御宿りの教義を独自に解釈し、文鮮明やその夫人で後継者の韓鶴子、そして合同結婚式で結婚した信者は無原罪であり、罪を免れているととらえられている。これも、カトリック教会からすれば、異端的な教義ということになる。

世界宗教史を知ることで旧統一教会の問題も見えてくる

このように、旧統一教会は、キリスト教の教義をベースに、韓国の土着信仰を取り入れ、独自の世界を築き上げている。問題視される霊感商法も、先祖の祟りなどを強調する点で、韓国のシャーマニズムの影響が認められる。

日本に入ってきたキリスト教系の新宗教としては、ほかにアメリカから伝えられたエホバの証人（ものみの塔）がある。エホバの証人も、聖書を独自に解釈しており、その教義は、一般のキリスト教とは異なっている。エホバの証人も、輸血拒否の事件など、社会の常識的な価値観と対立する側面を持っている。

宗教は、土着の信仰がそのまま受け継がれていく場合もある。日本の神道もそうだが、インドのヒンドゥー教も同様である。

だが一方で、特に世界宗教の場合には、国や民族を超えて伝えられていき、それが定着する。日本にも、外来の仏教や儒教、道教、そしてキリスト教が定着してきた。

世界宗教も、もともとは土着の信仰から発しているものの、その枠を超え普遍性を獲得することで広がっていく。世界宗教史は、その過程をつづったものであり、それぞれの宗教は歴史を重ねるなかで変容をとげ、また、歴史のなかで起こるさまざまな出来事に大きな影響を与えていく。

旧統一教会の問題にしても、そうした世界宗教史を理解することによって、初めてその意味が理解されてくる面がある。それは、この出来事のみならず、いま世界で起こっているさまざまな出来事に共通して言えることなのである。

おわりに――宗教の未来

ここまで、人類が宗教とどのようにかかわってきたのか、その起源から諸宗教の発生と展開の過程を見てきた。そこには、壮大なドラマが展開されていた。

しかし、「はじめに」でも述べたように、現代の世界においては先進国を中心に宗教離れの傾向が生まれ、宗教消滅と言える方向にさえ向かっているように見える。

それは、先進国だけの事態ではない。経済発展が続く国々では、伝統的な宗教が力を失い、新たな宗教へと人が流れていく事態が生まれている。具体的な例としては、これまでキリスト教カトリックの信仰が強かった中南米において、プロテスタントの福音派が急速に伸び、カトリックだった人間を信者として取り込んでいる。そこには、経済発展による都市化の進展が影響しているものと考えられるが、福音派は、日本の高度経済成長の時代の新宗教のような役割を果たし、病気治療などの期待に応えている。

これは、戦後に驚異的な経済発展をとげた韓国でも起こったことである。韓国の場合には、儒教の力が強く、仏教はそれに圧迫されていた。したがって、民衆が救済を求めるとき、仏教は力を発揮できなくなっていた。その空白を福音派を中心としたキリスト教が埋める形となり、キリスト教が大きく発展した。共産主義政権下の中国でも現在、キリスト教の福音派が信者を増やしている。

ただ、韓国では、急激な経済成長には歯止めがかかり、低成長、安定成長の時代に入っている。キリスト教が信者を増やす上では、首都ソウルへの一極集中という事態が大きく影響したが、経済が大きく成長しなくなったことで、そうした事態も沈静化した。それに伴ってキリスト教が信者を増やす状況ではなくなっている。韓国におけるキリスト教徒は、人口全体の30パーセント程度にまで増えたが、現在では、さほど増加しなくなっている。やがては韓国でも、キリスト教を含め宗教離れの傾向が生まれるであろう。

一方で、イスラム教にかんしては、信者数の増加という事態が続き、世界の政治経済に大きな影響を与えるようになってきている。ヨーロッパでは、キリスト教の衰退が続くなかでイスラム教圏からの移民が増え、各国でイスラム教徒の割合が増えている。信者の減少で経営できなくなった教会が、イスラム教のモスクに売却される事態も起こっている。

イスラム教はとくに南アジアや東南アジアで勢力を拡大しているが、それも、こうした地域においては人口の増加が続いているからである。現在ではインドネシアが2億人のイスラム教徒を抱え、世界で最大のイスラム教国になっているが、パキスタンの方が人口が増加する割合は大きく、それほど遠くない将来に、パキスタンが世界最大のイスラム教国になるのではないかと予想されている。

ただ、人口の増加率は、そうした国々でもしだいに落ち着きを見せている。多産ではなくなりつつあるわけで、将来においては、人口がさほど伸びなくなることも予想される。

先進国で宗教が衰退しつつあるのは、何よりも社会の近代化が進み、宗教の果たしてきた役割が、ほかのものによって代替されるようになってきたからである。

先進国では、社会環境が劇的に改善され、医療も発達し、社会制度も整えられている。その結果、平均寿命が伸び、長寿社会が実現された。日本では、世界でも有数な長寿社会が実現されており、80歳、90歳まで生きることが当たり前のようになってきている。

こうした事態は、宗教に多大な影響を与えている。

戦後になるまで、日本でさえ平均寿命は短く40歳代だった。乳幼児死亡率も高く、若くして亡くなる人たちも少なくなかった。つまり、「いつまで生きられるか分からない」という状態のなかで、人々は生きていたことになる。

ところが、平均寿命が伸びることによって、そうした感覚は薄れていく。もちろん、高齢に達してはいない段階で亡くなる人もいるが、多くの人たちは、自分も相当に長生きができることを前提に人生を考えるようになっている。たとえ、重大な病にかかっても、昔ならそれが死に直結する病であっても、いまは治るようにもなってきた。そうなると、人々はいつまで生きられるか分からないとは考えなくなっていく。

私はそこに、死生観の根本的な革新が起こったと考えている。いつまで生きられるか分からないから、とりあえず死ぬまで生きようという死生観を、仮に「A」と呼ぶなら、長寿社会の死生観は、高齢まで生きることを前提とした「B」ということになる。先進国では軒並みAからBへの転換が起こっている。いったんBの死生観を持つようになれば、Aに逆戻りすることはない。転換は不可逆的なものである。

Bの死生観が生まれたのはごく最近のことで、人類はずっとAの死生観で生きてきた。当然、宗教もAの死生観を背景にして生み出されてきたものであり、ここまで見てきたことからも明らかなように、死ということが中心的な問題で、死後にどういった世界に生まれるかを説くことを役割としてきた。

しかも、Aの死生観の時代には、社会環境は十分に整えられてはおらず、自然災害や戦争という事態が起これば、社会は混乱し、伝染病が流行したり、飢饉が発生したりした。現世は苦しい生活が続く世界であり、そうした世界に生きている人間は、死後によりよい世界に生まれ変わることを望んだ。したがって宗教は来世をとくに問題にした。それは、一神教でも多神教でも変わらない。いかに幸福な来世を実現するか。宗教の根本的なテーマはそこに求められたのである。

ところが、次第にBの死生観に転換していくことで、宗教は課題とするテーマを失っていった。現世に幸福が得られる社会になれば、来世への関心は薄れる。宗教それぞれが、よりよい来世に生まれ変われることを約束し、そのための宗教的な実践の意義を説いたとしても、Bの死生観をもつ人間の関心を集めることは難しい。それはもう不可能である。

先進国において、宗教が衰退し、消滅するという事態が生まれつつあるのも、AからBへの死生観の転換が影響している。その転換が不可逆のものであるとするなら、宗教の出番がふたたび訪れることはない。一時、各国で新宗教が信者を集めたのも、病気治しを期待されたからである。いまは、病にかかったとき、宗教に救いを求める人々は少ない。宗教に頼るより、病院にかかった方が、はるかに病は治るからである。

死生観がAからBへと転換するなかで、それでも宗教が果たすべき役割はあるのだろうか。いま、宗教について問われているのは、そのことである。もちろん、世界全体がAからBへと転換したわけではなく、まだAの死生観のなかで生きている人々は少なくない。だが、これからは、より多くの人間がBの死生観を持つようになっていく可能性が高い。

宗教は、人類の誕生とともに生まれ、人類は宗教を必要不可欠なものとしてきた。宗教は多様な役割を果たし、それぞれの社会において世界観の基盤となる役割を果たしてきた。道徳、倫理の根幹には宗教があった。宗教の消滅は、道徳や倫理の消滅に結びつく可能性がある。

果たしてこれからの人類は、本当に宗教なしにやっていくことができるのだろうか。AからBへの転換は、ごく最近起こったことであり、まだ十分に認識されてはいない。その点で、私たちはまだ、Bの死生観に慣れていないとも言える。

Bの死生観の上に成り立つ宗教はあり得るのか。それを見出していくことこそが、いま宗教が直面している最大の課題なのである。

主な参考文献

【宗教史全体】

ミルチア・エリアーデ『世界宗教史』筑摩書房、後にちくま学芸文庫
ミルチア・エリアーデ『宗教の歴史と意味（エリアーデ著作集第8巻）』前田耕作訳、せりか書房
ミルチア・エリアーデ『永遠回帰の神話』堀一郎訳、未來社
G・ファン・デル・レーウ『宗教現象学入門』田丸徳善・大竹みよ子訳、東京大学出版会
W・ジェイムズ『宗教的経験の諸相』桝田啓三郎訳、岩波文庫
岸本英夫『宗教学』大明堂
『宗教の世界史』全12巻、山川出版社
『宗教学辞典』小口偉一・堀一郎監修、東京大学出版会
フレデリック・ルノワール『人類の宗教の歴史――9大潮流の誕生・本質・将来』今枝由郎訳、トランスビュー
ロジェ＝ポル・ドロワ『虚無の信仰　西欧はなぜ仏教を怖れたか』島田裕巳・田桐正彦訳、トランスビュー
井筒俊彦『神秘哲学：ギリシアの部』岩波書店
井筒俊彦『意識と本質――精神的東洋を索めて』岩波書店
野町和嘉『サハラ、砂漠の画廊』新潮社

【ユダヤ教】

市川裕『ユダヤ教の歴史』山川出版社
市川裕『ユダヤ人とユダヤ教』岩波新書

【キリスト教】

ジャン・ダニエルー『キリスト教史』全11巻、上智大学中世思想研究所編訳、平凡社
トム・ハーパー『キリスト神話――偶像はいかにして作られたか』島田裕巳訳、バジリコ
佐竹明『使徒パウロ――伝道にかけた生涯』日本放送出版協会
山内進『十字軍の思想』ちくま新書
S・ランシマン『十字軍の歴史』和田廣訳、河出書房新社
渡邊昌美『異端カタリ派の研究――中世南フランスの歴史と信仰』岩波書店

渡邊昌美『巡礼の道』中公新書
ジャック・ル・ゴッフ『中世の高利貸――金も命も』
渡辺香根夫訳、法政大学出版局
森本あんり『反知性主義――アメリカが生んだ「熱病」の正体』新潮選書
トレイシー・ウイルキンソン『バチカン・エクソシスト』
矢口誠訳、文春文庫
大西直樹『ピルグリム・ファーザーズという神話――作られた「アメリカ建国」』講談社選書メチエ
寺戸淳子『ルルド傷病者巡礼の世界』知泉書館
関一敏『OD版　聖母の出現――近代フォーク・カトリシズム考』日本エディタースクール出版部
廣岡正久『キリスト教の歴史3　東方正教会・東方諸教会』
山川出版社

【イスラム教】

大川周明『回教概論』中公文庫
『日亜対訳クルアーン――「付」訳解と正統十読誦注解』
中田考監修、作品社
蒲生礼一『イスラーム(回教)』岩波新書
井筒俊彦『イスラーム生誕』人文書院
井筒俊彦『イスラーム文化』岩波文庫
中田考『イスラーム――生と死と聖戦』集英社新書
中田考『私はなぜイスラーム教徒になったのか』太田出版
イブン・タイミーヤ『シャリーアによる統治：イスラーム政治論』
湯川武・中田考訳、日本サウディアラビア協会
鎌田繁『イスラームの深層――「遍在する神」とは何か』
NHKブックス
岩崎葉子『「個人主義」大国イラン』平凡社新書
保坂修司『新版オサマ・ビンラディンの生涯と聖戦』朝日選書

【ゾロアスター教、モンゴル帝国など】

メアリー・ボイス『ゾロアスター教――三五〇〇年の歴史』
山本由美子訳、講談社学術文庫
青木健『ゾロアスター教』講談社選書メチエ
前田耕作『宗祖ゾロアスター』ちくま新書
山本由美子『マニ教とゾロアスター教』山川出版社
岡田英弘『モンゴル帝国の興亡』ちくま新書
杉山正明『モンゴル帝国の興亡　上下』講談社現代新書

黒田俊雄『蒙古襲来（日本の歴史8）』中公文庫

【仏教、儒教など】

『新アジア仏教史』全15巻、佼成出版社
鎌田茂雄『中国仏教史』岩波全書
中村元『ブッダのことば：スッタニパータ』岩波文庫
中村元『原始仏典』ちくま学芸文庫
慧皎『高僧伝』吉川忠夫・船山徹訳、岩波文庫
三枝充悳『仏教入門』岩波新書
前田耕作『玄奘三蔵、シルクロードを行く』岩波新書
橋爪大三郎『仏教の言説戦略』勁草書房
和辻哲郎『孔子』岩波文庫

【著書】

『父殺しの精神史』法藏館
『教養としての世界宗教事件史』河出ブックス
『世界の宗教がざっくりわかる』新潮新書
『殺戮の宗教史』東京堂出版
『人は死んだらどこに行くのか』青春新書インテリジェンス
『金融恐慌とユダヤ・キリスト教』文春新書
『教養として学んでおきたい仏教』マイナビ新書
『ブッダは実在しない』角川新書

※その他の文献については、本文を参照。
※本書の内容は、著者が自らの既刊書を下敷きにし、それに大幅な修正と増補を行ったものです。

〈写真クレジット〉

【P76】提供:akg-images/アフロ
【P95】写真:Photononstop/アフロ
【P100】提供:Bridgeman Images/アフロ
【P125】写真:後藤　昌美/アフロ
【P307】写真:田中重樹/アフロ
【P321】提供:鈴木革/アフロ
【P324】提供:New Picture Library/アフロ
【P333】写真:長谷川周/アフロ

【さ行】

【か行】

索引 ※各項目のページ数は主な箇所です。

島田裕巳（しまだ・ひろみ）
1953年、東京都生まれ。宗教学者、作家。東京大学大学院人文科学研究科博士課程修了。放送教育開発センター助教授、日本女子大学教授、東京大学先端科学技術研究センター特任研究員を歴任。著書に『葬式は、要らない』（幻冬舎新書）、『0葬 ――あっさり死ぬ』（集英社）、『まんがと図解でわかる空海と密教』（監修、宝島SUGOI文庫）、『教養としての宗教学』（日本評論社）など多数。

宝島社新書

教養としての世界宗教史
（きょうようとしてのせかいしゅうきょうし）

2023年1月24日　第1刷発行

著　者　島田裕巳
発行人　蓮見清一
発行所　株式会社宝島社
〒102-8388 東京都千代田区一番町25番地
電話：営業　03(3234)4621
　　　編集　03(3239)0646
https://tkj.jp
印刷・製本　中央精版印刷株式会社

First published 2020 by Takarajimasha, Inc.
Printed in Japan
ISBN 978-4-299-03880-7